새로운 도,
한국 최초 목사의 독립투쟁

양성지 지음

새로운 도, 한국 최초 목사의 독립투쟁

한국문화사

새로운 도,
한국 최초 목사의 독립투쟁

1판 1쇄 발행   2025년 3월 20일

지 은 이 | 양성지
펴 낸 이 | 김진수
펴 낸 곳 | 한국문화사
등   록 | 제1994-9호
주   소 | 서울시 성동구 아차산로49, 404호 (성수동1가, 서울숲코오롱디지털타워3차)
전   화 | 02-464-7708
팩   스 | 02-499-0846
이 메 일 | hkm7708@daum.net
홈페이지 | http://hph.co.kr

ISBN   979-11-6919-286-6   03810

· 이 책의 내용은 저작권법에 따라 보호받고 있습니다.
· 잘못된 책은 구매처에서 바꾸어 드립니다.
· 책값은 뒤표지에 있습니다.

오류를 발견하셨다면 이메일이나 홈페이지를 통해 제보해주세요.
소중한 의견을 모아 더 좋은 책을 만들겠습니다.

목차

구도자 … 8

새로운 도 … 31

평양 전도 … 62

기독교인 박해사건 … 78

청일 전쟁 … 94

엇갈린 시간, 희생 … 104

은혜 … 111

새로운 시작 … 122

만민공동회 … 137

쾌재정 연설 … 145

실망과 극복 … 157

최초의 7인의 목사 … 166

합일론 … 180

양반 교인 … 199

대한 예수 교회보 … 213

찢어진 이마 … 248

안동교회 … 275

마산교회 … 339

독립운동 … 358

신의주교회 … 382

모트 간담회 … 399

종교법안 … 409

마지막 사명 … 416

물살을 가르며 전속력으로 돌진해오는 배를 보며 우리는 생각했다.

'저건 우리 배가 아니다.'

1866년 평양 대동강 일대, 빨래하는 아낙네들의 노래, 물장구치는 아이들의 웃음, 강을 건너기 위해 조각배에 올라타는 장꾼들의 수다, 자신의 몸만 한 물통을 짊어진 물장수의 짧은 욕설. 평양 대동강에는 활기찬 일상이 반복되고 있었다. 욕을 내뱉던 물장수는 물통을 내려놓고 팔을 빙글빙글 돌려대며 어깨를 풀었다. 손부채로 열을 식히고는 물통을 의자 삼아 앉아 대동강을 바라보니 잔잔한 대동강의 흐름에는 아주 미세한 물결만이 강 전체에 퍼지고 사라지기를 반복하고 있었다. 물장수는 자리에서 일어나 짧은 기합과 함께 기지개를 피고는 물통을 다시 짊어졌다. 여전히 무거운지 얼굴이 금방 시뻘게져 욕설과 짧은 호흡만 내뱉을 뿐이었다.

'빠앙—'

이때, 어디선가 뱃고동 소리가 들렸다. 생소한 소리에 사람들은 어리둥절하며 소리의 근원지를 찾았다. 대동강 끝에서 검은 점으로 보이던 것이 점점 배의 형태가 되었고 거대하고 하얀 연기를 내뿜으며 빠르게 다가오는 배는 마치 신화에서 나올 법한 괴물처럼 이질적인 분위기를 선사했다. 사람들은 이질감의 공포에 사로잡혔는지 움직임이 없었다. 잔잔하던 대동강은 거센 물결로 뒤덮이고 그늘이 점점 드리웠다.

'탕—'

하늘이 찢어질 듯한 굉음이 들렸다. 뱃고동 소리인가. 아니다, 이건 총소리였다. 공기를 가르는 굉음은 자신의 존재를 확실히 각인시켜줬다. 우리를 겨냥한 위협용인지 무언가를 알리는 신호탄인지는 알 수 없었지만, 단지 위험하다고 느낄 뿐이었다. 약간의 정적이 감돌았다. 어깨에서 떨어진 물통이 땅에 처박자 물이 사방으로 퍼져나갔고 물장수는 시내 쪽으로 달렸다. 사람들도 그제야 이질감의 족쇄에서 풀려나 도망갈 수 있었다. 수영하던 아이들도 짧은 팔다리로 허우적대며 황급히 뭍으로 나왔고 빨래를 내팽개치고 도망가는 아낙네도 있었다. 등 뒤에서 세 번의 격발 소리가 들렸고 여전히 무슨 목적인지는 알 수 없었지만, 저들을 피해 달아날 수밖에 없었다.

구도자

1876년 의주, 한 소년이 무거운 표정으로 시장바닥을 어슬렁거렸다. 장꾼들의 흥정, 애들의 장난 섞인 웃음, 대낮부터 한잔 걸치는 남정네들의 소리가 뒤섞인 이곳은 소년의 표정과는 상반된 모습을 보여주고 있었다.

"아, 글씨. 그놈들 생김새가 완전 구신들었다니까? 가까이서 본거이 처음이었는데, 완저이 길반이였어. 옛날에 그런 일이 또 일어날까 봐 겁나. 갑자기 배 타고 들어와서 사람들 다 죽였잖어."

주막에서 흘러나오는 말소리에 소년이 돌아보니 상인으로 보이는 두 남자가 술을 마시며 얘기 중이었다. 한 상인은 술에 취해 얼굴이 빨개져 침까지 튀겨가며 말했고 또 다른 상인은 기품있는 모습이 마치 양반 같은 풍채로 보였다. 곧 기품있는 상인이 입을 열었다.

"촌넘아니랄까봐, 님재가 본 건 양대인이라고 착한 낭반들일세. 내가 홍삼 팔러 만주에 갔을 때 말이야. 이응찬이라는 상인이 있었디. 그런데 그 상인이 압록강에 빠져 물건도 잃어버리고 목숨도 왔다 갔다 한거이야. 그때 로스라는 양대인이 물에 직접 뛰어들어 그 상인을 구한 거 아니겠네?"

"진짜야?"

"기래, 그래서 그 이응찬이가 양대인을 따라다니면서 조선어 선생이 되었다캇디."

소년은 걸음을 멈추고 이들의 이야기에 집중했다.

"기니까 생긴 거는 그래도 착하다~ 이 말이구레. 님재, 이런 거 봤어?"

양반 같은 상인이 말하다 말고 주머니를 뒤적거리더니 상 위에 올려놓았다. 소년은 안 보이자 담에 바짝 붙어 최대한 고개를 빼 들었다. 그가 꺼내놓은 건 나무로 된 열 십 모양의 조그만 장난감 같아 보였다.

"그 냥반에게 받은 거이야? 예끼, 그런 거 들고 다니면 위험한 거 모르네? 당장 갖다 버리게."

맞은 편 상인이 십자가를 보고 발끈하다가 사발을 쏟아버렸다. "에헤이~" 한숨 소리에 기품있는 상인이 나지막하게 웃었다.

"혹시 아나? 만주에 갔을 때 우리가 도움을 받을지 어찌 알아? 그 냥반들, 우리 홍삼을 꽤 좋아한다고. 그리고 이 요상하게 생긴 게 왠지 날 도와줄 거 같단 말이구례."

십자가를 들어 보이며 상인은 탐욕스러운 표정을 지어냈다. 이들의 대화를 지켜보던 소년은 시답잖은 대화라고 여겼는지 여전히 무거운 표정으로 가던 길을 마저 떠났다. 그렇게 이 소년이 한참을 어슬렁거리며 도착한 곳은 서당이었다.

"하늘천~ 땅지~ 검을현~ 누를황~"

문을 넘고 담을 넘어 한자 외는 소리가 하늘에 울려 퍼지는가 싶었다. 10명 남짓한 학생들의 목소리가 왜 이렇게 큰지 머리가 어지러울 지경이었다. 소년은 학생들의 목청대결에도 방관자처럼 묵묵부답으로 가만히 있을 뿐이었다. 학생들의 목소리가 한껏 고조되었을 때 훈장이 학생들을 조용히 시켰다.

"석진이 혼자만 이어서 읽어봐라."

훈장이 말하자 소년이 흠칫 놀라며 천자문을 펼쳐 처음부터 읽었다. 그러자 학생들이 키득 키득대는 소리가 들렸다. 훈장이 회초리로 바닥을 내려치자 공기를 가르는 날카로운 소리가 날아들었다.

"지금 그게 아니지 않으냐! 대체 무엇에 정신을 팔고 있는 게야?"

훈장이 언성을 높이자 소년은 책을 덮으며 말했다.

"모르겠습니다."

표정 변화 없이 반성하는 모습을 보이지 않자 훈장은 회초리를 여러 번 내려쳤다. 그럴 때마다 화살이 날아드는 듯한 소리가 들렸다. 웃어대던 학생들도 눈치를 살피고 입을 다물었다.

"조선 사람이 되어 왜 중국의 역사를 배우는지 도통 모르겠습니다."

살얼음을 걷는듯한 분위기에도 소년은 꿋꿋하게 생각을 말했다. 그의 생각은 침묵만을 낳았고 학생들은 일제히 소년을 쳐다보았다. 훈장은 회초리를 내려놓고 헛웃음을 뱉었다.

"어린놈이 주제 넘는 소리를 하는구나. 한석진, 네 이놈! 오냐 오냐 해주니 뵈는 게 없구나. 조상님 보기가 부끄럽지 않으냐? 유교 선비 집안 자제면 학문을 깨우쳐야 할 거 아니냐!"

소년은 아무 말 하지 않고 바닥만 바라보았다. 대답 없는 대답이 긍정의 의미인지 부정의 의미인지 알려주지 않은 채 훈장의 분노만 타오르게 할 뿐이었다. 시간이 흐르고 나른한 오후가 되자 서당에는 소년과 훈장만이 남아있었고 틈새로 들어온 햇빛만이 허진한 공간을 채워주었다.

"이제 썩 물러가거라!"

핏발선 얼굴을 한 채 훈장은 소리쳤다. 소년은 그제야 자리에서 일어나 조용히 인사를 한 뒤 절뚝거리며 서당을 나섰다. 한걸음, 한걸음 내디딜 때마다 종아리를 바늘로 찌르는 듯한 고통이 느껴졌다. 소년은 벽을 짚고 걸음을 재촉할 수밖에 없었다. 짚어대던 벽이 끝나고 두 다리로만 몸을 지탱하자 엉거주춤한 자세가 되었다. 소년의 표정이 일그러지며 조심스럽게 발걸음을 옮기는데, 누군가 어깨동무를 하며 몸을 기댄 게 느껴졌다. 흔들거리는 다리는 무게를 못 이겨 무너졌고 소년은 짧은 비명과 함께 흙바닥을 뒹굴었다.

"선스나 자식이 어찌 그리 허약하구레? 계집처럼 사심에 빠져있으니 그런 거 아니네?"

고개를 들어보니 같은 서당에 다니는 정익이었다. 소년의 속도 모르고 방실방실 웃는 정익을 보자 소년은 입술을 깨물며 주먹을 세게 움켜졌지만, 다리가 뜻대로 움직이지 않았다. 그러자 정익이 소년에게 손을 내밀어 일으켜 세웠고, 다리를 아파하자 짧은 탄식을 내뱉었다.

"종아리를 불나게 맞아나보구레. 중국 역사를 왜 배우냐니, 제대로 한 방 먹였구만 기래"

소년은 뱀 눈깔이 되어 노려봤지만, 정익은 속도 모르고 호탕하게 웃어댔다.

"웃어 재낄거면 꺼지라, 아니면 도우든가."

소년이 잘근잘근 씹는 입술 사이로 말하니 그제야 정익은 소년을 부축하고 같이 걸었다. 한결 수월해진 걸음걸이로 여유를 가지고 속도를 낼 수 있었다.

"출세해야 할 거 아니네? 그럼 한문을 배워야지"

잘 걷다가 뜬금없이 정익이 말했지만, 소년은 앞만 바라보며 걷는 데만 집중했다.

"한문을 알아야 유학을 알고, 유교도 이해할 거 아니네?"
"눈감고 암송만 하는 것에 염증을 느꼈디. 통감이니 사략초권이니 중국 역사를 우리가 왜 알아야 하냐 말이야. 님재는 이상하지 않네?"

소년의 말에 정익은 호탕하게 웃었다.

"한문을 배우고 공자님의 깊은 뜻을 헤아릴 수 있어야 과거를 통하지 않갓어? 나는 몰락한 양반 가문 자제이지 않은가. 가문을 일으켜 세우려면 별 수 있디? 외우고 공부해서 급제해야디."

소년은 대답 없이 조용히 고개만 끄덕였다. 동정은 아니었다. 그저 어떻게 반응해야 할지 감이 안 잡혀 말할 수 없었다. 앞을 보니 익숙한 담벼락이 보였다. 저 담벼락을 넘어가면 소년의 집이었다. 정익은 손을 짚을 수 있는 벽 앞까지 데려다주고 가볍게 인사했다. 소년은 벽을 짚고서 다시 고난의 길을 나섰고 천천히 움직이는 다리 사이사이로 다시 한번 심각한 통증이 쓰나미처럼 몰려왔다. 그때 등 뒤에서 정익이 소리쳤다.

"한문을 제대로 배우고 공부하면 유학으로, 유학은 유교로 우리를 이끌어 줄 거이다. 그러니 중국의 역사도 알아야 하고 한문도 외워야 한다~ 이 말일세! 겉으로 배우지 말고 속을 들여다보라. 님재도 손 놓지 말고 끝까지 공부하라우!"

소년은 뒤돌아보지도 않고 절뚝거리며 걸어나가다 바람 빠지는 소리를 내며 웃을 뿐이었다. 며칠 후 석진은 한문을 외우는데 그치지 않고 그 속에 깃들여있는 깊은 뜻을 파악하고 공부하기 시작했다. 정익의 말대로 한문 공부는 유학을 마주하게 해주었고 곧이어 유교로 이끌어 주었다. 학문을 깊게 공부하다 보니 도진 염증이 치료되나 싶었다. 나름 만족했다. 의미 없는 한문 공부에 목적이 생겼고 유교의 교리를 습득하며 남들처럼 세월을 보냈다. 그러던 어느 날 머리를 식히기 위해 밖으로 외출할 때였다.

"이런 병신 같은 새꾸락지 놈아!"

햇빛이 쨍쨍한 대낮, 구름 한 점 없는 청량한 하늘에 욕설이 울려 퍼졌다. 그 소리의 근원지를 찾아가 보니 아비로 보이는 남자가 몽둥이로 아들을 구타하고 있는 게 아닌가. 평민인 이들의 사연을 들어보니 아비가 모아놓은 쌀을 아들이 팔아 노름을 한 것이었다. 아마 한탕 크게 쳐서 아버지와 편히 살려는 아들의 깊은 마음이었겠지만, 아쉽게도 노름꾼을 만나 다 날린 모양이었다. 손이 발이 되도록 싹싹 비는 아들의 모습에 여기저기서 걱정과 탄식이 섞인 목소리가 들렸지만, 다음날 아들은 남아있던 쌀을 모조리 가지고 도망가버렸다.

석진은 마음속에 문득 의구심이 들었다. 어찌 부자 사이에 이런 일이 일어날 수 있는가? 이후 공부에만 전념하던 눈을 사람들의 생활로 돌리니 이런 일이 비일비재해 보였다. 부부로서 본분을 가지지 못한 자들이나 물건값을 속여 사람들을 기망하는 상인들, 어린아이를 겁박하는 이들. 유교의 도덕과는 한참을 달라 보였다. 이게 정녕 우리가 걸어야 하는 도리인가? 마음속으로 던진 질문에 대답은 돌아오지 않았다. 그저 유교의 윤리관에 반심을 가지게 만들 뿐이었다.

'부자유친, 군신유의, 부부유별, 장유유서, 붕우유신' 석진은 종이 위를 붓으로 그려나갔다. 그리고 먹물이 번진 이 글자들을 유심히 보다가 붓을 내려놓고 벽에 기대어 천장을 바라보았다. 쉴새 없이 흘러나오는 한숨 소리에 머리만 긁적일 뿐이었다.

 "답답하구나."

 마음속으로 수없이 되뇌어 쌓이니 입 밖으로 꺼내어 비워야만 했다. 석진은 매일 밖으로 나돌았다. 우리가 배우는 유학이 우리의 실생활에 실천이 가능한 걸까? 실천되지 못한다면 우리는 유교를 믿고 따를 필요가 있을까? 실천력 없는 종교란 과연 유의미할까? 사람들을 관찰하며 답을 얻고자 했지만, 이들의 속사정을 정확히 알 수 없고 이들이 유교에 대해 어떻게 생각하는지 모르기에 답을 내릴 수 없었다. 그저 유교에 대한 회의적인 태도만 지닐 뿐이었다. 그렇게 아무 이득도 없이 포기하려던 찰나 어디선가 싸우는 소리가 들렸다.

 "네년이 미쳤구나!"

 고개를 돌리니 한 남자가 여자를 구타하고 있는 거였다. 석진은 다가가 유심히 보니 낯익은 목소리에 익숙한 얼굴. 훈장이었다. 술에 취해 시뻘게진 얼굴에 아내도 몰라보고 추태를 부리는 모습... 드디어 답을 찾았다. 석진은 이날 이후 서당을 나가지 않았다.

만주의 한 다방에 금발의 외국인과 조선인이 마주 보고 앉아있다. 테이블 위에 펼쳐진 두 권의 책을 외국인이 대조하며 번갈아 보다가 갈증이 생기면 커피를 마셨다. 심각한 표정의 외국인을 조선인은 그저 아무 말 없이 기다릴 뿐이었다. 가끔 외국인이 고개를 갸우뚱거리면 흠칫 놀래기도 했다.

"훌륭해요."

시원찮은 조선말이지만 외국인이 방긋 웃으며 말했다. 조선인도 외국인과 같은 표정을 지으며 말했다.

"다행이디요. 제가 번역은 처음이라 잘 한 건지 모르겠지만, 선생이 만족했으면 정말로 다행이디요."

외국인은 커피 향을 머금고 한 입 마셨다.

"응찬, 또 부탁이 있어요."
"네, 말씀만 하시라요. 제 목숨 살린 것도 선생인데, 이 목숨 선생을 위해 쓰겠디요."

외국인은 책 한 권을 덮어 조선인에게 건넸다. 그 책 표지에는 '예수셩교누가복음젼서'라고 적혀있었다.

"당신의 나라로 돌아가면, 많은 사람에게 알려야 해요. 이제 곧 조선이란 나라에도 선교사가 갈 거예요. 응찬의 고향은 의주이지요?"

조선인은 눈빛이 초롱초롱해지며 고개를 끄덕였다.

"걱정하지 마시라요. 제 오랜 벗들은 벌써 믿기 시작했디요."
"다행이군요. 이 성경을 들고 가는 게 좋을 거 같아요."

조선인은 책을 자신의 짐가방 안에 넣고 가방을 어루만졌다. 만주의 날카로운 바람이 창문을 두드리자 외국인과 조선인이 창문 밖을 바라보았다. 고층 건물과 깨끗한 구름이 하나의 그림처럼 보였다. 조선인은 자리에서 일어나 옷을 꽁꽁 싸맸다. 외국인이 커피를 건네자 조선인은 손사래를 치며 괜찮다며 극구 사양했다. 짐을 다 챙긴 조선인은 다음을 기약하자며 인사를 나누고 자리를 떠났다. 금발의 외국인은 커피를 홀짝이며 창문 밖으로 보이는 조선인의 뒷모습을 바라보았다.

1885년 석진은 어느덧 16살 의젓한 청년이 되었다. 아비의 걱정으로 다시 서당을 나갔지만, 여전히 마음속 빈곤을 채우지 못하고 바닷물을 마시는 것처럼 갈증만 더해갔다. 어떻게든 이 답답한 현실을 탈출하기 위해 갖가지 방법을 구색 해봤지만, 조선 땅, 의주에 사는 현재로선 딱히 방법이 없었다. 그저 현실에 순응할 수밖에 없었다. 석진은 오늘도 정처 없이 걸으며 고뇌에 빠졌다. 그러다 그의 귀를 간지럽히는 목탁 소리가 들렸다. 돌아보니 승려가 집집마다 돌아다니며 동냥하는 중이었다.

 승려는 일정하게 목탁을 두드리며 동냥을 하니, 집주인들은 손사래를 치거나 돌아가라고 핀잔을 주기도 했다. 마음이 안 좋을 수도 있으나 승려는 꿋꿋이 동냥을 이어나갔다. 석진은 그런 승려의 모습이 신기했다. 표정 변화도 없고 시주를 얻었다 하여 크게 기뻐하거나 놀래지도 않았다. 석진은 고뇌도 내려놓고 승려를 따라다니며 그의 모습을 관찰했다. 반나절 동안이나 따라 다녔지만, 시주를 못 얻다시피 한 승려는 아무렇지도 않아 보였다. 이때까지 석진이 관찰하던 사람들하고 다른 모양새였다. 보통 사람이라면 만족스럽지 못한 성과에 화를 내거나 짜증 섞인 행동을 하기 다반사인데 승려는 그저 평온해 보였다. 해가 점점 기울고 승려는 마을 밖으로 향하자 석진은 뛰어가 붙잡았다.

 "스님, 어디로 가시는 길이디요?"

 승려는 석진을 보더니 가볍게 고개를 숙이고 인사를 건넸다. 석진도 그제야 머리 숙여 인사했다.

 "제가 거주하는 불당을 가는 길이지요."

"그곳이 어딥니까?"

승려의 말이 끝나기도 전에 석진의 말이 튀어나왔다. 승려는 부처 같은 미소를 지었다.

"석숭산의 금강사입니다."

석숭산은 의주에서 20리나 떨어진 경치가 빼어난 산으로 소문이 자자했다. 석진은 자세한 위치를 묻고 찾아가겠다고 말하니 승려는 여전히 부처 같은 미소로 언제든지 환영한다며 길을 나섰다. 불교는 어쩌면 그의 갈증을 해소할 수 있을 것만 같아 심장박동이 손끝에도 느껴졌다. 유교는 종교로서 한계가 있었다. 무엇보다 유교는 말로만 민중의 생활윤리를 강조하고 종교로서 체험이 부족했다. 실천력이 없다는 것에 갈증을 느낀 석진은 차라리 스님처럼 돌아다니며 '직지인심' 하는 모습을 보이는 게 더 나아 보였다. 지금이라도 당장 머리를 밀고 산으로 들어가고 싶었다. 석진의 발걸음은 여느 때와 다르게 가벼웠다.

집에 도착하자 아버지가 마당에 앉아 곰방대를 피우고 있었다. 쌓인 재를 보니 꽤 오랫동안 피우셨던 거 같았다. 아버지는 석진을 보자 곰방대를 툭툭 털고 자리에서 일어났다.

"어딜 다녀온 기야?"

아버지는 석진의 인사도 받기 전에 말을 꺼냈다.

"서당에 갔다 오는 길입니다."

석진이 말하자 아버지는 입꼬리가 내려가며 입으로 숨을 들이마시는 소리를 냈다.

"요즘따라 정신이 없어 보이는구나. 금방 아비의 오랜 벗인 이 석배가 다녀갔다. 슬슬 혼인 날짜를 잡자고 하더구나. 그래서 내가 빠른 일에 혼례를 치르자고 했어. 알간?"

석진은 아무 말 없이 바닥만 보고 있었다.

"왜 아무 말이 없느냐?"
"알겠습니다."

아버지가 되묻자 석진은 기어들어가는 목소리로 말하고 안으로 들어갔다. 다음날, 석진은 아침 일찍부터 석숭산을 찾아갔다. 가장이 되면 자신의 갈증은 영영 해결하지 못할 것만 같아 발걸음을 재촉했다. 석숭산의 해발은 높지 않으나 바위가 첩첩이 쌓여 절벽을 만들어냈고 산길은 유독 험했다. 스님의 말을 기억해내 쉬지 않고 빠르게 산을 올랐다. 산 중턱쯤 오르니 언덕 아래 큰 불당이 보였다. 호흡을 가다듬고 불당 방향으로 걸어가니 가다듬지 않은 길과 빽빽한 나무들 때문에 불당이 보였다가 안 보였다가를 반복했다. 길을 잃은 거 같아 멈추어 주위를 살펴보니 큰 소나무 사이로 웬 작은 초막 하나가 보였다. 초막 안에 인기척이 느껴지자 석진은 그곳으로 살금살금 다가갔다.

마땅히 숨을 이유도 없었지만, 석진은 나뭇가지나 나뭇잎을 밟지 않으려고 조심히 걸음을 뗐다. 다가갈수록 보이는 천막의 색은 흰색이 아니라 누런색으로 오랫동안 빛이 바래 저렇게 변한 건가 싶었다. 천막 안에는 사람의 모습이 보이는 것만 같았다. 석진은 최대한 숨죽여 보이지 않는 그의 동행을 살피려 애썼다.

"편히 오시오."

그때 천막 안에서 소리가 들렸다. 소리를 듣자 온몸이 경직되고 심장이 내려앉는 느낌을 받았다. 석진은 이 사실을 숨기려 헛기침을 해대며 최대한 여유로운 척했지만 당황한 기색은 감출 수 없었다. 초막 안으로 다가가니 장발의 삐쩍 마른 한 도인이 양반 다리로 눈을 감은 채 손을 모으고 있었다. 석진이 눈을 가늘게 떠 쳐다보았다.

"여기서 뭘 하십니까?"

그제야 도인은 눈을 떠 눈동자를 굴렸다.

"인간이 되기 위해 도를 닦고 있소."
"지금은 인간이 아니고 뭐이디?"

도인은 가벼운 미소를 보이며 눈을 치켜세워 하늘을 보았다.

"내 자신을 인간이라 생각하고 살려고 하니, 탐욕과 애욕에 눈이 멀어 도저히 내가 생각하는 인간이 아니외다. 그런데 산에 나와 자연과 하나가 된다고 생각하니, 마음이 편하고 오로지 진리를 탐구할 수 있소."
"말투를 보아하니 다른 지역 사람 같은데, 어디 지역 사람이디요?"

석진의 물음에 도인은 소리 내어 웃었다.

"그런 건 중요하지 않소. 모든 건 내려놓음이 시작이오."
"밑에 절경이 펼쳐진 절이 있던데, 왜 그곳에서 도를 닦지 않갓시요? 중들도 오랫동안 도를 닦지 않소?"

도인은 자리에서 일어나 초막 밖으로 나왔다. 가벼운 바람이 도인의 머리를 살랑거렸다.

"이곳으로도 충분하오. 내가 보기엔 중들이나 저 밑에 사람들이나 별다를 거 없어 보이오."
"그것을 어찌 압네까?"
"내가 옛날 스님이었소."

    도인은 절벽 앞에 잘 깎인 바위에 앉았다. 석진도 다가가 옆에 앉으니 산의 절경이 펼쳐졌다. 도인과 짧은 만남은 석진에게 신선한 충격을 주었다. 석진이 불교를 물어보니, '이 시대에 스스로 진리를 탐구해서 도를 닦는다는데 부처에게 굳이 절을 할 필요가 없다.'라고 답했다. 마치 몇백 년을 이어온 이 나라가 부정당한 느낌이랄까. 그의 가르침은 어디서나 쉽게 접할 수 있는 게 아니었다. 이렇게 석진은 도교를 접하게 되었고 신선 사상의 매력을 접하게 되어 자신도 마치 도인이 되어 세상을 초월하며 지내고 싶었다. 불당으로 향하던 발걸음은 도인으로 향했고 그와의 얘기는 시간 개념을 잊게 해주었다

    그러나 석진의 바람은 현실과의 마찰이 있었다. 아버지의 주선으로 혼인하게 된 거였다. 종교나 진리의 탐구를 시작도 하기 전에 억지로 하는 결혼은 기쁠 리 없었다. 의미 없이 암송하던 한자 공부처럼 의미 없는 생활 풍습을 따라 지내게 된 것이었다. 석진의 염증이 다시 도졌고 갈증을 느꼈다. 그럴 때일수록 산에 찾아가 도인을 만났다. 늦은 오후, 오늘도 어김없이 도인을 만나고 집으로 돌아와 방문을 열어보니 아내가 바느질 중이었다.

"어디 갔다가 이제 오세요?"
"학문에 열중하니 이리 늦었소."

아내의 질문에 석진은 무덤덤하게 말하고는 옷을 풀어헤치고 짐을 정리했다.

"아버님께서 손자 소식을 물었시요."

아내의 청천벽력 같은 말에 석진은 돌아봤다. 작은 몸집의 여린 아내의 뒷모습은 석숭산의 바위보다 작았다.

"그래서 뭐랬시요?"

석진의 한숨은 방안을 가득 채웠다. 아내는 석진을 바라보며 미소를 보이고 고개를 가볍게 절레절레 흔들었다. 석진은 그대로 다가가 아내를 안았다. 조막만 한 몸이 자신의 품 안에 들어오니 아내의 체취와 온기가 느껴졌다. 그럴수록 더 꽉 껴안았다. 석진은 학문 공부를 핑계로 아내와 잠자리를 피했다. 모두에게 비밀로 해달라는 석진의 부탁에 아내는 놀랐지만, 이내 동의했다. 석진은 고마움과 미안함에 아무 말 없이 안아줄 뿐이었다.

해가 지고 유난히도 달이 밝았다. 석진은 잠자리에 누웠지만, 도인과의 대화에 잠이 오지 않았다. 뜬눈으로 밤을 보내다 자리에서 일어나 창문을 바라보았다. 오늘따라 유독 달빛이 맑고 청아해 보였다. 누군가를 유혹하는 산새 소리가 고요하게 울려 퍼졌고 살랑이며 창문을 간지럽히는 바람 소리도 들렸다. 열려있는 창문 사이로 들어오는 달빛은 한 마리의 나비가 되어 방안을 하늘하늘 날아다녔다. 그 나비가 날아다니다 살포시 앉은 자리는 아내의 얼굴이었다. 이 여인을 알게 된 지 꽤 시간이 흘렀음에도 이렇게 자세히 본 건 처음이었다. 아름다웠다. 달빛에 비친 그녀의 얼굴은 한없이 초롱초롱하고 매끄러웠다. 석진은 아내의 이마를 쓰다듬어 주자 아내는 눈을 떠 석진을 바라보았다. 달빛에 비친 눈은 맑고 청아했다. 아내가 홍조 띤 미소를 보이자 석진은 아내에게 다가갔다. 이 아름다운 여인을 지나칠 정도로 메마르고 싶진 않았다. 아내의 숨결이 석진의 피부를 간지럽혔고 소리, 시각, 느낌 모든 조화가 잘 이뤄진 밤, 이들은 오랫동안 달빛 속에서 사랑을 나눴다.

  다음날, 어김없이 석진은 산을 올랐다. 같은 길, 같은 나무, 같은 바위, 같은 절경. 변하지 않는 환경에 적응해서 석진은 땀도 흘리지 않았고 숨도 헐떡이지 않았다. 큰 소나무가 보이자 걸음을 재촉했다. 그런데 소나무에 다가갔지만, 있어야 할 초막이 보이지 않았다. 재촉했던 발걸음은 점점 느려졌고 소나무를 지나쳐 여기저기를 둘러보아도 애초에 존재하지 않은 듯 자연히 그 상태일 뿐이었다. 처음에 든 생각은 불신이었다. 내가 길을 잘못 들었나? 그다음 든 생각은 죄책감이었다. 내가 너무 귀찮게 했던 게 아닐까? 석진은 혹시나 모를 도인의 출현을 기대하며 바위에 앉아 기다렸다. 해가 머리 위를 가로질러 기울 때까지 석진은 그 자리 그대로 기다렸다. 배에서 천둥이 쳐도 길이 엇갈릴까 봐 움직일 수 없었다. 시간이 흐르고 해가 산에 걸리자 석진은 하산하기로 마음먹었다. 어두워지면 길을 잃을 수도 있고 산짐승의 위험이 도사리고 있기에 무작정 기다릴 순 없었다. 다음 날 찾아오기로 생각하고 왔던 길을 되돌아갔다. 다음날도 그다음 날도 석진은 산을 올라 같은 자리를 맴돌았지만, 여전히 도인은 볼 수 없었다. 귀신에 홀린 걸까? 아니면 정말 신선이 되어 하늘로 솟았나 싶었다. 아침이 밝아오고 또다시 산으로 발걸음을 옮기려던 중 마을에 동냥하던 스님이 보였다. 석진은 스님을 부르며 달려가니 석진의 속사정도 모르고 스님은 밝게 웃으며 인사했다.

"스님, 여쭐 게 있습니다."
"무엇입니까?"
"석숭산을 찾아갔는데, 그곳에서 도인을 만났습니다. 도인이 어디 간지 아십네까?"
"도인이라뇨? 석숭산에 도인이 있다는 건 처음 들었습니다."

스님의 말에 석진은 머리를 맞은 듯 아무 말도 할 수 없었다. 불당 주위에 도인은 수년간 그곳을 지켰다고 했다. 그런데 스님이 모른다는 건 아무래도 이상했다.

"도인은 석숭산이 아니라 백두산에 존재한다고 들었습니다."
"백두산 말이시요? 그게 어딘지 아심까?"

스님은 그런 걸 왜 나에게 묻냐는 듯 허허 웃으며 고개를 가로저었다. 석진이 더이상 말이 없자 스님은 합장하고 인사를 한 뒤 동냥하러 떠났다. 석진은 스님의 뒷모습이 사라질 때까지 정처 없이 바라볼 뿐이었다. 석진의 삶이 다시 돌아가는 데 얼마 걸리지 않았다. 마음의 염증은 도졌고 갈증은 심해졌으며 책을 보아도 그저 따분하게만 느껴졌다. 그렇게 몇 달이 흘렀다.

"요즘 고민이 많은가 봐요."

길쌈하던 아내가 석진에게 물었다. 석진은 대답도 없이 한숨만 내쉬며 곰방대만 빨아댔다.

"말도 없이 속에만 끙끙 앓으면 아무것도 안 되시요. 누가 보면 초상난 줄 알갓디요."
"부인, 내 미안하오."

아내의 책망에 석진은 미안하다고만 할 뿐 아무 말도 없었다. 그저 말을 아끼려 방 안으로 들어갈 뿐이었다.

귀뚜라미 소리만 울리는 늦은 밤, 석진은 자지도 않고 자는 아내가 깰까 봐 숨죽이고 부산히 움직이고 있었다. 약간의 약재와 약저울, 옷가지들 그리고 시간을 알 수 있는 앙부일구를 차례차례 걸망 속으로 넣었다. 그러다 한 번씩 곤히 자는 아내의 얼굴을 보며 한숨을 내뱉었다. 짐을 다 싸고는 석진은 걸망을 들춰 맸다.

"미안하오."

석진은 들릴 듯 말 듯 조그맣게 말하고는 문으로 다가갔다.

"어디 가시요?"

아내의 목소리가 등에 꽂히자 심장이 내려앉은 듯했고 아내의 말에 관통이라도 당한 듯 움직일 수 없었다. 아내가 되묻자 석진은 걸망을 내려놓고 아내에게 다가갔다.

"잠시.. 어딜 갔다가 오려 했디."
"이 늦은 밤에 말이에요? 어딜 가려구요?"
"백두산에..."

백두산이라는 말에 아내의 눈은 토끼 눈이 되었고 흘러나오는 감탄사에 입을 틀어막았다. 석진은 어쩔 수 없이 도인을 만났던 얘기와 백두산에 도인이 있다는 얘기를 전해주었다. 석진의 말을 들을수록 아내는 공허한 한숨을 내쉬었다.

"내... 금방 돌아오려 했디."

석진의 구차한 변명을 믿지 않는 듯 아내는 입술을 씹어댔다. 아내는 크게 숨을 들이쉬고 석진을 바라봤다.

"...애를 뺐시요."

이번에는 석진의 눈이 커졌고 자연스럽게 입도 벌어졌다. 아내는 자신의 딱한 인생에 눈물이 차올라 울먹거렸다. 아내의 모습이 안쓰러워 다가가 깊게 안아주었다. 이후 남자아이의 출생으로 석진은 가장이 되었고 백두산 계획은 영영 수립할 수 없었다. 결국 종교의 진리 탐구, 새로운 도를 얻으려는 의지는 꺾이고 말았고 낙담 속에서 삶의 의미를 잃고는 하루하루 살아갔다. 바다 위에 떠 있는 돛단배처럼 바람이 불어오는 대로 몸을 맡길 수밖에 없었다. 그러던 어느 날 까마득하고 수심을 알 수 없는 컴컴한 바다를 표류하던 중 돛의 방향을 바꿔줄 바람이 불어오기 시작했다.

새로운 도

조그만 초가집 안에 장정 6명의 남성들이 둘러앉아 무거운 분위기를 잡고 있었다. 그중 누군가가 말했다.

"오늘은 여기까지 하겠시오. 모두 조심히 돌아가시오."

그 소리에 정익은 짐을 챙겼다. 짐을 챙기다 옆에 옆구리가 찢어진 가방이 눈에 들어왔다. 찢어진 틈 사이를 보다가 정익은 과거를 회상했다.

과거 정익의 방, 공부하다 말고 턱을 괸 채 한숨만 늘어놓고 있었다. 꽤 긴 시간을 허공만 바라보다 책을 덮고 밖으로 나가기로 결심했다. 정익의 발걸음은 압록강으로 향했다. 압록강에 도착하자 적당히 앉을 만한 돌덩이를 찾아 앉아서는 이번엔 허공이 아니라 강을 바라보았다.

삶이 참 고달프구나. 내가 잘 할 수 있을까? 정익은 혼잣말로 중얼거렸다. 강바람을 쐬며 하염없이 강을 바라보고 있을 때, 강 끄트머리 조그만 배에서 한 남자가 내리는 것이 보였다. 이 시간에 강을 건너는 자는 낚시 따위를 하거나 외부인일 텐데 신기해서 계속 보고만 있었다. 조선인 같아 보이고 나이도 꽤 들어 보였다. 의주 사람이라는 확실한 특징은 없었지만, 그냥 느낌이 이곳 사람 같았다. 그 남자는 큰 짐가방을 들고 낑낑대며 뭍을 빠져나왔다. 힘이 다했는지 짐을 바닥에 놓고 끌어댔다. 잠시 멈추어 땀을 닦기도 하고 숨을 헐떡이는 것처럼 보였다. 그는 어깨를 빙글빙글 돌리고는 가방을 힘껏 들었다. 그런데 바닥에서 튀어나온 나무뿌리에 가방 옆구리가 걸렸고, 그것도 모른 채 가방을 있는 힘껏 잡아당기자 가방이 찢어져 도축장에 소, 돼지의 내장이 흘러내리듯 가방의 내용물들이 땅에 흘러내렸다. 정익은 실소를 터트렸다.

그는 허겁지겁 내용물들을 주워 담았다. 그런 모습이 안타까운지 정익은 그에게로 다가갔다. 정익이 가까이 다가왔는데도 그는 물건들을 줍느라 알아채지 못했다. 정익은 자신의 발 앞에 떨어진 책 한 권을 주워보니 책 겉표지에는 '예수성교'라고 적혀있었다. 고개를 갸우뚱거리고 그에게 주니 화들짝 놀라며 책을 빼앗듯 낚아챘다.

"누구시오?"
"저 멀리서 지켜봤는데 도움이 될까 하여 찾아왔디요."
"아.. 하하, 고맙구레…"

남자와 정익은 책을 가방 안에 넣었다. 책에서 빠져나온 종이까지 꼼꼼히 줍기도 하며 가방의 찢어진 부분을 손으로 감싸고 차곡차곡 밀어 넣었다. 의심스러운 눈빛으로 보던 정익이 책을 가리키며 말했다.

"이게 다 뭡네까? 공부하면서 이런 책은 한 번도 보지 못했습네다."
"이건 평범한 책이 아니고 성경이라는 거이다. 어때? 배워보고 싶은가?"
"아닙니다. 과거가 얼마 남지 않아 학을 배우는 책이 아니면 마땅하지 않디요."

　남자는 정익에게 얼굴을 들이밀었다.

"과거를 준비하구레?"
"그렇습네다."
"그러면 잘됐시요. 이 책을 같이 공부하면 분명 과거에 통할 거이다."
"이게 뭔데 그럽디까?"

　자신을 '서상륜'이라고 소개한 남자는 정익에게 다가가 책을 펼쳐보며 간단히 알려주었다.

"정익 군, 이 정익!"

자신을 부르는 소리가 들렸다. 회상에서 빠져나와 정신을 차려보니 초가집의 작은 방이었다. 강에서 만난 서상륜이라는 자가 정익을 마주 보며 말하고 있었다.

"혹시라도 전도할 사람이 있다면 언제든 데려 오시구레."

방 안의 사람들은 각자 자리를 떠났다. 정익도 대문을 나와 주위를 둘러보고는 걸음을 옮겼다. '전도할 사람이 있다면 언제든 데려 오시구레.' 서상륜의 말이 떠올랐다. 누구를 데려갈지 생각해봐도 도무지 떠오르는 사람은 없었다. 그때, 저 앞에서 한숨을 푹푹 내쉬며 허공만 바라보는 석진이 보였다. 석진의 모습은 과거 강바람을 쐬던 자신의 모습이었지만, 입꼬리가 올라가는 건 숨길 수 없었다. 정익은 그대로 석진에게 다가가 말을 걸었다.

며칠 후, 정익이 있던 조그만 초가집에 석진도 함께 했다. 정익의 전도로 새로운 종교에 의구심이 들어 이곳까지 찾아온 것이었다.

"예수교라고 들어보셨는가?"

서상륜이 석진에게 말했다. 물음에도 석진은 서상륜을 빤히 쳐다볼 뿐 대답하지 않았다.

"왜 그러는가?"
"어딘가 낯이 익어서 그렇습네다. 혹시 뵌 적이 있시요?"

석진의 뜬금없는 질문에 서상륜은 고개를 저었다. 분명히 어딘가에서 본듯한 얼굴인데 전혀 기억이 나지 않았다. 그러다 서상륜의 왼손에 묶인 십자가를 보게 되었다. 석진은 놀라며 십자가를 가리켰다.

"십자가 말인가? 이게 아니었다면 난 죽었을지도 몰랐다네. 내가 장티푸스라는 벵에 걸렸을 때 양대인이 이걸 보고 구해주셨디. 그때만 생각하면 아찔합네다."

방 안에 있는 사람들이 소리 내어 웃었다. 석진은 여전히 의심 가득한 눈으로 서상륜을 바라보았지만, 사람들의 관심은 오로지 새로운 인원의 참석에만 쏠려 있었다.

"이 종교는 무슨 종교입니까?"
"예수교라고 양대인들이 전도해 주었디요."
"양대인이 뭡네까?"
"선교사라고 서국에서 온 자라고 합디다."
"서국이라면 양이들 말입네까?"

석진은 놀라며 물으니 모두 고개를 끄덕였다.

"이.. 이런!"

석진은 짧게 말하고 자리를 박차고 나갔다. 길에 들어서니 정익이 부르는 소리가 들렸다.

"이보게 석진, 왜 그래? 님재가 원하는 종교 아니네?"

정익의 말에 석진의 호흡이 거칠어졌다.

"미쳤네? 저건 사교가 아닌가? 난 저 자리에 가지 않은 거디."
"나도 잘 모르네, 하지만 충분히 가치 있는 시간이 될 거이야. 예수 그리스도를 믿어 구원에 이르게 될 거이니.."

석진은 미친놈 보듯이 휙 돌아갔다. 다음날 정익은 석진을 찾아가 설득했다. 석진은 얘기가 끝나기 전에 돌아섰지만, 그다음 날도 그 다음다음 날도 며칠 동안 정익은 석진을 찾아왔다. 정익이 오지 않을 때면 다른 이들이 찾아와 예수교를 믿으라고 했다. 처음에는 화도 내고 언성도 높아졌지만, 며칠 동안 이어진 이들의 노력은 일상의 갈증을 조금이라도 잊게 만들어줬다. 이쯤 되자 호기심이 생겼다. 대체 저게 뭐길래 이들이 이렇게나 할까? 사교의 영역이라도 밀려오는 궁금점은 참을 수 없었고 석진은 고심 끝에 집회 참석을 더 해보리라는 결정을 내렸다.

"나와 내 아들놈은 백홍준 조사님에게 전도 받았디요. 남들이 뭐라 할지라도 그리스도의 가르침을 받은 후부터 우리가 어떻게 살아야 할지 알겠디요."

집회를 찾아가니 아비와 아들이 함께 교인이 되었다며 예수교를 믿어보자는 식으로 석진을 설득했다. 염증과 갈증을 해소하기 위해 지푸라기라도 잡는 심정으로 뭐라도 하고 싶었지만, 조선에서 사교라는 벽은 너무 컸다. 하지만 말로는 안 된다, 안 된다 해도 발걸음의 방향은 집회 장소였다. 이번에는 부자 교인들이 말한 백홍준까지 찾아와 석진을 전도하려 했다. 사교라고 불렸지만, 이들이 일정 시간에 모이는 체계적인 집회나, 신앙심 없는 사람들도 전도하려는 행동력을 보자 석진의 마음은 의구심에서 깨달음으로 점점 기울었다.

달은 우리를 엿보듯이 구름에 반만 걸쳐 빛을 발하고 있었고 석진과 아내가 잠을 청하고 있었다.

"요새 또 표정이 안 좋시요?"
"아무것도 아니오."

석진의 말을 끝으로 침묵이 이어졌다. 그러더니 석진은 몸을 아내 쪽으로 돌려 누웠다.

"혹시 메시아라고 아시오?"

석진은 집회에서 들었던 것이나 배운 것을 아내에게 알려주었다. 종교에 대해 전혀 관심 없고, 관심을 가지기 힘든 이 시대의 여성이라면 예수에 대해 어떻게 생각할지 궁금할 참이었다. 석진의 장황한 설명에 꽤 시간이 흘렀지만, 아내는 묵묵히 얘기를 들어주었다.

"고거이 참 허무맹랑한 얘기디요."

석진의 말을 들은 아내가 한마디 했다. 아내의 반응을 보아하니 평범한 백성도 이렇게 말할 정도면 유교와 다를 게 없다고 석진은 생각했다.

"그 예수는 우리를 구원하러 왔다는 말이요?"

석진은 고개를 끄덕였다.

"기니까 백정이나, 노비까지 말이디요? 참 보기 드문 사람이디. 아니, 훌륭한 사람이시요."

석진은 웃음이 피식 새어 나왔다.

"그건 좋디요. 모두를 사랑해라. 너희의 모든 일을 사랑 안에서 행하게 해라. 모든 사람이 그렇다면 조선도 참 살기 좋은 나라디요. … 그래도 서방님은 모두보다는 나를 사랑하며 보내시요."

아내는 그렇게 말하고는 부끄러운지 소녀처럼 웃어댔다. 달빛이 어찌 하늘에만 있겠는가? 이 자리에도 이리 청아하고 밝은 달빛이 있는데, 석진은 오늘도 달빛을 품으며 밤을 보냈다. 아내의 긍정적인 반응으로 석진은 결단을 내리게 되었다. 그리하여 이들의 집회를 빠짐없이 참석하였고 기독교에 대한 가르침을 얻을 수 있었다.

"세례라고?"
"그렇다네. 세례라는 걸 받아야디. 정식 구성원이 된다고 하는데."

얼마 후, 집회가 끝난 뒤 석진이 묻자 정익이 곰방대를 빨아가며 말했다.

"자네도 받았나?"

또다시 석진이 묻자 정익이 곰방대를 깊게 빨아들였다.

"과거를 보는 자가 서학에 빠졌다고 소문나면 어떻게 되간? 난 하지 않았디. 잘가라."

정익과 헤어지고 석진은 집으로 향했다. 대문을 열고 들어가자 아버지가 마루에 걸터앉아 석진을 노려보고 있었다. 아버지의 표정을 보아하니 중대한 사안인 듯 보였다. 과거 혼인 얘기를 꺼낼 때와 같은 분위기였다.

"어딜 갔다 왔느냐?"
"친구들과 공부를 하다 왔습네다."

석진은 정중하게 말하고 방으로 들어가려 했다.

"예수교가 무엇이냐?"

아버지의 말에 석진은 다리에 힘이 풀려 주저앉을 뻔하다가 간신히 중심을 잡았다. 드디어 올 것이 왔구나.

"그곳이 뭐 하는 곳인지 알고 갔느냐?"
"... 네, 그랬습니다."

아버지의 깊은 한숨이 들렸다. 석진은 아버지를 볼 용기가 나지 않아 돌아보지 못하고 고개만 숙였다.

"네..네가 어찌 그러느냐? 우리 집안을 망하게 하려고 작정했구나! 어떻게 자식까지 있는 애비가 집안에 큰 화를 부르려구레!"

석진은 눈을 질끈 감고 입술을 깨물었다. 아버지가 저렇게 열을 올리는 건 과거 사건이 떠올라서 그랬을 것이다. 석진도 어렴풋이 들은 얘기가 있었다.

석진이 태어나기 몇 해 전 1866년 한양. 한 남성이 무릎을 꿇은 채 포승줄에 묶여있다. 옆에서 망나니가 칼을 들고 대기 중이었고 조선의 관리들은 이 광경을 묵묵히 지켜보고 있었다. 남성은 체념한 듯 자신의 앞날을 기다리고 있었지만, 이 남성의 일대는 더 처참했다. 뒤쪽에는 시체가 즐비하게 쌓여있고, 어딘가에서 비명이 들려왔다. 앞쪽에는 큰 십자가 말뚝에 사람들을 걸어 놓고 고문을 했고 애를 안고 있는 여성의 찢어지는 울부짖음이 이곳을 더 잔혹하게 만들어줬다. 이들의 피가 사방으로 흘러내리니 흙바닥이 붉게 물들었다.

"대체 우리에게 왜 이러는 것이요?"

남성은 공포에 입술이 떨렸지만, 눈을 부릅뜨고 말했다. 그의 모습에 관리로 보이는 자가 뒷짐지고 남성에게 다가왔다.

"이치에 어긋난 이단으로서 세상을 현혹하고 백성을 속이고 있는 것이 그 첫 번째 이유다. 제사를 폐지하는 것으로도 부족해서 위패를 불태우고 조문을 거절하는 것. 그 부모의 시신을 내버렸으니, 그 죄악을 따져본다면 어찌 용납해 둘 수 있을꼬."

관리의 말에 남성은 피를 토하며 억울함을 호소했다.

"신앙을 버리면 살려주겠다."
"...그럴 수는 없소."

남성은 흙바닥에 머리를 처박았고 관리가 눈치를 주자 망나니의 칼이 남성의 목을 가로질렀다. 주위에서 터져 나온 비명은 한양을 뒤덮었다. 갖은 고문이나 사형을 당하는 자들은 천주교 신자들로서 억울하게 박해를 받고 있었다. 조선 사회는 유교에 바탕을 둔 윤리를 중요시했지만, 천주교는 이를 배반한다는 것이 문제였다. 아무래도 정치적인 문제가 더 컸지만, 이들의 억울함은 영원히 풀리지 않을 것이다. 이 당시 처형당한 자만 무려 8000명에 육박하니, 이 사건으로 조선인에게 사교를 접하면 집안이 망한다는 인식이 만들어졌다.

석진의 아버지도 그 사건의 목격자로 현재로서 화를 주체할 수 없었다. 예수교가 비밀리에 집회를 가졌던 이유도 다 과거의 아픔 때문이었다. 석진도 이를 모를 리 없었던 마당에 묵묵히 아버지의 잔소리를 듣고만 있었다. 그 잔인한 살육행위가 가족에게 미칠지도 모르니 아무래도 석진은 죄인처럼 고개를 숙일 수밖에 없었다. 아침 해가 떠오르기 전까지 아버지의 간곡한 만류가 이어졌다. 석진은 그런 아버지의 모습에 더 비밀리에 집회를 나갔다. 혼인한 아내를 두고 백두산으로 도망가려는 계획을 세웠던 사람이었으니, 아버지의 만류에도 꺾일 석진이 아니었다. 그 정도로 종교에 대해 갈증을 해소하고 싶었다. 하지만 그도 인간이었고 한 가정의 아버지였다. 남들이 미쳤다고 수군거릴 수는 있겠지만, 마지막 양심이라도 찔렸는지 세례를 받을 용기는 없었다. 교인도 아닌, 그렇다고 일반 사람도 아닌 발 한쪽만 담근 채 적당히 간을 보는 자세로 어물쩍 몇 년의 세월이 흘렀다.

"그래서? 거기까지 가겠다고?"

정익이 곰방대를 빨다 말고 말했다.

"그렇네. 세례를 받기 전에 양대인을 직접 만나봐야 되갓어. 그들을 만나보고 내 직접 결정할터이니. 이렇게 시간만 보낼 수 없지 않갓어? 무슨 방법이 없는가? 님재가 날 여까지 이끌지 않았간?"

석진의 말에 정익은 수염을 어루만지며 하늘을 쳐다볼 뿐이었다. 그러다 정익이 무슨 생각이라도 떠오른 듯 손뼉을 쳤다.

"서 상륜 선생에게 말해보라. 아무래도 장사 때문에 만주에 많이 가 보시지 않갓어?"
"기래, 당장 찾아가세."
"나는 공부를…"

 정익의 말이 끝나기도 전에 뛰어가는 석진. 그의 모습에 정익도 얼떨결에 따라가게 되었다. 사정을 들은 서상륜은 흔쾌히 도와주었고 가족들에게는 학문의 식견을 넓힌다는 명목하에 압록강을 건너 중국 구련성 등지를 순방 계획을 가졌다.

 서상륜에게 전수받은 장사꾼 모습으로 관문을 통과하고 구련성 내부를 본 순간 신선한 충격을 받을 수밖에 없었다. 조선 땅에서는 볼 수 없었던 교회가 보였고 말로만 듣던 선교사들이 운영한다는 병원과 학교도 보였다. 이 외에도 처음보는 형태의 구조물이 하늘을 찌를 듯이 높게 치솟아 있었고 건물 하나하나가 성 같아 보였다. 그리고 사람들이 어찌나 많은지 이곳 사람뿐만 아니라 여러 나라 사람들도 붐벼 두 어깨를 펴고 다닐 수 없을 정도였다. 서상륜, 백홍준에게 듣던 선진 개화국의 문명 세계를 온몸으로 느낄 수 있었다.

"여기까지 오긴 왔네만, 이제 어째야 되겠네?"

 얼떨결에 이곳까지 따라온 정익이 말했다. 선교사와의 만남이 목적이었지만, 보따리 장사아치로 물건을 가지고 관문을 통과했으니 이 물건을 가지고 장사도 직접 해야 했다.

"아까 같이 배 타고 넘어온 장꾼들 따라가면 되지 않갓어?"

이들이 개화국을 보며 호들갑을 떨고 있을 때, 장꾼들은 벌써 시장 바닥에 보따리를 풀어헤치고 열심히 사람들을 끌어모으는 중이었다. 석진은 그들 옆으로 가 짐을 풀었다. 정익도 따라갔다. 일단 짐을 풀긴 했다만 장사는 처음이라 어떻게 해야 할지 모르고 가만히 앉아 사람들만 구경하고 있었다. 그래도 이들이 펼친 물건은 중국인들이 좋아하는 인삼과 녹용이라서 가끔 물건을 보고 지나치는 중국인들이 꽤 있었다. 하지만 이렇다 할 호객 행위가 없으니 보고 지나치기만 할 뿐이었다.

"이거 어쩌나, 하나는 팔 수 있겠네? 물건은 분명 상급이라고 들었네만, 내가 장사를 해봤어야 알지? 안 그렇니? 저 이국 놈들이 뭘 원하는 지 알아야 할텐데.. 이 많은 물건을 또 들고 다닐 수는 없지 않갓어. 알간 모르간?"

정익의 투덜거림에 석진은 반응도 하지 않고 물건을 사는 중국인들을 유심히 보았다. 하나같이 사치스러운 복장에 꾸미기를 좋아하는지 온몸에 장신구를 치렁치렁 달고 있고 물건을 볼 때도 깐깐하게 보는 모습을 보아하니, 아무래도 싼값보다는 질 좋은 물건을 구매하려는 모습으로 보였다.

"석진, 내 말 듣고 있네?"
"결정했디. 값을 올리세."

정익의 투덜거림이 멈췄고 표정을 찡그리고 쳐다보자 석진은 자신이 분석한 걸 말했다.

"보아하니 중국인들에게 먹힐 듯싶어. 인삼 한 근에 천 오백 냥으로 올리라우. 날 믿어보라, 잘 팔리면 좋은 거 아니갓어? 빨리 해치우고 양대인 만나러 가야디. 장사의 기본은 자신감과 기백이라우."

석진은 멈춰선 사람들에게 인삼 한 근에 천오백 냥이라고 말했다. 대부분 중국인들은 어눌한 조선말로 너무 비싸다고 고개를 절레절레 흔들며 가격을 낮춰달라고 했다. 사람들은 원래 가격보다 약 1.5배나 비싼 인삼을 살 이유는 없었다. 석진은 아랑곳하지 않고 올린 가격으로 말했다. 거기다 한마디 덧붙였다. '최상급' 이 마법 같은 단어를 붙이자 비싸다고만 하던 사람들이 반응이 달라졌다. 한 중국인은 인삼을 유심히 쳐다보며 혼자 무언갈 찾아낸 듯 심각한 표정으로 감탄을 자아내며 고개를 끄덕이기도 했다. 그리고는 만족한 듯 웃으며 돈을 지불했다. 첫 판매에 자신감이 붙은 석진은 자리에서 일어나 직접 사람들을 끌어모았다. 어느새 석진의 자리에 너도, 나도 모여들어 물건들을 보게 되었다.

"이래도 되는 겐가?"

정익이 석진에게 귓속말로 말했다. 석진은 입꼬리를 올리며 사람들 쪽으로 고갯짓을 했다. 가리킨 방향을 보니 시장 끝에서부터 인삼을 보려고 사람들이 몰려들어 거리가 더 번잡해졌다. 가뜩이나 인삼을 좋아하는 중국인이라 최상급이라는 마법의 단어는 인삼 한 뿌리만 먹어도 열병과 성병 치료가 가능한 신의 풀이었다. 성공은 성공이었다만, 석진이 시장을 독점하니 주위 상인들의 눈치가 보였다. 상인들의 주둥이가 튀어나왔고 불만스러운 표정이 가득했다.

그때, 중국 상인을 연상케 하는 의복을 입은 남성이 석진에게 다가왔다. 그 남성은 물건에는 관심 없고 석진과 정익의 행색을 샅샅이 훑어보았다.

"한 근에 천오백 냥이오. 비싼 만큼 최상급이디요."

석진의 말에 중국 상인은 대답도 안 하고 인삼과 석진을 번갈아 보았다. 말을 하지 않는 그를 보고는 석진은 손가락으로 인삼을 가리키고 값을 손가락으로 표현했다. 그래도 미동조차 없자 석진은 강조하듯이 손가락을 흔들어댔다.

"처음 뵈는 얼굴이오. 여기가 처음이지요?"

남성의 입에서 뚜렷한 조선말이 나오자 석진이 무안한 듯 손을 바지춤 안으로 넣었다.

"그.. 그렇디요. 바쁘니 안 살 거면 나오라우."

무안함을 공격적인 어투로 달래자 남성은 한쪽 입꼬리만 올라갔다.

"여기 자릿세는 내셨소?"
"자릿세? 무슨 자릿세 말이디?"

남성의 말에 석진과 정익 서로를 쳐다보며 고개를 갸웃거렸다.

"그대들이 있는 이 자릿세 말이오. 처음이니 알려드리겠소. 처음 온 상인은 물건값에 반을 내야 하오. 이게 여기 규율이요."

남성의 말도 안 되는 소리에 석진과 정익이 자리에서 일어나 반박했다.

"그게 말이 된다고 생각하시구레? 동냥할 거면 다른 데 가서 알아보라. 우리를 세상 물정 모르는 애 취급하는 게요? 자릿세로 물건값의 반을 내라니. 이게 대체 어느 나라 법도란 말이라우?"

"내 말 듣는 게 좋을게요."

남성의 비아냥거리는 태도는 며칠을 굶은 짐승처럼 콧등에 주름을 만들어냈다. 그러자 남성은 어깨를 으쓱하더니 뒤돌아 가버렸다. 석진과 정익은 다시 호객 행위를 시작했다. 몰려드는 중국인의 공세에 그새 물건은 바닥이 보였고 드디어 한숨을 돌릴 수 있었다. 그런데 멀리서부터 말도 안 되게 분위기가 가라앉는 게 느껴져 주위를 살펴보니 말을 탄 중국인이 호위무사 두 명 데리고 다가오고 있었다. 길에 있던 사람들은 홍해의 기적처럼 양옆으로 갈라서 이들이 가는 길을 방해하지 않았다. 이들의 여유로운 발걸음이 멈춘 곳은 석진 앞이었다.

"인삼은 한 단에 1,500냥이디요."

위에서 올려다보니 위압감이 들었지만, 석진은 아랑곳하지 않고 가격을 말했다. 말에 탄 중국인은 아까 왔던 중국 상인처럼 석진을 위아래로 훑어보았다. 귀티나게 살찐 얼굴에 기분 나쁜 눈동자였지만, 석진은 기다렸다. 말을 탄 중국인이 뭐라 말하니 누군가 나타나 그의 말을 들었다. 자세히 보니 아까 자릿세를 내라고 했던 중국 상인이었다.

귀티난 중국인의 말을 들은 그는 석진의 인삼을 하나 꺼내 들었다.

"이게 뭐 하는 거이디? 중국인들은 상도도 없는 법이네?"

석진이 따져 물었지만, 중국 상인은 아랑곳하지 않고 말을 탄 중국인에게 인삼을 갖다 바쳤다. 석진이 달려갔지만, 칼을 찬 호위무사에게 저지당해 뒤로 나자빠졌다. 울긋불긋한 근육질의 무사들이 밀어내자 종잇장처럼 날아간 석진은 창피함과 수치심이 몰려들었다. 중국인은 석진의 인삼을 냄새까지 맡으며 뿌리에 묻은 흙을 맛보기도 했다. 그러자 또 중국 상인에게 뭐라 말하며 고개를 절레절레 흔들었다. 그러자 상인은 고개를 끄덕이고 석진과 정익에게 다가갔다.

"당신들은 협잡꾼들이오? 저 나으리는 이곳의 관리인 겸 거상이올시다. 난 저 나으리의 통역관이고. 듣자 하니 평범한 인삼을 과장하여 값을 매겨 부당하게 이익을 챙겼다는데, 사실이오?"
"잡소릴 할 거면 돌아가라우. 우리도 이만 가야겠디."
"멈추시오. 내 아까 말했듯이. 그대들이 처음이라는 것을 감안해 행동에 더이상 문제 삼지 않겠다 하셨소. 그대들의 수익금의 반을 내놓고 떠나시오."

석진과 정익은 남성의 말을 들을 채도 안 하고 움직였다. 중국 상인이 고개를 까딱거리자 무사 두 명이 다가가 석진과 정익을 멱살 잡고 일으켜 세웠다. 중국 상인은 돈 보따리를 찾아냈고 돈을 셌다. 석진은 이들에게서 벗어나려 발버둥 쳤지만, 종잇장 같은 몸으로 이들의 아귀힘을 벗어날 순 없었다.

"누가 좀 도와주시라요!"

석진은 허공에 대고 소리쳤다. 하지만 그에게 돌아온 건 무응답일 뿐 주위에 다른 상인들은 못 본 척 고개를 돌렸다. 계속 발버둥 치자 무사들은 석진과 정익을 바닥에 내동댕이쳤다. 신음이 새어 나오고 석진과 정익은 자리에서 간신히 일어났다. 중국 상인이 돈을 챙기는 게 보여 그에게 달려들었지만, 무사들이 막아서 폭력을 행사했다. 얼굴만 한 주먹으로 한 대 맞자, 길 웅덩이에 고여있는 더러운 물에 얼굴을 처박았고 정익은 복부를 여러 대 걷어차여 구토를 쏟아냈다. 더 이상 일어날 힘이 없자 무사들은 인삼을 챙겨 말을 탄 중국인과 함께 떠났다. 자리는 엉망이 되었고 중국 상인이 쓰러져있는 석진에게 다가갔다.

"이렇게 끝난 걸 다행이라고 생각하시오. 내 아까 말하지 않았소. 여기엔 규율이 있소. 약소국인 조선놈들은 중국 상인들에게 자릿세를 낼 것. 정당하게 장사할 것 그리고 튀지 말 것. 이것이 여기에 법도요. 아! 또 하나, 대중국인의 말에 의심하지 말 것. 그대들은 다 어겼으니 이런 꼴을 당하는 거요. 여기서 빌어먹고 살고 싶으면 꼭 명심하시오.

왜 꼭 조선인들은 당해야 아는 것이오?"

그는 쇳소리가 들리는 돈 보따리를 석진에게 보여주었다.

"내 딱 반만 챙겼으니 너무 낙심하지 마시오."

중국 상인은 혀를 차대며 이들을 두고 떠났다. 그제야 주위 상인들이 석진과 정익을 둘러싸 안부를 묻긴 했지만 서로 수군거리기만 할 뿐 누구도 나서지 않았다. 석진은 정익을 불렀다.

"...님재, 괘.. 괜찮디?"

말없이 거친 호흡만 내뱉는 정익이었다. 석진은 아픈 몸을 끌어 정익에게 다가가 몸을 흔들어봤지만, 정익은 반응이 없었다. 이상하게 여겨 계속해서 불러봤지만, 반응은 없었고 손에 따뜻한 감촉이 느껴져 손을 보니 시뻘건 피가 묻어나왔다. 맞고 쓰러질 때 어딘가에 찔린 게 분명했다. 석진은 다급히 정익을 깨워봤지만, 간신히 짧은 호흡만 내뱉을 뿐이었다.

"거기! 누가 의원 좀 불러주시라요!"

석진이 소리쳤지만 아무도 선뜻 나서서 도와주지 않았다. 석진은 절규하듯 울부짖었지만, 진전은 없었다. 모든 것이 느리게만 느껴졌다. 시야가 흐릿해졌고 수군거리는 상인들의 모습이 야속하게만 느껴졌다. 눈꺼풀이 무거워지고 고개가 점점 쏠렸다. 간신히 정신 줄을 버티고 있자 이들을 둘러싼 사람들을 뚫고 황급히 다가오는 한 사람이 보였다. 그는 석진과 정익의 상태를 확인했는데, 그가 내뱉는 말은 알아들을 수 없었지만, 감정만은 확실히 느껴졌다. 석진은 안심과 경계를 번갈아 가며 버텼고 그의 얼굴을 확인하려 고개를 들었다. 하지만 무거웠던 눈꺼풀은 도저히 감당할 수 없을 무게였고 의식은 점점 흐려져만 갔다. 어떻게든 그를 보려는 석진의 눈엔 건장한 남자의 형상만 남았고 의식이 끊어졌다.

  새하얀 배경에 석진이 연못에 앉아있고 옆에 낚싯대가 놓여있었다. 물이 어찌나 맑은지 안에 뭐가 있는지 훤히 볼 수 있었다. 태양도 잘게 부서져 연못을 구석구석 비추고 있으니 마치 산신령이 튀어나와도 무색할 정도로 찬란해 보였다. 하지만 산신령 대신 이 연못에는 잉어들이 있었다. 흰색, 검은색, 빨간색이 적절히 섞여 매혹적인 자태를 뽐내는 이 잉어들은 연못의 주인이라도 된 것 마냥 자유롭게 헤엄치고 있었다. 수심이 깊고 물은 맑지만, 무채색을 띤 연못에 5마리의 매혹적인 잉어들은 이질적이게 보이면서도 조화를 이루어 하나의 예술작품같이 느껴졌다. 석진은 느긋하게 잉어들을 기다렸다.
  잉어는 미끼를 보고 먹을까? 말까? 한참을 고민하며 석진의 애간장을 태웠다. 석진은 낚싯줄 끝에 온 감각을 집중하며 마음속으로 잉어들을 유혹하기도 했지만, 잉어들이 쉽게 들어줄 리 없었다. 인생은 기다림의 미학이랄까 기다리고 기다리다 유혹을 이기지 못한 잉어 한 마리가 미끼를 물었다. 미끼는 낚싯대 끝을 간지럽혔고 애타게 기다린 손을 달래주었다. 이 틈을 놓칠세라 석진은 낚싯대를 높게 들어 올렸고 빨간 잉어가 같이 딸려 올라왔다. 시뻘건 몸에 검은색과 흰색의 점박이 무늬를 가진 아름다운 잉어였다. 석진은 바늘을 떼어내고 뿌듯해하며 잉어의 얼굴을 똑바로 쳐다봤다.

"드디어 잡았어. 고놈 참 잘생겼디."

잉어도 석진의 얼굴을 똑바로 보며 뻥긋뻥긋 입술을 움직였다.

"뭐가 그렇게 할 말이 많아? 나에게 잡힌 게 억울하간?"

뻥긋거리는 잉어의 입술에서 조그맣게 소리가 흘러나왔다. 석진은 잉어를 유심히 보다가 소리가 궁금했는지 잉어의 입술에 귀를 갖다 댔다. 뻥긋 뻥긋 소리만 들리다가 정확히 한 글자가 석진의 귀에 꽂혔다.

"가."

잉어의 말이 끝나기가 무섭게 온 세상이 암흑이 되었다. 그저 암흑.

아무것도 보이지 않지만, 석진의 몸은 어느 때보다 편안했다. 부드러운 솜이 몸을 감싼 거처럼 너무 포근하고 편해서 평생 이렇게 있고 싶을 정도였다. 그런데 여긴 어디지? 눈꺼풀이 가볍게 느껴졌다. 석진은 천천히 눈을 뜨고는 고개를 들어 주위를 살펴보았다. 조선에선 볼 수 없는 장식으로 채워진 아늑한 방이었다. 몸 구석구석이 쑤셔 통증이 가시질 않지만, 여기부터 파악해야 했다. 대체 여긴 어디며, 나는 여기 왜 있으며 등등 온갖 생각을 하며 고개를 반대편으로 돌렸다. 그러자 낯익은 모습이 옆에 누워있었다. 정익이었다. 석진은 놀란 마음에 몸을 일으켜 보려 했지만, 통증이 따라와 그새 포기했다. 그제야 어렴풋이 이 전 상황의 기억들이 차츰 돌아왔다.

끼이익하고 가녀린 비명을 내지르며 문이 열리자 음습한 공기와 두 남자가 방에 들어왔다. 한 남자는 머리가 히끗 벗겨졌지만, 금발임을 알 수 있고 반듯한 정장 코트에 동그란 안경을 쓴 서국적인 얼굴의 키 큰 신사였다. 다른 남자는 동양인 같이 보이며 서국적인 남자를 보조해주는 사람처럼 보였다. 이들은 석진에게 다가왔다. 신사가 말하니 동양인 남자가 통역해줬다.

"몸은 어떠세요?"
"괜.. 괜찮은 거 같디요."

석진의 말을 통역사가 곧바로 신사에게 전달했다. 둘의 모습에 석진은 궁금증을 참지 못하고 말을 꺼내려고 하자 이들은 정익에게 다가갔다. 정익의 이불을 걷어내니 정익의 몸은 정성스럽게 치료가 되어있었고 상처에는 붕대가 감겨있었다. 신사는 붕대에 고인 핏자국을 보더니 통역사에게 뭐라 말하고는 나가버렸다.

"소독해야 할 거 같다고 말씀하셨소."

 동양인 남성이 다가와 석진에게 말했다. 석진은 물어볼 게 많았지만, 뭐부터 말해야 할지 몰라 선뜻 입 밖으로 꺼내기 힘들어했다. 동양인 남성은 정익의 침대 옆 협탁 위의 물건들을 정리했다.

"그 중국 거상이 이 지역을 꽉 잡고 있소. 하마터면 다른 조선 상인들도 피해를 볼 뻔했소."

 남자는 눈길도 주지 않고 뒷모습만 보인 채 얘기했다.

"돈이 되면 뭐든 다하는 놈이지요. 이 지역에서 그놈을 건들 수 있는 사람은 없다고 봐야 합니다. 황제까지 만난다는 소문도 있을 정도요."
"그게 무슨 상관이디요? 자릿세라고 수익의 반값을 뺏어가는데 어찌 당하고만 있시요?"

그의 뒷모습에선 옅은 한숨 소리가 느껴졌고 고개를 돌려 석진을 지긋이 쳐다보았다.

"당연한 거요. 예로부터 조선은 중국의 종속국이잖소. 이렇게 끝난 걸 다행이라고 생각하시오. 저 의사 나리 아니었으면 그대들은 이미 죽은 목숨이었소. 아무리 중국 상인들이라고 해도 선생들은 못 건들지. 그러니 조선으로 돌아가 조용히 사시오."

석진은 남성의 말에 흥분해 자리에서 일어나려 했지만, 통증 때문에 그럴 수 없었다.

"같은 조선인이면서 억울하지도 않습네까? 어찌 당하고만 있는 거라요?"

석진의 흥분된 모습에 동양인은 소리 내어 웃어댔다.

"억울할 게 뭐 있나? 그럼 그쪽은 노비를 보고 불쌍하다고 느낀 적이 있으시오?"
"..."

이때, 소독할 재료를 들고 신사가 들어왔다. 신사는 곧바로 정익에게 다가가 붕대를 풀고 상처를 꼼꼼히 살펴봤다. 동양인 남자도 그의 옆에 붙어 보조했다. 둘이 대화가 오고 갔지만, 알아들을 수 없었다.

대화가 끝나자 동양인 남성은 고개를 끄덕이고 석진에게 다가왔다.

"호전되고 있으니 안심하라고 하셨소. 충분한 휴식을 취하면 금방 깨어날 수 있을 거요."
"..고맙습네다."

석진은 들릴 듯 말듯 고마움을 표시했다. 남성은 그런 모습을 보고 콧방귀를 켰다.

"나에게 고맙다고 하지 말고, 저 선교사 선생에게 고맙다고 하시오. 저 선생은 참 재주도 많아~"
"서.. 선교사라고 했디요?"

남성은 고개를 끄덕였다. 신사는 소독을 끝내고 짐을 챙겨 나가려 하자 석진이 손을 들어 선교사의 이목을 끌었다. 선교사는 어리둥절 하며 동양인 남성과 석진을 번갈아 쳐다봤다.

"어허~ 이거 왜 이러시오! 이 나리는 다른 환자들도 돌봐야 합니다."
"그럼 하나만.. 하나만 물을게 있디요. 우리를 왜 도운 겁네까?"

석진의 말을 들은 남성이 피식 웃고는 선교사에게 통역해주었다.

그의 말을 들은 선교사도 뭐라 말하니 남성이 짧게 말했다.

"이것 또한 하느님의 뜻이고 우리들의 사명이라고 합니다."

선교사는 석진을 보고 인자한 미소를 보이고는 방을 나갔고 남성도 뒤따라 나갔다. 시간만 있으면 선교사와 얘기를 더 나누고 싶지만, 밀려드는 환자에 그럴 수는 없었다. 석진은 창문 밖 지는 태양 빛을 보며 복잡 미묘한 감정을 추스르고 있었다. '조선은 중국의 종속국이 아니오?' 남성의 말이 머리에 맴돌았다. 조선에서 배우고 있는 유학 또한 이를 확인시켜주는 근거이지 않은가. 나라가 나라 구실을 못하니 원통하고 비참했다. 독립하지 못한 우리나라의 암울한 현실을 스물두 살 젊은 청년은 직접 보고 체험했다. 이대로 가다간 조선은 영원히 중국을 벗어나지 못할 것이다. 유학이나 유교를 통해서는 조선의 발목을 영영 붙잡을 게 틀림없었다. 불교도 마찬가지였다. 하지만 기독교는 다르다고 생각했다. 창문 밖으로 보이는 색다른 건물과 이들의 생활 양식, 우리를 살려낸 선교사들의 행위. 이 만주 땅에서 직접 보고 느끼니 기독교의 실체를 조금이나마 알 수 있었다. 현재 우리에게 필요한 종교는 기독교뿐이다. 석진은 한동안 되뇌었고 이내 확신을 가질 수 있었다. 닷새 뒤, 정익이 깨어났고 선교사는 잠시 다른 지역으로 넘어가는 바람에 석진과 정익은 고맙다는 인사도 전하지 못한 채 병원을 나와야만 했다. 이들은 자신을 살려준 선교사를 뒤따라 한 달간 쫓아다녔지만, 길이 엇갈렸는지 결국에는 만나지 못한 채 조선 땅으로 돌아와야 했다. 이들은 타국에서 잊을 수 없는 치욕을 당했지만, 선교사의 선행을 직접 보았고 기독교의 윤리를 알 수 있음에 감사했다.

늦은 밤 의주, 석진은 만주에 있었던 일을 전해주려고 집회 장소인 백홍준의 집으로 갔다. 늦은 시간이라 백홍준과 서상륜을 만나고 집으로 돌아가려 했지만, 집회 장소에는 사람들이 북적이고 있었다. 석진이 만주로 떠나기 전보다 사람이 더 많아진 거 같았다. 이 이유를 물으니 백홍준이 벅차오르는 표정으로 가슴을 부여잡고 한 사건을 말해주었다.

때는 1884년 이후 고종의 선교 윤허를 통해 선교사들이 조선에서 활동할 수 있게 되었다. 선교사들은 학교를 세워 교육 선교를 시도하였고 광혜원, 시병원을 통해 의료 선교도 병행했다. 하지만 아무리 허락을 했다고는 하나 관료들의 압박으로 선교에 제한은 있었다. 선교사들의 지방 여행을 금지한 것이었다. 그래서 지방 쪽으로 선교사 유입이 어려웠다. 석진이 만주로 떠나고 얼마 뒤, 한 선교사가 부인을 데리고 신혼여행을 떠난다는 이유로 의주 쪽으로 갔는데 이 여행에는 세례 금지라는 조건을 가졌었다. 그러나 가는 곳마다 세례를 원하는 지원자가 몰려들었고 그 선교사는 한가지 묘책을 냈다. 조선 땅에서만 세례 금지라고 해석하고는 세례 지원자들을 데리고 압록강을 건너 중국 영토 안에서 세례를 베풀었다. 이를 사람들은 '요단강 세례'라고 불렀다. 심장이 요동치는 소리가 온몸에 울려 퍼졌다. 만주에서 봤던 그 선교사처럼 아무것도 아닌 우리를 위해 희생하는 모습이 아름다웠고 감명스러웠다. 석진은 꽉 막힌 속이 드디어 풀린 느낌이었다. 신나게 설명하던 백홍준을 바라보고 석진은 말했다.

"이제 저도 세례를 받겠습니다."
"잘 생각했디! 양대인이 지금 의주에 있어. 약속을 잡아 놓을 테니 내일 통군정에서 만나기로 하세."

석진의 결단에 백홍준은 감격하는 표정으로 그의 손을 잡았다. 별들도 밝게 빛나던 눈부신 밤 이들은 밤새 웃고 떠들며 회포를 풀었다. 다음날, 의주에선 압록강 일대를 한눈에 볼 수 있는 통군정이라는 정자가 있었다. 석진은 서상륜과 백홍준을 따라 통군정에 오르니 키가 큰 남성 두 명이 보였다. 저들이 선교사들이구나. 뒷모습만으로도 그들의 존재를 직감할 수 있었다. 그들은 언덕 위에 서서 압록강부터 의주 일대를 감상하고 있는 것만 같았다. 이 선교사들의 이름은 마펫과 게일이었고 수려한 외모에 금발 빛 머리는 다른 선교사들과 다를 바 없었지만, 조선말과 문화에 익숙해 보였다. 석진은 마음속에 품었던 의심들을 질문했고 선교사들은 꼼꼼히 대답해주었다. 이들의 모습에 석진은 확신이 들었다. 당장이라도 세례를 받고 싶다고 말했고 관료들의 선교 압력사태가 진정된 6개월 뒤인 1891년 9월 석진은 마침내 세례를 받았다.

평양 전도

    1866년, 대동강 일대. 배 한 척에 불길이 치솟았고 선원들은 강가에 몸을 던져 불길을 피했다. 불길은 간신히 피했지만, 빠르게 날아오는 화살은 피하지 못해 물속으로 몸을 숨겼다. 장마로 물살이 급격히 불어나 선원들은 하나, 둘씩 물살에 휩쓸려가기도 했다. 살아남은 선원들은 겨우 육지로 올라와 도망을 쳤지만, 결국에는 관군의 칼에 맞아 선혈이 낭자하게 흩뿌려졌다. 아수라장이 된 현장엔 이곳 주민들도 나와 이들의 최후를 보고 있었다.

    목사처럼 보이는 한 남자는 육지에서 올라와 관군을 피해 주민들이 있는 곳까지 달아나는 데 성공했다. 무장도 안 한 주민들이었지만, 그의 눈에는 모두 하나같이 야만적이고 짐승처럼 느껴졌다. 목사는 체력이 다해 넘어져 버렸고 힘이 다해 일어나지 못했다. 목사는 온 힘을 다해 일어나려 했지만, 뒤에서 달려오는 관군의 칼에 베여 피가 사방으로 튀었다. 그는 소리 없이 쓰러졌고 관군들이 시체를 수습해갔다. 잠잠해지자 이 모든 걸 숨어서 지켜보던 한 아이는 그가 쓰러진 자리에서 조그만 책을 발견했다. 표지에는 'Thomas'라고 적혀있었지만, 아이는 뜻도 모른 채 책을 품에 넣고 사라졌다.

목사가 쓰러진 이 자리는 몇십 년이 지나 조선의 대도시인 평양으로 바뀌었다. 석진은 이 평양 일대를 구경하며 속으로 감탄했다. 확실히 의주보다 넓고 사람이 많구나. 석진은 사람이 몰려있는 곳으로 다가갔다.

"좋은 말을 전하려고 하는데 들어 보갓시요?"

물건을 사던 사람들에게 석진이 말을 걸자 대꾸도 안 하고 이상하게 쳐다보고는 자리를 떠났다.

"이보쇼. 장사 방해를 하면 어쩌자는 겁네까?"

상인이 나무라자 석진은 헛기침하며 말했다.

"예수 그리스도의 구원을…"
"당장 꺼지라우!"

석진의 말이 끝나기도 전에 상인이 소리쳐 화를 내어 어쩔 수 없이 가볍게 인사하고 돌아섰다. 북적거리는 사람들 사이로 다음 목적지를 정하고 있을 때 눈앞이 번쩍거리고 머리에 강한 충격이 전해졌다. 몸을 가눌 수 없었고 세상이 빙글빙글 돌았다. 석진은 그대로 바닥에 쓰러졌고 흙바닥에 피가 떨어지는 게 보였다. 흐릿해진 시야로 주위를 돌아보니 아이들의 웃음소리가 들렸고 도망가는 모습이 보였다. 석진은 다시 일어나려고 했지만, 마음처럼 쉽지 않았다.

"괜... 괜찮으십니까!?"

다급한 목소리가 들렸고 누군가 부축하는 게 느껴졌다. 흐릿해진 시야는 끝내 암흑 속으로 떨어졌고 흙바닥을 이불 삼으니 의식도 놓게 되었다.

"....!"

온몸에 전류가 흐르는 것처럼 정신이 들어 눈을 떠보니 익숙한 천장이 보였다. 자신이 묵던 객주였다. 금세 눈을 깜빡한 것 같지만, 흙바닥에서 여기까지 어떻게 왔는지 알 수 없어 눈동자를 이리저리 굴렸다. 도통 기억이 나지 않아 몸을 일으켜 세우니 머리에 송곳으로 찌른듯한 통증이 느껴졌다.

"조심하는 게 좋겠습니다. 어린 아새끼가 던진 돌에 머리를 맞았시요."

이 객주의 주인 이량이었다. 석진은 나오는 한숨을 막지 못하고 침대 틀에 기대었다. 그의 시선은 한쪽 벽에 고정되었다. 보통 객주와는 다르게 한쪽 벽면이 성경으로 도배 되어있기 때문이었다.

"또 저걸 보고 있습네까?"

석진의 고정된 눈에 이량은 눈치채고 말했다.

"우리 아바이께서 성경을 주워 벽지로 썼다고 했습네다. 음.. 아마 돈을 아끼려고 그러지 않았나 싶습네다."

이량은 호탕하게 웃었다. 석진은 그런 이량을 쳐다보며 미소를 띠었다. 석진은 세례를 받고 마펫의 조사로서 함께 평양 전도를 왔었다. 이곳에서의 첫 숙소가 이량의 객주였다. 배정받은 방이 신기하게도 성경으로 도배되어있어서 이를 궁금해 물으니 옛날 토마스 선교사 얘기까지 이어졌다. 이는 하느님의 뜻이었고 평양 전도는 꼭 이루리라고 생각하게 만들었다. 이를 계기로 이량은 석진과 친분을 쌓아 이들을 돕기로 결심했다. 이량은 물에 적신 수건을 가지고 와 석진의 머리를 닦아줬다.

"평양에선 양대인들에게 우호적이지 않습네다. 과거에 그런 일도 있고 적대시하는 게 당연하지요. 아무래도 형님이 양대인들과 다니니 분풀이 대상이 된 거 같습네다."
"님재에게 참 고맙다고 생각해."

고맙다는 말에 이량은 쑥스러운 듯 가벼운 미소만 보이고는 석진을 간호하던 의료품들을 챙기고 방을 나섰다. 홀로 남은 석진은 개탄스러운 감정을 숨길 수 없었다. 이 평양을 어떻게 개화시키고 전도해야 할까. 어린아이까지 돌을 던져대며 자신들을 내쫓으려 하니 걱정이 앞섰다. 그때, 복도 쪽에서 우당탕탕 거리는 소리가 들렸다. 석진의 방문이 급하게 열렸고 이량의 얼굴이 보였다.

"형님! 크.. 큰일났소!"

북적거리는 거리, 한 집 앞에 100명은 족히 돼 보이는 평양 주민들이 몰려와 있었다. 이들은 집을 둘러싸 담장 넘어 더러운 오물과 돌을 던지기도 하고 문을 부술 정도로 밀어붙이고 있었다. 이들의 투지는 누구도 막을 수 없을 것만 같았다. 그때, 석진과 이량이 나타나 이들 앞을 막아섰다.

"이게 무슨 짓이오!"

석진은 붕대 감은 머리를 만지며 소리쳤다. 그의 기세로 현장은 조용해졌다. 이 무리 중에 대장으로 보이는 한 사람이 나와 석진과 대면했다.

"나는 이기풍이오. 여기 이 집에는 어떤 아들이 사는 곳이오?"

"이곳은 내가 사는 곳이오!"

이기풍이라는 자가 말하자 석진은 머리의 통증을 감내하며 소리쳤다.

"여기에 양이들이 산다고 소문이 자자하오. 당장 문을 열어 확인해야겠소."
"이보시오! 진정하고 내 말을 들어보시오. 여기사는 양대인들은 합법적으로 거주하고 있는 거요. 이럴 이유가 전혀 없는 겁네다."

이량의 만류에도 기세가 전혀 꺾이지 않았다. 이 소란 속에 집 대문의 오래 묵은 나무들이 마찰음 소리를 내며 열렸고 문틈 사이로 마펫이 걸어 나왔다. 마펫의 모습에 못 볼 것이라도 본 것처럼 숨넘어가는 소리도 들렸고 욕지거리는 소리도 들렸다. 이기풍은 당장 떠나라는 일방적인 주장만 내세울 뿐이었지만, 마펫은 돈을 주고 이 집을 구했다며 뜻을 굽히지 않았다. 이기풍은 흥분한 나머지 석진의 멱살을 잡았다.

"이 양이들이 떠나지 않으면 우리들이 위험하다고. 알아들었으면 꺼지라우!"

이기풍은 석진을 내동댕이치고 들고 온 머리만 한 도자기를 마펫에게 던졌다. 도자기는 그대로 마펫의 이마에 떨어졌고 굉음과 함께 마펫은 쓰러졌다. 소식을 듣고 관군들이 몰려들었고 이를 본 사람들은 뿔뿔이 흩어져버렸다. 순식간에 벌어진 일에 석진과 이량은 손쓸 방도가 없었다. 이량이 마펫을 부축해 집 안으로 들어가자 오물과 쓰레기가 마당 천지에 널브러져 있었고 집 안에는 또 다른 선교사 '스왈른'과 '리'가 몸을 숨기고 공포에 떨고 있었다.

　석진, 이량, 마펫, 스왈른, 리가 방에 앉아 서로를 마주보고 있었다. 마당은 여전히 오물로 범벅이 되어있었고 쓰레기나 파편들이 널브러져 있었다. 여기 사람들은 몰골이 말이 아니었다. 붕대를 감은 석진이나 응급처치를 받지만, 여전히 고통을 호소하는 마펫, 그중 선교사 리가 몸 상태가 안 좋아 보였다. 호흡은 거칠었고 식은땀을 흘리고 있었다.

"괜찮시요?"

　석진이 묻자 리는 추위를 타는 듯 몸을 덜덜 떨기 시작했다.

"여기에 도저히 못 있겠어요."

　스왈른이 말했다. 그도 극심한 공포에 손톱을 물어뜯고 있었다.

"자, 자! 진정들 하시라우. 이런 적은 처음이었는데 무슨 일이 있을 겁네다. 우선 사태를 파악해야 겠습네다."

분위기 전환 겸 이량이 입을 열었다. 분위기는 여전히 침울했다.

"자기들이 위험하다 그랬디."

석진이 나지막이 말했다. 그러자 아까 이기풍이라는 자가 했던 말을 떠올렸다.

"누군가에게 협박을 받는 거 아니네? 그러지 않고야 사람들이 미친 황소 마냥 우루루 몰려올 이유가 없잖아요?"
"무슨 연유가 되었든 이 사건의 인과를 밝혀야겠어. 내 관찰사를 만나고 오겠네."

석진은 곧장 관찰사를 찾아가 이 일을 추궁했지만, 모르는 일이라며 양인들을 향한 민중의 내적 분노를 자신들이 어떻게 할 방도가 없다고 했다. 이후 겁에 질린 스왈른은 이곳에 도저히 못 있겠다고 황해도로 가버렸고, 리는 극심한 스트레스로 병들자 마펫은 석진에게 평양을 맡기고 리를 데리고 한양으로 내려갔다.

이량의 객주에는 한숨 소리로 가득 찼다.

"형님, 그거이 그래 가지고 땅이야 꺼지갓어?"

이량이 물이 담긴 사발을 석진 앞에 놓자 석진은 벌컥벌컥 마셔댔다.

"양대인들만 믿고 여기까지 왔는데, 나 혼자 남게 됐어."
"평양 사람들은 양인만 보면 예전 일이 생각나서 그렇지요. 타국 사람들이나 다른 지방 사람들을 일단 경계하고 보는 겁네다."

이량의 말을 들을 때마다 암울한 현실은 바뀌지 않았고 애꿎은 허공만 바라볼 뿐이었다. 그러다 시선이 느껴지자 고개를 돌려 창문을 바라봤다.

"와 그라요?"

창문 쪽으로 다가가 보니, 저 멀리 검은 복장의 사내와 눈이 마주쳤다. 눈을 감았다 뜨자 그 사내는 사라져버렸고 황망한 바람에 나뭇잎만 굴러다닐 뿐 아무것도 없었다.

"형님, 내 방법 하나 있소. 식구들을 데리고 평양 사람으로 사시지요. 내가 봤을 때 그 방법밖에 없어 보입네다."

이량의 말에 석진은 고개를 돌려 이량을 쳐다보았다.

"왜.. 왜그라시요?"
"그렇지. 그래야갓어!"

이량은 당황했고 석진은 중얼거리며 이량의 손을 붙잡았다.

"고맙디. 우리 식구가 지낼만한 집 좀 알아 봐주게. 내 이 은혜 꼭 갚겠디."

석진은 간단하게 짐을 챙기고 의주로 떠났다. 며칠 뒤 의주, 아내가 삯바느질 거리를 한가득 들고선 집으로 향하고 있었다. 경제적인 부분을 담당하는 며느리답게 삯바느질로 집안의 경제를 충당하고 있었다. 남편을 원망하기보다 자식을 먹여 살리기 위해 현재로서 최선을 다할 뿐이었다.

"저 댁 서방이 집을 나갔어."

소리가 아내의 귀에 꽂히듯 들렸다. 아내는 애써 무시한 채 걸었다.

"애 낳은 지 얼마나 됐다고?"
"이상한 거에 홀려서 집도 팽개치고 나갓디야"
"창피해서 얼굴은 들고 다니갓어?"

혀 차는 소리가 들렸다. 아내의 눈가는 촉촉해졌지만, 무시할 뿐 꿋꿋이 버텼다. 반박해서 무엇하리, 그녀는 자신의 남편을 믿었다. 아내는 집으로 돌아와 삯바느질 거리를 수북이 쌓아놓고 한 땀 한 땀 바느질해 나갔다. 손이 기계적으로 움직이고 있을 때, 방 밖에서 며느리 부르는 소리가 들렸다. 나가보니 석진의 아버지가 째려보고 있었다.

"석진이에게는 아직 소식이 없드냐?"

아내는 고개를 끄덕였다.

"며느리가 똑바로 못하니까 서방이 사교 따위를 믿는 게 아니냐."
"죄송합니다."

아버지는 최대한 크게 혀를 찼다. 남편이 사교를 믿게 되니 그녀가 집안에서 무시 받고 배척당할 수밖에 없었다. 그래도 아내가 벌어오는 수익은 집안을 위해 써야만 했다. 아내는 너무 분하고 속이 상했지만, 나오는 눈물을 흐르게 둘 순 없었다. 시뻘게진 얼굴로 콧물을 삼키며 바느질에 속도를 가했다. 대문 소리가 들리자 아버님 손님이라도 왔는가 싶어 바느질을 내려놓고 마당으로 나갔다. 축축한 눈가를 닦고는 손님을 맞이하는 아내. 항상 밝은 표정으로 버텨오던 아내는 표정이 굳어졌다. 대문 앞에 서 있는 사람은 석진이었다. 석진은 숨을 헐떡이고 있었고 아내는 황급히 달려가 안겼다. 그제야 참아왔던 눈물을 쏟아냈다.

"미안하오. 기카이 금방 온다는 기.. 일이 생겨가.. 이제 그대 곁을 떠나지 않을 거이다."

석진은 평양에서 있었던 일을 말해주고 지금 당장 떠나자고 했다. 아버님이 마음에 걸려 선뜻 대답하지 못하는 아내였지만, 석진은 아버지를 찾아가 마지막 인사를 남기고 아내와 아들을 데리고 평양 길에 들어섰다. 아내는 타지 생활이 처음이고 고된 길이 되겠지만, 의주에서 과부 생활하는 것보다 낫다고 생각해 따라나섰다. 이들은 평양에 도착해 이량이 소개해준 집에 거주하며 생활했다.

평양 사람이 되니 의문을 갖는 주민들의 관심이 하나, 둘씩 줄어들었다. 같은 평양 사람으로 받아들여지니 석진은 자신의 이름으로 집 하나를 더 구입하고자 했다. 평양 대동문 안에 연못 한가운데에는 관찰사들의 놀이터나 마찬가지인 정자가 있었다. 그 옆에 다리가 아름답게 꾸며놓아 이 지역의 명소가 되었는데 이 다리의 이름이 '널다리골'이었다. 이곳에 집을 구해 선교사들이 오기를 기다렸다. 하지만 하루가 이틀이 되고 일주일이 지나 한 달이 넘어가도 마펫에게서 기별이 없었다. 주야장천 선교사만을 기다릴 순 없어서 자신이 먼저 평양을 전도하기로 마음먹었다. 널다리골 주위 집을 기점으로 석진은 전도 계획을 가졌는데, 일단 평양 주민들과 친해지려고 노력했다. 길에서 만나거나 시장을 볼 때, 아니면 집을 직접 찾아가서 사람들에게 인사를 건넸고 친근하게 말을 걸었다. 평양에 이주한 지 오래되지 않았지만, 그의 끊임없는 노력에 먼저 인사를 건네는 사람들도 생겨났다. 석진은 친해진 사람들을 중심으로 전도하기 시작했다. 삶에 지치고 관리들에게 억압받은 평양 사람들은 석진의 말을 듣고 얕은 쾌감을 가지고 잠시나마 기댈 수 있었다. 믿음이 생겼고 사람이 불어났다. 이량도 전도에 동참해 20명가량의 사람이 모여들어 집에서 집회를 가졌다. 정기적인 집회가 만들어졌고 이 집을 '널다리골 교회'라고 지칭했다. 석진의 전도계획은 성황리에 발전하고 있었다.

'우리의 간절한 기도와 소망이 이루어져 영혼들이 그리스도의 교회에 몰려들고 있음을 보게 되었다.' 평양으로 온 마펫은 선교부 보고서에 이렇게 적어넣었다. 한양에서 일을 마무리하고 평양에 올라와 이 광경을 보니 감격하지 않을 수 없었다. 나이도 젊은 조선인 조사가 홀로 이렇게까지 일을 진행한 것으로 '참으로 훌륭한 조사'라고 표현했다. 석진의 이름으로 구입한 집에서 지내며 석진과 함께 평양성 밖까지 나가 전도에 힘썼다. 구도자는 점점 늘어났고 마펫을 중심으로 학습 반까지 만들어 교리 학습도 진행했다. 그 결과 이량을 포함해 7명에게 세례를 줄 수 있었다. 너무나 평화롭고 순조로웠다. 이대로라면 전국적으로 사람들을 전도할 수 있을 것만 같았다. 그 일이 일어나기 전까지 말이다.

"형님, 들으셨습니까? 한양에선 아새끼들 고기를 먹는답니다."
"기래? 고거이 참 신기…"

집회가 끝나고 이량의 말에 석진은 눈을 가늘게 뜨고 이량을 쳐다보았다.

"증말이랩니다. 그런 소문이 돌아 한바탕 소동이 있었답니다. 학당에는 아들이 도망가고 사람들은 교회에서 행패를 부렸답니다."
"그게 말이 된다고 생각하니?"
"혹시 모르지요. 아새끼들을 잡아먹어서 코가 큰 걸 수도.."
"허튼소리 그만하라우. 오늘 마펫 선생이 한양에 간다고 하셨으니 마중 다녀오라"
"귀찮은 건 나에게 시키는 거 같습니다?"

이량이 투정 아닌 투정을 부리자 석진이 말없이 쳐다보았다.

"알갓습니다. 알갓어. 가면 될 거 아닙니까?"

이량은 대문에 나서기 전까지도 투덜거리며 나갔다. 곧바로 마펫을 마중하고 다시 돌아가는 길이었다. 북적이는 평양 거리를 지나 민가에 들어서자 수십 명의 사람들이 모여있었다. 그들이 모여있는 곳은 널다리골 교회 앞이었다. 사람들은 대문을 두드리고 발로 차기도 했다. 놀란 이량은 이들 앞을 막아섰다.

"또, 또, 또! 왜 이런 겁니까?"

이량이 막아서자 키는 작지만 근육질 몸의 남자가 얼굴이 빨개져 침을 튀겨가며 말했다.

"여기 있는 양이 놈을 끌고 오라. 이 양이 놈이 우물 제사를 안 드린다는 소문을 들었다."
"기래, 동네에 흉조가 들었는지, 이게 무슨 일이람. 우리 동네에 양이가 떡하니 살고 있니? 이러다 우물이 마르는 거 아니야?"

이들의 말을 들어보니 이곳을 찾은 이유를 알게 되었다. 조선에는 민간 신앙이 있었다. 1년에 한 차례 각 집에서 우물 제사를 드려야 했다. 우물물이 마르지 않고 마을이 평화로워지길 비는 민간 신앙이었기에 우물 제사는 이들에게는 가장 중요한 행사 중 하나였다. 선교사는 제사를 드릴 수 없고 우물 제사도 드릴 수 없다는 소문이 나돌았고 사람들은 또 한차례 소동을 벌인 것이었다.

"잠깐, 잠깐만! 양대인은 여기 살고 있지 않습니다!"

이량이 소리치자 사람들은 이량을 압박하며 들이댔다.

"어디서 거짓말이야! 여기에 양인 놈이 드나드는 걸 내가 몇 번을 봤는데!"

"하.. 한양으로 떠났소! 오늘 한양으로 떠나서 이제 없습니다."

마펫은 금방 한양으로 떠났고 이곳에 없다는 건 사실이었다. 이량의 말에 사람들은 서로 눈치를 보며 잠잠해졌다. 그래도 못 믿는 눈치라 집을 열어 안을 살펴보게 해주었다.

"그 양이 놈 돌아오면 각오하라고 하는 게 좋을 기야!"

마펫이 없다는 걸 확인하고 사람들은 뿔뿔이 흩어졌다. 이량은 다리가 풀려 자리에 털썩 주저앉아 하늘을 올려다보았다. 여전히 하늘은 맑았고 구름은 새하얗다. 혹시나 마펫이 늦게 출발했으면 어찌했나 싶었다. 이런 문제가 한 번씩 일어났지만, 아이러니하게도 선교사들이 만든 병원이나 학당에는 언제나 사람들이 북적였다. 선진 문화의 기술 덕분에 민중들의 삶의 질이 올라갈 수 있었고 평양 민중들도 그렇게 생각했다. 그 영향인지 일부 사람들의 괴롭힘은 막을 수 없었지만, 석진의 부단한 노력으로 교인들은 증가했고 기독교는 평양에 스며 들어가고 있었다.

기독교인 박해사건

 상을 내려치자 술잔이 엎어져 상 밑으로 술이 한 방울씩 뚝뚝 떨어졌다. 기생들은 다급히 술을 닦아내고 자리를 정리했다. 한가득 차려진 상에는 관찰사 민병석과 더러운 일을 도맡아 정리하는 부하가 앉아있었다.

 "나으리, 어찌 그리 화를 냅니까?"

 민병석이 손짓하자 기생들은 물러났다.

 "평양에서 추방시켰는데 어찌 다시 기어들어온 게야? 제대로 하지 못하겠느냐?"
 "나으리 말씀대로 겁을 줬습니다. 민중들을 동원 시켜 괴롭혀도 그 놈들은 끄떡없었습니다."

 부하의 말에 민병석은 그의 얼굴에 술을 뿌렸다.
 "나으리, 차라리 죽이라고 말씀하지요."

부하는 얼굴에 흘러내리는 술에도 표정 변화 없이 말했다. 민병석은 술병째 술을 들이켰다.

"외국 공사관과 협정을 맺어 함부로 죽이면 안 된다는 포고문이 내려왔다. 어찌 양인 놈들을 받아들일 수 있냔 말이야."

민병석은 이를 갈며 분노를 표출했다. 그의 눈엔 양인들의 배가 불타는 모습이 아른거렸다. 지금으로부터 38년 전 양인들이 배를 타고 들어와 이곳을 약탈할 때 전 관찰사 박규수의 활약으로 이들을 막아냈다. 박규수는 이후 큰 공을 세웠다며 포상을 받았다. 민병석은 술병을 깨질 듯이 내려놓고 거칠게 호흡을 들이쉬었다.

"양놈들이 문제가 아닌 거 같습니다."

부하의 말에 민병석이 도끼눈으로 쳐다봤다.

"그놈들의 조선인 추종자들이 있습니다. 우두머리 격인 놈은 한석진이라는 놈이고 자신의 이름으로 집을 사서 양인 놈들을 평양에 살게 해줬습네다."

민병석은 고개를 내밀며 가늘어진 눈으로 부하를 쳐다보았다.

"그런데 마침 선교사들이 자리를 비웠습네다. 한양으로 나서더군요. 지금이 딱 적기지 않겠습니까?"

부하의 말에 눈썹이 꿈틀거리고 눈동자가 빠르게 움직였다. 새어 나오는 웃음은 곧 함박웃음이 되었고 민병석은 선교사를 제외한 조선인 추종자들만 잡아들이라고 명령했다. 명목은 사교로 인한 치안 문제였다. 군졸들이 한방 중에 들이닥친 집은 여섯 곳이었다. 석진이 속한 장로교뿐만 아니라 평양에 있는 감리교 교인, 석진에게 집을 판 자들도 잡아들였다. 이들은 포박된 채 옥에 갇혔고 갑자기 끌려온 터라 옷도 제대로 못 갖춘 채 행색이 말이 아니었다.

"형님, 괜찮소?"
"그래, 나는 괜찮다만.. "

이량이 묻자 석진이 답했다. 고개를 들어 주위를 살펴보니 잡혀 온 사람들은 다행히 다친 곳은 없어 보였다. 감리교 교인인 김창식도 보였다. 교파가 달라도 서로 얼굴 정도는 알고 있었다.

"이게 무슨 일입니까?"

김창식이 떨리는 목소리로 묻자 석진이 답해주었다.

"사교라고 몰아내는 거지요. 양대인들을 건드릴 수 없으니 우리를 잡아들인 거 같습니다."
"우리가 뭔 죄를 저질렀다고 이러는 기야? 억울해서 못 살겠네."

이량의 목소리가 커지자 옥을 지키는 군졸이 다가와 눈치를 주니 이량은 시선을 돌리고 입을 닫았다. 이때, 군졸 대장과 군졸들이 등장해 석진의 앞에 섰다. 나무 창살 사이를 두고 서로 대치하는 상황이었다.

"돈을 바치면 풀어주갓어."

군졸 대장이 말하니. 옥에 갇힌 자들은 눈치를 살필 뿐이었다. 대장이 고개를 까딱거리자 군졸들이 옥에 들어가 이들을 구타했다. 발로 밟기도 하고 몽둥이로 온몸을 찜질했다. 석진은 짧은 신음으로 참아냈고 누군가는 비명을 질러댔다.

"이..이보시오!"

이량이 말했다. 맞는 곳마다 뼈를 맞아 땅바닥을 뒹굴다가 포졸 대장을 불렀다.

"내 있는 돈 다 하면 300냥은 되.. 될깁니다. 그러니 이제 그만 하시라요!"

　이량의 울부짖음에 군졸이 옥 밖으로 끌고 갔다. 이량이 풀려나자 너도나도 금액을 말했다. 소액인 자는 그 자리에서 구타를 당했고 100냥 이상인 자는 풀려날 수 있었다. 돈이 부족한 자는 빌려서라도 빠져나갔다. 이제 이곳에 남은 자들은 김창식과 한석진뿐이었다. 이들은 끝까지 맞섰다. 돈이야 어떻게든 마련할 수 있겠지만, 교인으로서 신앙을 저버릴 순 없었다. 일정 금액을 지불하고 나가면 또다시 박해를 가할 것이 뻔해 보였다.

　얼마 뒤, 석진과 창식은 머리부터 발끝까지 피로 물들어있었다. 석진은 벽에 기대어 가늘게 숨을 쉬다가 고개를 푹 숙였다. 이게 끝일 줄 알았지만, 아침이 되니 또 다른 교인들이 잡혀왔다. 이번엔 감리교인 김창식에게 집을 판 자들이었다. 아무래도 주요인물부터 시작해서 한 명씩 잡아들이려는 계획 같았다. 이들도 어김없이 매타작이 시작되었고 돈을 주자 풀려났다. 이 옥에는 교인들은 바뀌어도 석진과 창식은 그대로 남아있었다. 군졸 대장이 이들에게 다가왔다. 나무 창살 사이로 보니 미세한 숨소리만 들릴 뿐 움직임 느껴지지 않았다. 막대기로 쿡쿡 찔러보아도 여전히 움직임이 없자 감리교 선교사 '홀'에게 사람을 보냈다.

　이량은 분주하게 움직여 끌려가지 않은 교인들을 찾아가 이 사태를 알렸다. 새벽의 찬 공기가 콧구멍을 쑤셔댔지만, 옥에서 나오면서 본 석진의 쓰러진 모습을 생각하면 발걸음을 멈출 수 없었다. 이량이 지금 당장 할 수 있는 게 없었다. 맞서 싸우다가는 다시 잡혀 들어갈 게 뻔했다. 이량은 이곳저곳 한참을 달리다가 엎드려 숨을 토해냈다. 땀을 닦아내고 생각을 정리했다. 어떻게 해야 한단 말인가. 선교사 선생들만 있었다면.. 그러자 이량은 감전된 사람처럼 몸을 일으켜 세워 호흡하는 것도 잊고 약간의 정적을 가졌다. 그리고는 슬며시 입꼬리가 올라가 주름을 만들어냈다.

"그러니까, 돈만 내놓으면 다 풀어준다니까!?"

군졸 두 명이 기별지를 얼굴에 들이밀며 말했다. 선교사 홀은 이들의 행동에 고개만 갸웃거릴 뿐이었다.

"아이 참~ 이 양이놈들 때문에 사람들 다 죽어나가네."
"...?"
"선교사 나으리!"

멀리서부터 들려오는 소리에 홀은 고개를 돌렸다. 이들에게 달려오는 사람은 이량이었고 삐끗해 넘어질 뻔했지만, 그새 중심을 잡고 선교사와 군졸들 사이로 헤집고 들어왔다.

"뭐야? 통역관이오?"

군졸이 물었지만, 이량은 심장이 터질 거 같아 대답하지 못했다. 그러자 가지고 있던 기별지를 이량에게 던졌다.

"당장 돈을 가지고 관청으로 오라 하시오. 만약 오지 않는다면 무사하지 못할 겁니다."

군졸들은 바닥에 침을 뱉고는 건들거리며 돌아갔다.

"홀 선교사 선생 맞습니까?"
"네... 아! 몇 번 뵌 것만 같은데.."
"지금 큰일났습네다! 지금..."

이량은 다급해진 목소리로 지금까지 벌어진 일들을 말해주었다. 이량의 말이 길어질수록 홀은 입을 다물 수 없었다.

감옥 안, 석진은 이마에 흐른 피 때문에 앞이 잘 보이지 않았다. 자신을 건드는 느낌에 고개를 들자 비열한 미소의 군졸이 석진을 바라보고 있었다.

"어떻게 집을 구했소? 무슨 돈으로? 돈의 출처가 양이 놈들이냐?"

석진은 입술을 부르르 떨며 고개를 옆으로 흔들었다. 그러자 군졸이 발로 차 넘어트렸다. 석진은 매질을 당할까 봐 두 손으로 머리를 감싸 안았다.

"독한 놈들이구만! 한마디만 하면 풀려날 수 있어! 한마디만! 양이들이 억지로 서학을 가르쳤다고 말하라. 고놈들이 갖은 고문과 협박 때문에 어쩔 수 없다고 말하라우!"

석진은 이들의 뻔한 유도신문에 넘어가지 않았다. 온몸엔 피멍이 들고 피를 토하기도 했지만, 신앙심을 버릴 수 없었다. 옆에 누워있는 김창식도 같은 처지였을 것이다. 군졸은 거칠게 깎여진 몽둥이를 주워들었다. 또 한 번의 매타작이 시작될 분위기였다. 군졸 대장이 들어오자 군졸은 행동을 멈추고 차렷 자세로 기다렸다. 대장은 고개만 쭉 내밀어 곁눈질로 이들의 상태를 확인했다.

"그대들은 사교를 믿어 백성들을 믿게 한 중대한 죄인이나, 지금이라도 배교를 한다면 살려주고 그렇지 않으면 사형을 내리겠다."

석진이 천천히 고개를 들어 올렸다. 포졸 대장 옆에 민병석이 보였다. 민병석은 뒷짐을 진 채 턱을 올려 거만하게 석진을 내려다보고 있었다. 석진은 헛웃음을 지었다.

"이런다고 당신들이 이길 거 같디?"

갈라진 입술 사이로 석진은 어렵게 말했다. 민병석은 끝까지 반항하는 석진의 모습을 보고는 미간을 찡그리고 고개를 절레절레 흔들었다. 지금 자신의 목숨은 민병석의 손에 달려있다는 걸 본능적으로 알고 있었지만, 주눅들 순 없었다. 둘의 신경전이 벌어지고 있을 때, 군졸 한 명이 뛰어 들어왔다.

"웬 양인이 관청으로 와 관찰사님을 찾고 있습니다."

군졸의 말을 듣자 민병석은 호탕하게 웃어댔다.

"10만 냥을 들고 오기 전엔 이 자들을 풀어주지 않을 것이다. 자정까지 들고 오지 않는다면 사형에 처한다고 전하라."

군졸은 힘차게 대답하고 뒤돌아 나갔다. 그 얘기를 들은 석진은 기도밖에 할 수 없었다. 어느새 해가 뉘엿뉘엿 기울어져 가고 밤그늘이 드리우고 있었다.

'내가 네게 명령한 것이 아니냐 강하고 담대하라 두려워하지 말며 놀라지 말라 네가 어디로 가든지 네 하나님 여호와가 너와 함께 하느니라 하시니라 … 여호수아 1장 9절.' 홀은 마펫이 보낸 전보를 읽고 있었다. 성경 구절과 함께 조선 외무 관리에게 석방지시를 내리도록 했다는 글귀가 있었다. 홀은 또다시 관청을 찾아가 관찰사를 찾았지만, 자리를 비웠다는 말만 되풀이할 뿐이었다.

'관찰사의 태도 불변' 홀은 또다시 한양에 전보를 보냈다. 다행히 사형은 면했지만, 저들의 태도는 똑같았다. 지금 할 수 있는 건 관찰사를 만나 협상 아닌 협상을 해야 할 판국인데 만남 자체를 할 수가 없으니 한양에서 오는 전보만을 기다릴 뿐이었다. 또다시 석방 명령이 내려졌다는 전보에 홀은 관청을 찾아갔다. 이번에는 관찰사가 아닌 면회를 시도하였다. 다행히 면회는 가능하여 홀은 긴장되는 마음으로 옥으로 향했다. 옥에 널브러진 교인들을 보자 홀은 다리에 힘이 풀려 나무 창살에 몸을 기댈 수밖에 없었다.

"괘.. 괜찮으세요?"

미동도 없던 석진은 홀의 말에 꿈틀대며 움직였다.

"한석진 조사님 말할 수 있겠습니까? 조금만 버티십시오. 석방 명령이 내려졌으니 곧 나올 수 있을 거예요. 마펫 선교사님도 이 소식을 듣고 급히 평양으로 오고 있습니다."

석진은 홀의 손을 붙잡았다.

"다른 교인들은 어떻게 됐소?"
"지금 교인분들은 모두 몸을 피했습니다."
"다행이오.. 다행…"

　면회가 끝나고 홀은 아쉬운 마음이었지만 관청을 나가야 했다. 석진의 모습을 보니 발걸음이 쉽게 떨어지지 않았다. 뒤돌아보니 민병석이 창문 틈 사이로 자신을 지켜보는 게 보였고 홀은 입술만 씹어댈 뿐이었다.

　하루 사이에 교인들을 사형할 거라는 소문이 돌았다. 정부의 명령에도 불복하는 이들의 행동에 교인들은 가만히 있을 수 없었다. 관청 앞에 이량을 포함한 교인 열댓 명이 모여 앉아있었다. 이들은 교인 석방 요구를 외치고 있었다. 평양 주민들은 양잿물 따위의 더러운 물을 이들에게 쏟아붓기도 했지만, 옥에서 피눈물을 흘리고 있을 교인들을 생각하며 이들은 끝까지 자리를 지켰다. 홀은 그들의 모습에 무릎 꿇고 기도했다.

　해가 지고 어둠이 몰려왔다. 한석진과 김창식 사형 확정이라고 소문났고 관찰사 민병석은 죄수 집합 명령을 내렸다. 관청 앞에는 늦은 밤까지 자리를 지킨 교인들은 울부짖었다. 홀도 그만 고개를 숙이고 말았다. 도저히 막을 방법이 없었다. 밤하늘엔 별 한점 없고 달빛도 구름에 가려 어둠을 자초했다. 홀은 이량에게 다가가 어깨를 토닥였다. 그리고는 무릎 꿇어 두 손 모아 기도했다. 이량도 눈물을 닦아내고 기도했다. 그러자 나머지 교인들도 하나, 둘씩 기도하기 시작했다. 지금으로선 기도밖에 할 수 없었다. 이들의 모습에 평양 주민들도 함부로 끼어들 수 없었다. 그때, 멀리서부터 말발굽 소리가 들렸다. 소리는 점점 가까워졌고 이량이 눈을 떠 뒤를 돌아보았다. 다수의 사람들이 말을 타고 달려오는 게 아닌가. 관청 앞을 지키던 교인들은 자리를 비켜줬다. 깨끗한 비단옷을 입은 사람들과 그중 눈에 띄는 금발 머리, 유심히 보니 마펫이었다. 말을 타고 달려온 자들은 곧바로 관청으로 들어갔다.

"어명이오!"

관청 안에서 나는 소리였다. 그다음부터 소리가 들리지 않아 교인들은 숨죽이고 기다릴 뿐이었다. 문이 육중한 소리를 내며 열렸고 죄수들이 걸어 나왔다. 교인들은 놀라며 이들을 반겼는데, 한석진과 김창식이 보이지 않았다. 이량은 마른 침을 삼키며 기다렸지만, 석진의 모습은 보이지 않았다. 혹시나 하는 마음에 문으로 달려갔는데, 마펫이 석진을 부축하며 나오고 있었다. 뒤이어 김창식 또한 부축을 받으며 걸어 나왔다. 살아있는 게 신기할 정도의 몰골이었다. 교인들은 다친 사람을 업고 가까운 병원으로 향했고 이량도 달려가 석진을 업었다.

"미안합니다. 같이 나왔어야 하는 건데.."

이량은 벅차올라 목소리가 떨렸다. 관청에서 풀려난 사람들은 병원에 입원했고 선교사들이 극진히 간호했다. 그곳에서 제일 심하게 당한 석진과 창식은 온몸이 찢어졌고 골절됐으며 탈수 증세도 일어났다. 둘의 상태는 심각했고 자칫하면 목숨이 위험할 만했다. 이들의 모습에 선교사들의 분노가 극에 달했다.

"왜 그런 겁니까?"

관청에서 마펫이 관찰사 민병석과 마주 앉아 물었다.

"조선을 구하기 위해 그런겁네다."

뻔뻔스러운 민병석의 말에 마펫의 얼굴은 울그락불그락 변했다.

"몇 명의 교인들을 잡아들였소?"
"10명 정도 됐을게요. 나머지는 석방되고 몇 안 남았지."

마펫은 민병석의 말을 메모지에 기록한 뒤 자리에서 일어났다.

"조만간 합당한 처벌이 결정될 겁니다."

마펫은 자리를 떠났고 민병석은 두 손으로 상을 부술 듯이 내려치며 악을 썼고 빨개진 얼굴로 가구들을 부서댔다. 민병석은 정치적 실패를 맛보자 분노를 참을 수 없었다. 마펫은 피해 교인들을 자세하게 조사한 뒤 조선과 미국 공사관에 통보했다. 얼마 후 조선은 외교적 관례에 따라 선교부에 500달러의 배상금을 지불했고 이 사건의 주모자 민병석은 좌천되고 말았다. 이 사건 이후 이곳 주민들의 철옹성 같은 믿음이 깨지게 되었다. 선교사는 이곳 관리들보다 힘이 강하다. 양이들이라고 괴물 취급하고 무시하던 주민들이 선교사들을 두려움의 대상으로 보게 되었다. 이제 사교라고 농락하거나 돌을 던지는 등 야만적인 짓은 점점 줄어들었다. 감히 그럴 수 없었다. 혹시나 조선 윗분들의 귀에 들어가면 목숨까지 위험해질 수 있다고 믿었기 때문이다. 주민들이 기독교에 대한 편견과 가치관이 바뀌었다고 말할 수 있겠지만, 다른 관점으로는 선교사들은 그저 두려움의 대상이었다. 이 두려움은 교회까지 번지게 되어 기독교는 서양 힘의 상징이 되었다. 이 자체는 큰 역효과를 불러일으켰는데, 힘에 의한 강제적 굴복은 마음속에 반감을 피어오르게 만들었다. 시간이 지나자 줄어들던 야만적인 행동들을 다시 하기 시작했고 이는 힘으로 굴복된 민중들의 반감을 보여주는 행동이기도 했다.

석진이 회복한 뒤, 언제부턴가 전도하러 나서면 사교라고 박박 우겨대던 주막의 이 씨 어르신이 석진이 다가가면 눈을 피했다. 예전보다 더 못한 사이가 된 거 같았다. 이제 교회는 정의보다는 친근하고 사랑을 베푸는 모습이 필요했다. 석진과 교인들이 모여 쉴새 없이 의논했지만, 결론은 나지 않았다. 석진은 집회를 끝내고 나와 곰방대에 연초를 넣고 부싯돌로 불을 지폈다. 곧이어 이량도 따라 나와 곰방대를 꺼냈다.

"날이 꽤 춥습니다."

이량의 말에 석진은 대꾸도 없이 하늘을 쳐다봤다. 검은 도화지 안에 빼곡히 늘어선 별들은 빛을 발하며 이 세상의 여백을 채우고 있었다. 옆에선 이량이 부싯돌로 불을 붙이려 했지만, 잘 안되자 내려놓고는 한숨을 내쉬었다.

"걱정마시라우. 하느님이 잘~ 인도해주지 않겠습니까?"

이량은 부싯돌을 다시 시도했다. 석진은 이량의 말에 입꼬리를 살짝 올려 주름을 만들었고 눈동자엔 별들을 새겨넣었다. 영롱한 별빛들은 마치 다음 고비도 잘 넘기라는 하느님의 위로 같아 석진은 겸허히 받아들였다. 입안 가득히 퍼지는 담백한 연초 향, 곰방대의 매끄러운 촉감 그리고 옆에서 부싯돌 부딪히는 소리, 세상을 환하게 비춰주는 별빛들, 얼굴을 쓰다듬어주는 바람까지 지금 이 순간 느끼는 이 감각들이 소중해지고 오감들이 다시 깨어나는 것만 같았다. 이 신비롭고 소중한 감각들이 석진의 심장으로까지 흘러 평소보다 더 박진감

있게 쿵쾅거렸다. 얼른 기독교를 널리 알리고 싶었다. 석진은 기회만 생긴다면 무엇이든 할 수 있을 것만 같았다. 심한 고문과 매질로 고통이 따랐지만, 그 두려움은 곧 자양분이 되어 성장하고 강인하게 만들어주었다. 시련은 하느님이 내려주는 기회라고 생각하고 가뿐히 극복하겠다고 다짐했다. 석진의 다짐 이후 얼마 지나지 않아 기회를 가장한 시련이 또다시 찾아왔다.

청일 전쟁

1894년, '사람이 하늘이다!' 동학농민혁명이 전국을 들썩였다. 탐관오리의 수탈과 세도정치에 시달리는 농민들은 척양척왜, 보국안민을 내세워 '사람이 하늘이다.'라는 동학을 만들어 혁명을 일으켰다. 한마디로 반봉건 형태를 띤 이 혁명은 강렬하고 매섭게 백성들을 끌어들여 그 수가 급증하였고 전주성까지 점령하기에 이르렀다. 농민들의 단결된 힘은 평소라면 쳐다보지도 못할 윗분들의 목을 졸라 왔다. 조선 정부는 힘으로 이 혁명을 저지할 수 없는 지경에 이르자 청나라군을 불러들였다. 그러자 '일본과 청은 조선에 동일한 파병권을 갖는다.' 텐진 조약을 들먹이며 덩달아 일본군도 조선에 상륙했다. 그런데 아이러니하게도 일본군은 혁명이 일어난 남부 지방이 아닌 제물포에다가 군을 상륙시켰다. 거기다 청나라군으로 인해 동학농민운동은 어느 정도 진압이 된 상태였다. 일본군은 순전히 다른 목적이 있는 것으로 보였다. 조선 땅에서 벌어지는 이 두 나라의 팽팽한 신경전으로 묘한 분위기가 만들어졌다.

"이게 무슨 일입니까? 저것들은 왜 남의 땅에서 지랄 육시럴을 떠는 겁네까?!"

널다리골 교회 안에 석진과 이럇, 그 외에 4명의 교인이 있었다. 이 럇은 교회 대문에 짐들을 쌓아 올리며 투덜댔다.

"제물포 앞바다에서 포격전을 벌였디야! 평양 땅에서 부딪힐 거라 는 소문이 있어."

석진도 짐을 옮기며 말했다.

"형님 지금이라도 피난 가야 하지 않갓습니까? 가족들 걱정 좀 하시라우."

석진이나 이럇 가족들은 일찍이 피난을 보냈었지만, 착잡한 마음은 숨길 수 없었다. 교인 한 명이 문 앞에 짐을 쌓아 올리다 실수로 무너트렸다. 이럇과 석진은 무너진 짐들을 다시 쌓아올렸다.

"형님, 근데 여까지 쳐들어 오갓습니까? 청나라군이 우리를 보호해 준다고 하지 않았어?"
"청나라군은 일본군이 저 앞에 당도했는데도 기생을 데리고 놀고 있디. 일본군의 기세가 조선 땅끝까지 뻗치고 있는데 어찌 안심하갓어?"

석진은 먼지를 뒤집어써 기침했다. 이럇은 손 부채질을 하며 먼지를 날려 보냈다.

"그러니 피난을 가야지 안갓습니까? 양대인들도 본국으로 돌아간 마당에 우리가 여길 지켜 뭘 하겠습니까?"

"마펫 선생이 꼭 돌아온다고 했으니.."

이때, 귀가 찢어질 듯한 폭발음이 들렸다. 교인들은 모두 짐 사이로 몸을 숨겼다. 다행히 갖가지 짐이 많아 숨을 데는 많았다. 교회라면 약탈을 하지 못할 거라는 생각에 남아있는 교인들이 이곳으로 돈 될 만한 재산을 모조리 가지고 온 것이었다. 여러 차례 폭발음이 들렸고 점점 잠잠해지자 교회 문밖에서 어수선한 소리가 들렸다. 숨어있던 사람들이 고개를 빼 들어 상황을 살폈다. 바깥 상황은 알 수 없으니, 이들은 살금살금 나와 문으로 다가갔다. 짐이 가득 쌓인 대문으로 다가가는 순간 밖에서 문을 부술 듯이 밀어붙였다. 더 세차게 문을 부수는 소리가 들렸고, 쌓아놓았던 짐들은 모래성처럼 무너져 내렸다. 종잇장처럼 대문은 나가떨어지고 들어온 사람들은 일본군이었다. 교회 안에 있던 사람들은 미처 몸을 숨기지 못했다. 일본군은 총을 겨누고 짐들 사이를 밟으며 천천히 들어왔다. 뒤이어 몇 명의 일본군들도 따라 들어왔다. 석진이나 이량, 교인들은 일본군을 보자마자 무릎을 꿇고 싹싹 빌었다.

"제.. 제발 살려주시라요. 내 있는 거 다 드리겠습니다."

일본군이 교인에게 총을 겨누었다. 뒤에서 보고 있는 석진은 저들을 제지하려 했지만, 이량이 석진의 팔을 잡고 고개를 저었다. 목숨이 오가는 긴장감이 팽배해질 때, 별이 여러 개 박혀있는 일본군 한 명이 바닥에 짐들을 발로 툭툭 치우며 들어왔다. 상관으로 보이는 저 일본군은 총을 겨눈 일본군에게 뭐라고 하자 총을 내리고 정자세로 섰다.

"조선인인가? 여기서 뭐 하는 건가?"

조선말이었다. 석진은 이량의 손을 뿌리치고 상관 앞으로 다가가자 나머지 일본군들이 석진에게 총을 겨눴다.

"우린 조선인이고 여긴 교회요."
"여.. 여기는 예배드리는 예배당이오. 하느님께... 기독교라고 아시오?"

이량도 조심스럽게 말하며 간직하던 조그만 십자가를 꺼내 보여줬다. 일본군 상관은 이들의 말을 듣자 뒤돌아 나갔다. 그가 나가자 나머지 일본군들도 뒤따라 나갔다. 석진은 다리에 힘이 풀려 주저앉았다.

"저.. 저들은 일본군 아닙니까? 언제 돌변해서 우리를 죽일지 모릅니다. 당장 짐을 챙겨 떠나지요."

이량의 말에 교인들은 분주히 움직여 짐들을 챙겼다. 그중에서도 가장 값비싼 것만 골라 챙겨야만 했다. 이때, 다시 한번 문이 열리자 이들은 행동을 멈추고 호흡도 멈췄다. 설마 다시 돌아왔나? 돌아보니 문을 열고 들어온 사람은 감리교인 김창식이었다. 뛰어왔는지 땀 범벅이었지만, 석진과 사람들이 무사한 것을 보고 안도의 한숨을 쉬었다.

"모두 괜찮으시오? 청나라군은 후퇴했고 일본군이 입성했습네다."

김창식은 짐들 사이를 피해 걸어들어왔다.

"그.. 그러니 피난을 가야하지요. 저들은 사람들을 잔인하게 죽인다는 소문이 있잖습니까!"
"그건 잘못된 소문 같습니다."

이량의 말에 김창식은 차분히 설명해주었다. 청나라군이 평양성을 점령했을 때, 만약 일본군이 성내로 들어오면 조선인은 모두 죽여버릴 것이라고 소문을 퍼트렸다. 김창식은 청나라군이 후퇴하는 사태를 빨리 파악하고는 교인들과 함께 피난을 떠났었다. 그런데 알고 보니 그건 청군이 퍼트린 괴담에 불과했다. 돌아갈 곳이 없자 그는 교인들과 다시 평양으로 돌아왔고 일본군은 오히려 그에게 찾아와 재산과 집은 안전할 것임을 알려주었다. 김창식은 그 얘기를 듣고 석진을 찾아온 것이었다. 그 말을 듣자 챙기던 짐을 내려놓았다. 석진과 나머지 교인들은 용기가 생겨 문밖을 나가 마을을 둘러보았다. 길거리에 인기척이 느껴지자 주민들도 하나, 둘씩 집 밖으로 얼굴을 내밀었다. 이들이 상상했던 일본군의 야만적인 행위는 없었다. 오히려 청군이 있을 때보다 평화롭다는 느낌을 받았다.

널다리골 교회의 위치는 평양의 상업지역이었다. 이곳에는 상점들이 즐비했다. 석진은 상점 사이를 걸어 다니며 사태를 파악하고 있었다. 자신의 단골집도 둘러보고 혹시나 사람들이 무사할까 싶어 안까지 둘러보았다. 그렇게 길을 걷다가 생선을 파는 어물전이 보였다. 평양에서 제일가는 어물전 중 하나였으나 안으로 들어가니 관리가 안 돼 비린내가 진동하고 고기 썩은 냄새가 콧속으로 밀려 들어왔다. 웽웽거리며 시야까지 방해하는 파리를 손으로 내쫓고는 계속해서 안으로 들어가니 생선들이 입을 벌려 석진을 반겨주었다.

"계시오?"

돌아오는 대답은 없었다. 괴담을 듣고 피난을 떠났거나 안타깝게 목숨을 잃었을 것이다. 그때, 인기척이 느껴졌다.

"주인장이네? 나 널다리골 교회 한석진입니다."

아직 대낮이지만, 안쪽까지 빛 하나 들어오지 않아 어두컴컴했다.

비린내로 인해 후각은 마비되어 눈과 귀만 의존한 채 발걸음을 옮겼는데 구석에 무언가 웅크린 채 덜덜 떨고 있었다. 떠돌이 개가 배고파 여기까지 들어왔구나. 석진은 경계 자세를 풀고 약간은 당당해진 걸음으로 주위를 살폈다. 여기 물건들은 인위적으로 어지럽혀져 있었다. 아마 주인장이 바빠 필요한 물건만 찾은 거 같았다. 정갈해야 할 상판에는 찢겨진 고기 두 마리가 내장을 보이며 입을 벌린 채로 누워있었다. 석진은 옅은 신음을 내뱉었다. 생명의 무게는 다 똑같은 것인데 자신의 본분도 다 못한 채 명을 달리한 모습을 보니 안쓰러웠다. 반대편으로 고개를 돌리니 석진은 짧은 비명과 함께 바닥에 넘어졌다. 그의 비명에 교인들이 뛰어들어왔다. 석진이 손가락으로 가리키니 그곳에는 웬 사람 한 명이 웅크려 있었다. 개인 줄 알았던 건 중년의 남성이었다. 머리는 산발에다가 얼굴은 어디 진흙탕이라도 뒹굴고 온 것인지 때가 잔뜩 껴있었고 저고리는 찢겨 넝마 수준에 맨살이 다 보였다. 조그맣고 삐쩍 곯은 이 중년의 남성은 석진을 쳐다보며 더 웅크려 자신의 몸을 숨겼다.

"누.. 누구니?"

석진의 떨리는 목소리를 간신히 붙잡고 물었지만, 중년은 아무 말 없다가 이내 입을 열었다.

"성문 인근에 살던 사람입네다. 일본군의 포탄에 집이 무너져… 여기까지 왔습네다."

"여기선 뭐 하는 거이니?"

"배.. 배가 너무 고파 들어왔는데, 주인장인 줄 알고 몸을 숨겼습네다."

"... 우리를 따라오라"

석진은 이를 그냥 지나칠 수 없었다. 이렇게 돌아다닌 건 사태파악도 있겠지만, 혹시나 도움이 필요한 주민들이 있으면 도와주려는 의도도 있었다. 지금 자신들의 앞길도 어떻게 될지 모르는데 남을 도와주는 게 가당키나 하는 것일까. 하지만 어려운 상황에 처한 사람을 못 본 척할 수 없었다. 교회로 돌아가 중년을 씻기고 먹을 것을 나누어 주었다. 그리고 석진은 있을 곳이 없으면 이곳에 머물라고 말했다.

"성문 인근에 저 같은 사람이 많습니다."

입 한가득 음식물을 씹으며 중년은 말했다. 중년의 말을 듣고 석진과 이량, 교인들은 채비를 갖추고 성문 쪽으로 향하기로 결정했다. 일본군이 주둔하는 상업지역을 벗어나니 온 곳이 황폐해져 있었다. 집들의 담장은 뜯겨 나갔고 매일 보부상들이 걸어 다니던 길에는 사람들의 짐들이나 쓰레기, 개들의 시체로 어지럽혀 더이상 제구실을 하지 못했다. 저기 바닥에 쓰러진 사람이 보였다. 달려가 그를 살펴보니 이미 숨이 멎어있었다. 고인을 위한 기도를 하고 다시 둘러보았지만,

살아 움직이는 건 없어 보였다.

"그 사람이 여기에 사람이 많다 하지 않았습니까?"

이량의 의문에도 석진은 조금만 더 둘러보자며 앞으로 걸어나갔다. 그나마 멀쩡한 초가집에 들어가 보아도 사람의 발자취는 오래전에 끊겨 보였다.

"그래도 없는 게 다행 아니겠니?"

황폐한 길을 조심스럽게 걷고 있는데 교인 한 명이 가만히 멈춰 섰다.

"왜 그러시오?"
"우리가 이곳에 오길 바랬던 거 아닙니까?"

이량이 묻자 교인은 알 수 없는 말을 내뱉었다. 처음에는 무슨 말인지 몰랐지만, 불현듯 교회에 쌓여있는 짐들이 생각났다. 애써 부인하려 했지만, 부인의 끝에는 정적이 찾아왔다. 이들은 냅다 달리기 시작했다. 불안정한 길에 넘어지기도 했지만, 도와줄 수 없었다. 오리 정도를 뛰어 교회에 도착하니 대문은 훤히 열려있었고 처음 보는 사람들이 교회를 점령해있었다. 몰골을 보아하니 중년처럼 전쟁 난민으로 보였다. 난민들은 교회의 짐들을 헤집고 있었다. 석진은 헐떡이는 숨을 가다듬고 소리쳤다.

"이게 뭐 하는 짓이라요!"

약탈자들은 한 번 돌아보고는 하던 일을 이어서 했다. 도움을 줬던 중년의 모습도 보였다. 석진이 다가가자 짐 몇 개를 주머니에 쑤셔 넣더니 담을 넘어 도망가 버렸다. 뒤늦게 이량과 교인들도 교회로 도착했다. 약탈자들의 만행에 입을 다물 수가 없었다. 추악한 약탈자들은 물건을 뒤지다가 자기들끼리 부딪히면 싸우기도 했다. 특히나 교회에 쟁여놓았던 식량을 어떻게 찾았는지 입으로 밀어 넣었고 입에 들어간 음식 가지고도 싸웠다. 석진은 뒷걸음질 쳤다. 이들의 행동은 점점 폭력적으로 변했고 물건을 빼앗더니 넘어진 상대를 돌로 때려죽였다. 교인 중 한 명은 헛구역질을 했고 다리가 풀려 주저앉는 사람도 있었다. 눈앞에서 벌어진 충격적인 광경에 더이상 교회를 지킬 수 없었다.

교인들은 뿔뿔이 흩어졌다. 석진과 이량은 가족들을 피난시킨 황해도 수안군 공포면 융진으로 떠났다. 이곳에서도 조그만 집을 얻어 사람들을 전도했다. 전쟁의 여파로 마음의 안식처가 필요했는지 교인은 빠르게 늘었고 이 상황에서 구해달라고 기도했다. 평양에서 흩어진 교인들도 각 지방에 정착해 열심히 전도했다. 그 결과로 지방이나 영향을 미치기 힘든 지역까지 복음이 전파되었다. 청일 전쟁은 아픈만이 존재하지 않았다. 위기를 기회로 바꾼 셈이었다.

엇갈린 시간, 희생

마펫이 리드 줄을 살짝 잡아당기자 말이 천천히 멈췄다. 홀과 리도 마펫 옆에 말들을 멈춰 세웠다. 이들이 멈춘 곳은 부서진 평양 성문이었다. 거친 흙바람이 불자 긴장감이 감돌았다. 성내를 진입하니 퀴퀴하고 기분 나쁜 냄새가 났다. 황무지로 변한 평양은 무너져 형체를 알아볼 수 없는 건물들과 까마귀만이 이들을 반겨줬다. 평양으로 오면서 황폐된 마을들을 많이 봐서 무덤덤했지만, 교회만이라도 무사했으면 하는 마음이었다. 마을 중심으로 들어가니 성문 쪽보다 건물들이 잘 보존되어 있었다. 멀리서 낯익은 담장과 대문이 보였다. 널다리골 교회였다. 대문은 반쯤 떨어져 나갔고 온갖 쓰레기와 짐들이 마당에 즐비하게 깔려있었다. 너덜너덜한 대문을 지나 안으로 들어가 보니 교회의 모습은 훨씬 참담했다. 다행히도 아직 교회의 형상은 남아있었지만, 문들은 떨어져 나가 빛이 없는 어두컴컴한 속내를 훤히 드러내고 있었다. 마펫은 내부 상태를 확인하려 발걸음을 뗐다. 조선인 키에 맞춘 문이라 고개를 숙이고 들어가니 거미줄이 얼굴에 걸려 손으로 떼어냈다. 떼어낼수록 더 엉기는 거미줄이라 팔을 허우적거리며 안으로 들어왔다. 안쪽 상태는 더 심각했다. 책상이며 책장들은 엎어져 나뒹굴고 있었고 진흙 발자국이 여기저기 찍혀있었다. 리와 홀도 들어오더니 눈을 질끈 감고 한숨을 쉬었다.

끼익거리는 이상한 소리에 뒤를 돌아보니 제 기능을 못 하는 대문의 처절한 울부짖음과 일본군이 들어왔다. 4명의 일본군은 마당에 어지럽힌 짐들을 발로 슬슬 밀어대며 마당 안으로 들어왔다. 그러다 가끔 가벼운 짐들은 발로 뻥뻥 차다가 자기들끼리 실실 웃기도 했고, 군화에 묻은 진흙을 닦아내기도 했다. 일본군 한 명은 아까부터 불쌍하게 매달린 대문을 뜯어내 한쪽에 쌓아두고 짐들을 선별해 한 곳에 쌓아두었다. 일본군은 교회 안까지 들어오려 했다. 마펫은 마른침을 꿀꺽 삼키고 옆을 쳐다보니 리와 홀도 긴장한 모습이었다. 아무리 서양인이라도 목숨이 위험한 상황이었다. 일본군은 선교사의 존재를 자각하지 못하고 계단을 딛고 올라왔다. 그대로 일본군과 눈을 마주치니 일본군은 비명을 지르며 뒤로 나자빠졌다.

일본군들은 일제히 총을 들고 겨냥했다. 순식간에 정적 상태가 되었고 교회 안에는 긴장감이 감돌았다. 넘어진 일본군은 소리쳤다.

"誰だ! (누구야!)".

일본말이라 알아들을 수 없었다. 일본군들끼리 씩씩거리며 얘기하더니 총을 겨누고 교회를 점점 조여오고 있었다. 홀과 리는 구석에서 절실히 기도 중이었다. 마펫이 발을 떼자 기도를 멈추고 쳐다봤다. 마펫은 두 손을 머리 위에 올리고 천천히 걸어 나왔고 모든 총구는 마펫에게 향했다. 홀과 리도 손을 높이 든 채 마펫 옆으로 걸어 나왔다. 처음에 영어로 말하니 일본군들이 못 알아듣자 마펫이 조선말로 말했다.

"우리는 조선에 선교하러 온 선교사들입니다."
"우리는 여기에 주둔하고 있는 일본군입니다. 여기서 뭘 하고 있습니까?"

일본군도 조선말로 되받아쳤다. 홀은 여기에 온 상황을 설명했다. 여기가 원래 교회였다는 둥, 자신들도 금방 도착해서 지금 확인하고 있다고 말하니 일본군들은 총을 거뒀다.

"이제 다가올 겨울을 준비하기 위해 땔감을 찾고 있었습니다. 이곳은 난민들이 많이 굶주려 있습니다. 조심해야 할 겁니다."

일본군들은 아까 모아놓은 목재들을 챙겼다.

"이곳에 교인들은 못 봤나요?"
"모두 떠났습니다. 난민들이 약탈을 일삼으니 살 수 없었겠죠."

계급이 높아 보이는 일본군이 소리치자 일본군들은 일제히 교회를 빠져나갔다. 마펫은 돌계단에 걸터앉았다.

"우리가 늦었나 봅니다."

마펫이 마른세수하더니 머리를 움켜쥐었다. 리와 홀도 의자가 될만한 곳에 앉아 허공만 바라봤다. 관찰사의 기독교 박해에 이어 전쟁이라니 조선의 선교활동은 하루도 편할 날이 없었다. 마펫은 새로 부임한 관찰사를 찾아가고자 했다. 과거의 그런 끔찍한 일을 애초에 꺾어놓으려는 마음이었다. 마펫, 홀, 리는 마음을 단단히 먹고 감영에 들렀다. 그런데 이들의 걱정과는 달리 새로 부임한 관찰사는 기독교에 호의적이었다. 거기다가 전쟁 중에 난민들이 약탈해간 교회 물품이나 재산 등을 찾는데 최선을 다하겠다고 약속했다. 선교사들은 잠시나마 여유를 가질 수 있었다. 조선 관리가 호의적으로 나오니 이번엔 일본군이 문제였다. 마펫이 일본군 기지를 찾으니 일본군 지휘관도 마찬가지로 교회 재산을 보호해주겠다는 약속을 받았다. 가장 걱정이었던 문제는 해결됐고 이젠 교회 재건축 문제만 남았다. 리는 본국에 지원 요청하기 위해 한양에 돌아갔고 마펫과 홀만이 남아 교회 물건들을 하나씩 정리했다. 둘이서 감당할 수 없는 작업이었지만, 조만간 교인들이 돌아올 것이라고 믿고 작업에 박차를 가했다. 리가 늦지 않게 행동한 덕분에 마펫과 홀은 겨울을 보낼 수 있는 물품을 관찰사를 통해 받았다. 관찰사가 선교사들에게 적극 지원해 주자 선교사들이 평양에 나타났다는 소문이 퍼졌다. 이 신호탄은 평양은 안전하다고 받아들여졌고 하나, 둘씩 평양으로 돌아왔다. 평양으로 온 주민들은 자신의 집보다 교회로 찾아가 상황을 물었다. 교인들도 찾아와 교회 정리를 도와주었고 예전만큼은 아니었지만, 다시 예배를 재개할 수 있었다. 다행히 교회 정리도 어느 정도 끝냈고 모든 게 순조롭게 흘러가고 있었다. 하지만 마펫은 걷잡을 수 없는 불안감에 사로잡혀 있었다. 일이 잘 풀리면 곧이어 시련이 따라왔다. 그게 조선의 생활이었다. 이번에는 제발 억측이기를 바랄 뿐이었다.

　매서운 겨울 일본군 진지, 일본군 한 명이 심한 발열과 복부 통증을 느꼈다. 동료들은 걱정돼 다가가 괜찮냐고 물었지만, 그는 대답 대신 옅은 신음만 내며 바닥에 쓰러졌다. 동료들은 놀라 흔들어 깨웠지만, 기절한 채 움직임이 없었다. 누구는 그의 얼굴에 땀을 닦아주고 누구는 의료진을 부르려 했지만, 어디선가 역한 냄새가 피어올랐다. 코에 들어오는 이 익숙한 향기. 똥 냄새였다. 조선은 변소 시설이 열악해서 전쟁의 피비린내뿐만 아니라 똥 냄새도 맡았어야만 했기에 동료들은 아무렇지 않게 생각했다. 그런데 이상하게 느껴져 코를 킁킁대며 원인을 찾았더니 코가 향한 곳은 다름 아닌 이 쓰러진 일본군 바지 쪽이었다. 자세히 보니 엉덩이 쪽만 젖어 보였다. 다 큰 어른이 바지에 똥을 싼다고? 전쟁으로 인해 스트레스성 장애로 드디어 미쳤다고 생각했다.

　이건 시작에 불과했다. 수백 명의 일본군이 발열과 두통, 복통까지 동반돼 후송되어 갔다. 이 현상의 원인은 이질이라는 전염병이었다. 전쟁이 불러온 크나큰 재앙이었다. 청결하지 못한 생활이 길어지니 전염은 순식간에 평양 시내까지 퍼졌다. 이 속도라면 평양이 아닌 다른 지역까지 전염되는 건 시간문제였다. 전직 의사인 홀이 발 벗고 나섰다. 이런 환경에 의사도 전염될 수 있는 상황이었지만, 도저히 지켜만 볼 순 없었다. 마펫도 평양에 있는 모든 시간을 환자를 돌보는데 썼다.

일본군뿐만 아니라 조선인 환자도 급증해 쉴 새 없이 환자가 몰려들었다. 점심때가 훨씬 지나서야 마펫이 홀에게 식사를 권했다. 환자를 돌보던 홀이 고개를 돌리자 마펫은 경악을 금치 못해 동공이며 입이며 벌려댔다. 홀의 얼굴은 붉은 보석보다 빨개 있었고 숨도 몰아쉬었다. 식은땀도 계속 흘리는 게 아무래도 우려했던 일이 발생하고 만 것이었다. 마펫은 다 내려놓고 홀에게 달려갔다. 괜찮다며 마펫을 진정시켰지만, 전혀 괜찮아 보이지 않았다. 홀은 두통이 몰려와 환자가 누워있는 침상에 손을 짚은 채 바닥에 쓰러지듯 앉았다. 마펫은 일단 하던 일 다 내려놓고 병상에 눕히려 했지만, 홀은 끝까지 말을 듣지 않았다. 약간의 언성도 높아지며 홀의 팔을 잡아챘다. 무력으로라도 홀을 끌고 나가려 했는데 마펫도 배를 움켜잡았다. 걸렸구나. 선교사 두 명이 보기 좋게 걸린 것이었다. 이것도 하나님이 내려준 시련이라고 생각했다. 그래도 참을만했다. 일반적인 고뿔 걸린 느낌이었다. 하지만 마펫과는 달리 홀의 병세는 심각해졌다. 어쩔 수 없이 병자들을 조선 의원에게 맡기고 마펫은 홀을 한양으로 이송했다. 급하게 간다고 갔지만, 11월 겨울에 눈 덮인 산을 빠르게 갈 수는 없었다. 결국 홀은 11월 24일 주님 곁으로 떠나 보내고 말았다. 교파는 다르지만 선교사를 잃은 슬픔에 마펫은 큰 충격에 빠졌다. 홀의 죽음이 평양 곳곳으로 소문이 퍼졌다. '조선인을 살리려다가 선교사가 죽었다.'

은혜

뻥 뚫린 대문이 보였다. 석진은 매고 온 짐을 내려놓고 안으로 걸어 들어갔다. 떠났을 때와 다르게 깔끔하게 정리되어 있었다. 어찌 된 영문인지 몰라 거리를 나와 주위를 훑었지만, 거리는 텅 비어있었고 들개 몇 마리만 배회하는 모습이 보였다. 아직 전쟁의 여파로 예전 같은 분위기를 만들지 못했다.

"한 조사님 아니십니까?"

누군가 자신을 부르는 소리에 돌아봤다. 웬 남성 한 명이 석진에게 다가왔다.

"그렇디요. 누구십니까?"

석진은 고개를 갸웃거리며 물었다. 그러자 남성이 쑥스러워하며 우물쭈물 거렸다.
"이기풍입니다."

이기풍? 상대방은 멋쩍게 웃고 있었다. 석진의 머릿속에 장면 하나가 스쳐 지나갔다. 아! 도자기를 던져 마펫의 머리를 깬 사람이 아닌가. 석진은 옛 기억이 떠올라 그를 자세히 보았다. 가물가물하다가 머릿속에 그려진 인상과 대조해보니 확실해졌다.

"무.. 무슨 일이시오?"

석진은 조심스럽게 입을 떼며 그에게서 멀어졌지만, 이기풍은 다가가 석진의 손을 잡았다.

"우린 기다리고 있었습니다. 은혜를 갚기 위해 말입니다!"
"은혜?"
"평양에 이질이란 전염병이 돌 때 양대인들이 여기 사람 목숨을 여럿 살렸습니다."
"선생들이 지금 여기에 있디? 어디 계시구레?"

석진이 다급하게 물었지만, 이기풍은 시선을 피했다.

"...모르셨습니까? 홀 양대인은 전염병에 옮아 그만 돌아가셨습니다."
"돌아가셨다니? 그게 무슨 말이디요?"
"밤낮으로 우리를 위해 애쓰시다가 체력이 다했는지 이질에 걸리고 쓰러지셨습니다. 마펫 어른께서 한양으로 데려가려다 그만..”
"그런 일이.. 내래 좀 더 빨리 왔어야 하는 건데..”

석진은 자신을 책망했다. 이기풍이 다시 말문을 열었다.

“양대인들을 기다리는 사람들이 많습니다. 모두들 은혜를 갚고 싶어합니다. 한 조사님이 우리를 이끌어 주시라요.”

이기풍은 사람들이 있는 곳으로 인도했다. 양대인의 최측근인 한 조사가 왔다는 소문을 듣고 일대 주민들이 모여들었다. 사람들이 너나 할 거 없이 선교사에게 빚을 진 사연을 말했다. 이질이란 전염병은 꽤 심각한 수준이었고 자신의 아비, 아들, 아내, 부모를 살린 것은 조선도, 임금도 아닌 선교사였던 것이었다. 물론 가족이 죽은 사람도 있었지만, 선교사의 선한 영향력에 매료되어 있었다. 이들은 모두 교회에 나가 예수님의 구원을 받고 싶어했다.

이들의 도움으로 교회는 빠르게 재건되었다. 공사가 마무리되자 교인들도 대거 늘어났다. 기독교인 박해부터 시작해서 청일 전쟁의 수난까지 조선에서 배척받던 상황들이 지금을 만들어냈으니 석진의 신앙심을 더 굳세게 만들어줬다. 석진은 성숙한 신앙인으로 교인들을 지도해 나갔다. 성 밖 인근 마을까지 소문이 퍼지니 213리나 떨어진 재령 읍에서 20명 단체로 평양으로 올라와 석진에게 지도받기를 원했다. 석진은 바쁜 와중에도 그들을 성심껏 이끌어 주었다. 더 나아가 재령에 직접 내려가 교인 중 30명을 심사해 원입교인 명부에 올리기도 했다.

집회가 끝나고 시끌벅적했던 교회는 텅텅 비어 침묵만을 낳았다. 석진은 돌아다니며 교회를 보수 중이었다. 전쟁의 여파로 부서진 곳을 수리한다 해도 전문 인력이 아니라 부실할 수밖에 없었다. 교회 뒤쪽을 가보니 금이 가 깨져있었다. 한숨이 절로 나왔다. 사람들은 늘어 가는데 여건이 만만치 않았다. 석진은 옷을 털며 마당 쪽으로 걸어 나왔다. 까마귀가 울어대어 하늘을 보니 높은 하늘에 까마귀 두 마리가 마치 자기 세상인 듯 빙글빙글 돌고 있었다. 하늘은 파랬고 구름도 진했다. 석진은 마무리할 겸 고개를 돌렸는데 대문 앞에 사람 모습이 보였다. 돌리던 고개를 멈추어 누군가 싶어 실눈을 뜨고 쳐다보았는데 금발 머리에 익숙한 얼굴... 마펫이었다. 석진은 마펫을 보자 마치 어린아이처럼 달려갔다. 어쩌면 영영 못 볼 수도 있었지만, 끝내 이들은 만났고 서로의 얘기를 주고받으며 서로의 그리움을 달랬다. 마펫은 자신이 없는 동안 사람들을 이끈 석진의 행동력에 감동했고 그를 본부에 정식 조사로 임명하고 봉급을 받게 해주었다.

평양은 점점 안정화 되고 어느 날, 석진이 마펫을 찾았다.

"마펫 선생, 누군가 찾아왔디요."

"누가요?"
"보면 아주 깜짝 놀랄거이디. 기대하시라요."
"...?"

석진의 등 뒤로 남성 한 명이 걸어들어왔다. 마펫은 어리둥절한 표정으로 수 초간 그를 보았다.

"이기풍입니다. 서.. 선교사 선생님! 절이라도 받으시라요."
"..누구십니까?"

이기풍은 넙죽 엎드려 절했다. 마펫은 당황하며 석진을 쳐다봤지만, 석진 피식 소리 내어 웃어댔다.

"기억 안납네까? 평양에서 대가리 깨질 뻔한 거 벌써 잊었습니까?"

당황하던 표정은 어느새 굳었고 이기풍이 고개를 들자 흠칫 놀라며 뒷걸음질 쳤다.

"죄송합니다. 용서해주시라요."
"무.. 무슨 일입니까?"
"기독교를 사교라 선동당하고 몹쓸 짓을 저질렀으니, 이 어찌 고개를 빳빳이 들고 다니겠습니까? 양대인들이 아니었으면, 우리 어머이도 돌아가셨을 겁네다."

"하하.. 일단 일어나세요."

"저도 세례를 받아 기독교인이 되고 싶습네다. 양대인들의 깊은 뜻을 이제야 알아 나 자신이 분하고 잠도 제대로 못 자고 있습네다. 도와주시라요."

"괜..찮을까요?"

"기르티요. 이젠 조선 관료들의 말은 듣지 않을겁네다. 전통, 전통거리며 으쓱대는 게 가증스럽습네다. 백성들을 살린 건 조선도 관료도 아닌 양대인들이십니다."

마펫은 얼떨떨한 표정을 짓다가 끝내 입을 열었다.

"...좋습니다. 일단 일어나시지요."

"감사합네다. 정말 감사합네다! 목숨을 바치겠습네다!"

이기풍은 연신 감사하다고 말하고 석진은 흐뭇하게 미소지었다. 그렇게 이기풍은 교인이 되어 석진에게 전도를 배웠다. 그 무렵 석진은 전도대 대장이 되어 각처를 돌아다니며 사람을 모아놓고 찬송가도 흥얼거리고 '예수 믿어야 산다.'가 적힌 전도지를 만나는 사람마다 주었다. 이기풍을 시작으로 마음이 변한 평양 사람들이 늘었고 어느새 교회에는 평양 주민들이 다 모였다고 할 만큼 북적이게 되었다.

평양에는 교인이 급증하니 이제 지방으로 눈을 돌리기 시작했다. 성 밖을 나가 전도하는 것이 석진의 주 무대였다. 재령읍에 지낼 때처럼 지방 곳곳에 기독교의 힘을 전파하고 싶었다. 안 그래도 마펫은 평양에 도착하고 나서부터 다른 지방도 세례를 베풀어 달라는 요구를 받았다. 마펫은 석진에게 한 구역을 맡기는 결단을 내렸다. 조선인이 한 지역을 전담한 것은 이번이 처음이었다. 석진은 매달 5천 냥씩 봉급을 받았고 지방 순회를 돌 때면 매일 여행비로 100냥씩을 받았다. 석진은 쉴새 없이 지방을 다녔다. 이주는 평양에서 한주는 순안읍, 자신의 가족이 사는 수안에도 한 주 정도 머물다 평양으로 와서 기독교를 전파하는 데 힘썼다. 이제는 지시 따위를 받는 위치가 아니라 마펫이 하지 못 하는 일을 처리해 나가는 마펫의 동역자 느낌으로 일했다. 이렇게 석진이 나서서 일을 진행하니 훌륭한 전도사뿐 아니라 조선교회의 지도자로 사람들에게 인식되고 있었다.

"여기가 최고일 것이오."

이량이 말했다. 10명으로 시작한 널다리골 교회는 300명에 육박하고 있었는데 중축에는 한계가 있어 넓은 집으로 이사를 가야했다. 이량의 소개로 500명 정도는 충분히 앉을 수 있는 예배당을 찾았지만, 이내 그곳도 좁게 되었다. 이량은 자신만 믿으라며 넓은 부지를 소개했다. 그가 물색한 부지가 장대현 고갯마루라고 불리는 곳이었다. 평양이 내려다보이는 넓고 높은 터였다. 석진은 고갯마루 절벽 끝에 서서 평양 시내를 한동안 바라보고 있었다. 이량이 석진 옆으로 다가와 섰다.

"마음에 드십니까?"

이량이 묻자 석진은 소리내서 웃으며 고개를 끄덕이며 말했다.

"데수는 아를 잘 낳았디?"
"누굴 닮아서 그런지 모르겠는데 참 똘똘해 보입니다"

이량은 피난을 갔다가 아내가 애를 배서 평양에 늦게 온 참이었다.

"고거이 참 다행이구만."

석진은 갑자기 속이 막히는 느낌을 받아 납작한 바위 위에 앉았다. 갑자기 눈앞이 흐려지고 머리가 핑 도는 느낌을 받았다. 이량은 언덕 밑에 평양 일대를 보며 떠들어댔다.

"나라서 이런 귀한 곳을 찾은 겁니다. 이 보시라요. 여기에 교회를 지어놓으면 평양 일대가 쫘악 보이고 경치가 죽여주지 않갓습니까?"

땅으로 피가 한 방울씩 떨어졌다. 영문 모를 피에 코에 손을 갖다 대니 피가 묻어나왔고 팔로 코를 닦아내니 피가 한가득 묻어나왔다.

"참 신기한 거 같습니다. 평양이 이렇게 변할 줄 누가 알았습니까?"

석진은 코를 막고 고개를 들었다, 그러자 세상이 일렁거렸다.

"형님, 안 그렇습네까? 말 좀 해보시라요"

이량의 소리가 환청처럼 들리고 바닥에 손을 짚었다. 계속해서 흙바닥엔 피가 떨어졌고 이량이 팔짝 놀라며 달려오는 게 느껴졌다.

"이보라요! 형님!"

이량이 다가와 흔들어보고 불러봤지만, 시야가 점점 좁아졌고 어지러운 세상이 꺼졌다. 잠시 후, 눈을 뜨니 익숙한 천장이 보였다. 병원이었다. 석진은 일어나지 않고 뻑뻑한 눈꺼풀을 여러 차례 움직이니 마펫의 얼굴이 시야에 들어왔다.

"몸은 괜찮아요?"
"이게 어떻게 된 일이요?"

마펫은 팔짱을 껴 한숨 쉬었다.

"갑자기 쓰러졌대요."
"얼마나 누워 있었습니까?"

마펫은 의자를 끌고와 석진 옆에 앉았다.

"하루? 새해가 밝았어요. 한 조사님. 벽보에 이런 글이 있어요. 양력 1896년 1월 1일부로 주일을 공휴일로 지정한대요."

마펫의 말에 석진은 몸을 일으켜 세우려 했다. 마펫은 석진을 말렸다.

"절대 안정을 취해야 해요. 그냥 누워있으세요. 피로감이 쌓여서 그런 거 같아요. 휴식이 필요해요."

평양에 내려온 이후 기독교인 박해와 청일전쟁, 피난 등 이어지는 박해와 수난으로 피로감이 한 번에 몰려든 것이었다. 극도의 긴장감이 풀리면 몸살이 오듯이 석진이 딱 그 상태였다. 마펫은 수첩을 펼쳤다.

"현재 널다리골 교인 수가 1500명에 육박하는 걸로 보여요. 모두 한 조사님 덕분입니다. 얼른 몸을 나아 교회를 이끌어주세요."

마펫의 말에 기분은 좋았지만, 생각이 많아졌다. 널다리골 교회는 이제 자신이 없어도 유지하는 데 충분했다. 석진은 깊이 고민하다 입을 열었다.

"평양을 벗어나 다른 지방으로 가려고 합니다."
"네? 왜요?"
"지방도 교회가 필요하다고 느꼈디요."

석진의 말에 마펫은 깨달음을 얻은 듯한 표정을 지었다. 마펫은 턱을 고고 팔짱을 꼈다.

"한 조사님, 본부에선 조사님의 행적에 칭찬을 아끼지 않습니다. 평양을 계속 맡는다면 어마어마한 봉급을 받을 실수 있어요."
"...괜찮디요."

마펫은 한참을 고민하다 입을 열었다.

"그럼.. 어쩔 수 없지요. 한 조사님이 평양에 머물러 더 번성시키는 것도 좋지만, 다른 지역도 평양처럼 만들어준다면 더할 나위 없이 좋겠어요."

마펫은 더이상 캐묻지 않았다. 이후 석진이 오래 물색하고 찾은 곳은 소우물이란 곳이었다. 평양에서 약 20리 떨어진 곳이었다. 석진은 곧바로 짐을 챙겼고 떠날 준비를 했다.

새로운 시작

1년 뒤, 1897년 새하얀 종이 위 펜을 흩날리니 잉크가 묻어 나왔다. 마펫이 펜을 가볍게 쥐고는 종이 위를 채워나갔다.

'평양에서 6마일이나 떨어진 소우물을 방문했습니다. 저의 전 조사 한석진이 12명의 교인들과 집회를 가지고 있었습니다. 집회는 점점 발전해 새로운 기독교 학습인이 32명이 등록했습니다. 전 조사 한석진의 활약으로 이곳 교인들은 금방 교회를 건축해냈습니다.'

마펫은 펜으로 마지막 점을 찍었다. 마펫은 안식년 휴가를 본국으로 떠나고 1년 만에 돌아왔을 때, 석진이 머무는 소우물을 제일 처음 들렸다. 아무래도 조선의 일 중에 제일 궁금한 사안이었다. 소우물에 도착해보니 역시나 석진은 성공적인 전도를 해나가고 있었다.

"선교사님"

문밖에서 소리가 들렸다. 마펫은 반듯하게 종이를 접고 문을 열어보니 석진이 맑은 햇살을 받으며 서 있었다.

"이곳엔 가물어도 수량이 줄지 않는 샘물이 있디요. 같이 가시디요."

석진은 마펫과 함께 산으로 향했다. 도착한 곳은 큰 바위틈에서 흘러내리는 물이 작은 못을 이루는 곳이었다. 물은 맑았고 나무에 그늘져 시원했다.

"여기를 사람들이 소우물이라고 불렀디요. 소우물이란 멋진 이름이 있는데 여기 주민들은 한자 이름을 짓고 싶어했디요."

새들이 지저귀었고 풀벌레 소리가 아른아른 들렸다.

"이 연못이 퍼져 논에 수로가 되어주기도 하고 큰 강가를 이루니 장천이라고 지어줬습니다."

마펫은 연못에 손을 담그고 휘저었다. 그러곤 손이 차가운 듯 금방 일어나 손을 털었다.

"좋은 곳이네요. 미스터 한, 평양은 왜 떠난 거예요?"

마펫이 물으니 석진은 숨을 크게 들이쉬었다.

"쓰러지고 많이 느꼈디요. 건강하지 못하면 전도 생활도 못하겠구나. 그래서 시간을 갖고자 했습니다. 그리고 청일 전쟁 이후 평양 교인들이 지방으로 흩어졌시요."

마펫이 고개를 끄덕였다. 그의 고생을 인정하는 모습이었다.

"그곳에서 기독교가 퍼졌고, 교회가 생겨나기 시작했시요. 농촌 사람들은 어려운 상황에서 교회에 의지했고 필요로 했습네다. 생각해보니 도시 사람보다 농촌 지방 사람이 많지 않갓습네까? 그래서 생각했디요. 지방 사람들을 전도하면 더 널리 전도할 수 있갓구나."

마펫은 석진의 말을 듣더니 손뼉을 치며 감탄사를 연발했다.

"농촌 사람들은 어떤가요?"
"순수하고 잘 따랐습니다. 그 덕에 피난을 떠나 수안에 있을 때 융진 교회를 창설했고 소우물 주위에 평원군 자덕 교회, 통호리 교회, 중화군 남창 교회를 창설할 수 있었디요."

마펫은 자랑스러운 표정으로 석진을 쳐다봤다.

"그런데 하나 문제가 있시요."

석진은 뜸 들이며 고개를 돌렸더니, 연못에 비친 태양 빛에 눈을 깜빡거렸다.

"지방 사람들은 교육을 받고 자라지 못했습니다. 글을 모르고 학식이 부족했고 자식들에게 되물림 되었시요. 그래서 전문 교육기관인 학교를 짓는 게 어떨까 싶디요."

선교사들이 조선에 넘어와 도시에서만 주로 활동하니 병원이나 학교는 도시 쪽에 몰려있었다. 이런 실정을 알고 있지만, 선교사들은 농촌 지방에 가기 쉽지 않았다. 인력, 시간, 돈 이 모든 걸 생각하기엔 지방 선교는 도박에 가까웠고 개화가 덜 된 상태라 위험할 수도 있었다. 하지만 지금 석진이 이를 해결해 줄 발판을 마련해주었다.

"좋아요. 아주 좋아요."

마펫은 석진의 어깨를 토닥거렸다.

"내가 선교본부에 연락해 기금을 마련해볼게요."

이후 마펫은 350냥을 학교 기금으로 내놓았고 구동학교를 설립할 수 있었다. 이를 시작으로 각 지방에 설립된 교회들도 학교를 설립할 수 있었다. 소우물 교회에 출석하다가 각자 마을에 돌아가 교회를 창립하고 학교를 설립하는 사람들도 생겨났다. '교회 옆에는 학교, 학교 옆에는 교회.'라는 유행어가 떠돌았고 지방 교회 창립은 점점 발전했다. 이로써 평양 동쪽 지방에 기독교 세력이 확장되어 갈 수 있었고 덩달아 석진의 영향력도 높아져만 갔다.

"아멘"

계절이 바뀌고 소우물 교회 안, 석진의 연설이 끝나고 갓을 쓴 양반들과 평민 100명 남짓한 교인들이 자리를 정리했고 석진은 나가는 교인들과 차례차례 인사를 나누었다. 교인들이 다 빠져나간 텅 빈 교회는 햇빛이 여러 줄기 들어와 밝혀주긴 했다만 그렇게 밝은 느낌은 받지 못했다. 마지막으로 석진은 자신의 짐을 챙겨 나가려 했는데, 텅 비었다고 생각한 교회 안 구석에 사람 한 명이 앉아있었다. 석진은 고개를 갸웃거리고 안경을 고쳐 썼다. 저 교인은 왜 가지 않는 거지? 아무래도 처음 보는 사람이었다. 그에게 다가가니 조선인이라고 볼 수 없는 정갈한 머리 모양새, 다듬어진 콧수염, 다부진 체격을 받쳐주는 멋진 양복까지. 생김새는 조선인이건만 이곳 주민은 아닐 것만 같은 느낌이 풍겨졌다. 그는 석진이 다가가자 부드러운 눈빛과 미소로 인사했다.

"연설은 감명 깊게 들었습니다. 소문대로 인상이 참 좋으십니다."

의문의 남자는 자리에서 일어나 석진에게 악수를 청했다.

"다음에 다시 찾아오겠습니다. 아직 동료들이 오지 않아서. 그럼 이만."

석진도 얼떨결에 인사하긴 했다만 저 남자의 말이 무슨 의민지는 알 수 없었다. 그가 떠난 자리에는 웬 종이가 떨어져 있었다. 석진은 그 종이를 들고 남자를 뒤따라갔지만 벌써 사라진 후였다. 그제야 종이를 펼쳐보니 상단에 '독닙신문'이라고 크게 적혀있었고 순 한글로만 내용이 채워져 있었다. 석진은 신기한 나머지 천천히 내용을 읽어 나갔다.

'조선 전국 인민을 위하여 무슨 일이든지 대신 말해주려 한다.' 석진은 고개를 끄덕였다. 상하 귀천을 따지지 않고 조선만 위하여 말한다는 이 신문은 석진을 사로잡았고 그 자리에서 끝까지 읽게 만들었다. 이 신문을 창간한 자는 아무래도 큰 뜻을 가진 사람이구나. 석진은 되뇌며 신문을 고이 접어 간직했다. 며칠 뒤, 이 일을 잊어버릴 때쯤 길에서 전도 활동을 펼치고 있을 때였다.

"이게 누기야?"

누군가 자신에게 말하는 듯해 돌아보니 한 남자가 서 있었다. 낯이 익는데 정확히 생각이 나지 않았다. 그 남자는 무례할 정도로 쳐다봐서 눈썹을 꿈틀거리며 불편함을 표현했다.

"벌써 날 잊었는가?"

목소리와 얼굴을 대조해보니 그림이 맞춰졌다. 정익이었다. 의주에서 마펫을 따라간 후로 정익을 만나지 못했다. 석진은 반가워하며 악수를 청했다.

"이게 얼마 만이디? 어찌 지냈는가?"
"과거제가 폐지되고 방탕하게 지냈디"

정익은 호탕하게 웃었다. 벼슬길에 올라야 한다며 늘 말하던 녀석이기에 괜히 안쓰러워 보였다. 석진도 괜히 미소를 지었다.

"그런데 여기까지 어쩐 일이디?"
"사실 님재를 찾아왔디."

정익이 웃음을 그치고 정색하며 말했다.

"내 님재를 보고 싶어 하는 사람이 있어. 같이 가시게나"

정익은 석진의 팔을 당겨 끌고 가니 석진은 얼떨결에 따라나섰다. 도착한 곳은 서재 같은 공간의 넓은 집이었다. 정익은 석진을 앉혀 문을 걸어 잠그고 커튼을 쳤고 차를 탄 석진 앞에 놓았다. 찻잔에서는 김이 모락모락 피어올랐다.

"사람을 소개해준다고 하지 않았디? 어디 있나?"
"아직 오지 않은 모양이야. 우리 오랜만에 수다나 한번 떨어보시구레."

석진과 정익은 오랫동안 대화를 이어갔다. 무슨 일이 있었고 어떻게 하다가 여기까지 와서 정착했는지 등 대화가 길어지니 웃기도 하고 심각해지기를 반복했다. 한참을 웃고 떠들다가 정익이 질문을 던졌다.

"님재, 요즘 나라 정세가 어찌 되어 보이니?"
"... 어지럽다고 생각하디."
"그렇디. 어지럽지비. 외세 놈들이 우리 영토를 침탈하려고 기회를 엿보고 있지. 일본, 영길리, 불란서, 미리견, 노서아, 덕국.. 조선을 따 먹으려고 혈안 들이야."

정익의 말에 가볍게 고개를 끄덕였다. 생각해보니 화폐도 바뀌고 청일 전쟁 이후 도시나 지방을 돌아보니 외국 사람들이 많이 보였다.

정익은 이어서 말했다.

"철도, 전신부설권, 임야개발권, 광산채굴권. 어업권. 그리고 인삼 재배권까지 뺏어가려고 하디! 그런데 관리란 자들은 자기 잇속만 챙기고 있는 거 아니겠니?"

정익이 흥분하며 자리에서 벌떡 일어나자, 문을 두드리는 소리가 들렸다.

"왔나 보구만."

정익은 숨을 몰아쉬며 흥분을 가라앉혔다. 문을 열어주니 남자 두 명이 들어왔다. 누군진 모르지만, 석진은 자리에서 일어나 가볍게 인사했다. 그런데 한 명은 낯이 익은 느낌이었다. 이들은 각자 자리에 앉아 서로를 소개했다.

"필대은이라고 합니다."
"안창호입니다."
"저는 한석진이디요."

석진은 안창호의 얼굴을 뚫어지게 보다가 놀라 손뼉을 마주쳤다.

"아! 혹시 소우물교회에서 보지 않았습니까? 이제 기억이 나디."

안창호는 소리 없이 미소지으며 고개를 끄덕였다.

"그런데 날 보자고 한 이유가 무엇이오?"

석진이 필대은과 안창호를 번갈아 보며 물었다. 안창호는 미소를 걷어내고 사뭇 진지한 표정을 지었다.

"강하다고 하여, 이 나라의 정부라고 하여 하나님이 주신 권리를 뺏어갈 수는 없다."
"...?"
"독립신문을 창간하신 서재필 선생이 한 말씀이십니다."
"아.. 그 대단한 양반..?"
"한 선생님, 독립협회라고 아십니까?"
"...처음 듣는 거 같습네다. 거 뭐이디?"
"일본의 만행이 점점 더 심해져 이 나라의 왕은 러시아로 피신하니 독립 국가로서 치욕을 잊을 수가 없습니다. 그런데 일본에 이어 러시아까지 내정간섭이 심해지니 서재필 선생은 자주독립과 근대 개혁의 필요성을 느끼고 독립신문을 창간하여 민중들의 눈과 귀를 열어주려 했습니다. 개화파 관료들도 이에 합세하니 독립협회를 설립해 민중들의 계몽 운동을 펼치고 있습니다."

자주독립? 석진은 무미건조하게 고개만 끄덕였다. 이 젊은 청년의 위세에 어떻게 반응해야 할지 감이 잡히지 않았지만, 그들의 의지는 대단하다고 느껴졌다.

"이젠 한양뿐만 아니라 전국 18도에 독립협회 지회를 조직하려고 합니다. 평양인 관서지회는 한 선생님을 필요로 해서 이렇게 찾아온 겁니다."
"날 말이디? 내가 무슨 힘이 되겠시요?"

뜬금없는 안창호의 권유에 석진은 눈을 가늘게 떴다.

"한 선생님이 이곳에서 어떤 일을 하셨는지 알고 있습니다. 선생님의 자립적인 힘으로 교회가 생기고 학교도 생겨나니 한 선생님이야말로 이곳의 지도자이죠."
"그래도…"
"이 나라는 힘이 없습니다."

석진의 말을 자르고 안창호가 끼어들었다. 순간 중국에서 당한 수모가 머릿속을 스쳐 지나갔다.

"나라에 힘이 없으니 외세에 휘둘리고 평화를 위협받고 있습니다. 나랏일을 한다는 사람들은 외세에 기대기만 할 뿐이죠. 그러니 독립협회의 사상은 자주국권, 자유민권, 자강개혁을 필두로 조선을 개혁하고자 합니다. 자립으로서 독립을 이룩하는 거죠. 선생님이야말로 이 독립협회에 알맞은 인물이십니다."

"말로만 들어서 모르겠소. 독립협회는 뭘 했고 뭘 준비하고 있소?"

"먼저 자주독립 국가임을 선포하고 청나라와의 사대를 끊었습니다. 치욕의 표식인 영은문을 헐고 독립문을 건설하고자 모금을 걷었고 올해 11월엔 완공이 될 것으로 보입니다. 그리고 청나라 사신들이 묵던 모화관을 독립관으로 만들어 독립협회 사무실로 사용하고 있습니다."

안창호는 막힘 없이 술술 말했다. 이들의 활동에 새삼 대단하다고 느껴졌다.

"러시아 공사관에 계신 황제 폐하를 모시게 되었고 토론회와 강연회를 열어 민중들을 계몽시키고 자립과 독립 의지..."

"좋습네다. 내래 독립협회에서 뭘 하면 되겠소?"

더 들을 필요도 없을 것 같아 석진이 말을 끊고 끼어들었다. 독립협회 사상의 필요성은 일반 백성을 전도하면서 많이 느낀 참이었다. 기독교를 사교라고 말하며 개화가 덜 된 민중들은 참으로 한심하고 안타까웠다. 눈과 귀를 닫고 오로지 관료들의 말을 따르는 백성들은 변화와 각성이 필요했다. 이 젊은 청년의 말처럼 독립협회가 전 백성을 계몽시킨다면 석진의 입장에서 나쁠 게 없었다. 오히려 좋았다. 안창호와 필대은이 서로 눈치를 보다가 활짝 웃었다.

"한 선생님은 교인들을 이끌며 독립협회 사상을 널리 퍼트려 주십시오."
"그거면 되겠네?"
"물론입니다. 한 선생님의 능력은 익히 들었습니다. 잘 해내리라고 믿습니다."

안창호의 아부 발린 소리에 웃음이 터져 나왔다. 이후 석진은 주기적으로 독립협회 회의에 나갔다. 자유, 자주, 자강으로 요약될 수 있는 민주주의 이념은 민중들뿐만 아니라 한석진도 각성하게 만들어줬다. 홀로 학교와 교회를 설립해본 석진은 자주독립 사상에 쉽게 스며들었고 이를 당연하게 생각했다. 예배일에 수시로 교인들에게 독립협회 사상을 설파했고 교인들 대거 독립협회 참여를 원했다. 독립협회 관서지회 회원 중 교인들이 다수가 되니 석진이 관서지부장으로 추대받기 시작했다.

"요즘 바쁘신가 봐요?"

소우물 교회 집회가 끝나고 뒷정리 중에 흠칫 놀라 뒤돌아보니 마펫이 서 있었다.
"아! 오랜만이디요. 바빠서 여기에 오신 줄도 몰랐습네다."

"매일 평양이랑 한양을 가신다고 들었습니다."
"그건 또 어떻게 알았디요? 교인 관리가 부족하다 하여 이리저리 다니고 있습니다."

괜히 선교사에게 말해 무엇하랴 본능적으로 독립협회 활동을 숨겼다. 마펫은 조그맣게 신음을 내며 교회 내부를 어슬렁거렸다.

"다행이네요. 다른 일이라도 있는 줄 알았어요. 본부에선 한 조사님을 좋게 봐서 선교부 지원을 더 받을 수 있게 되었어요. 훌륭해요. 참으로 기쁘지 않을 수 없어요."
"... 하하 그거참 좋은 일입네다."

석진은 고개를 갸우뚱거렸다. 이게 기쁜 일인가? 석진은 마음속으로 마펫의 말을 받아쳤다. 분명히 좋은 일이고 훌륭하다고 칭찬까지 들었는데 석진은 내키지 않았다. 우리나라에서 선교부의 지원으로 교회를 운영한다면 자유, 자강, 자주의 이념과 맞지 않았다. 이리되면 교인들에게 설파한 석진의 입지가 이상해졌다. 나라는 자주독립을 외치면서 교회 운영은 선교사에게 맡긴다? 어딘가 모순적이었다. 이들의 지원이 계속된다면 간섭이 심해질 게 뻔했다. 조선을 침탈하려는 러시아만 봐도 그렇지 아니한가. 아직 일어나지도 않은 일을 가지고 석진은 깊은 고뇌에 빠졌다. 평소였으면 좋다고 넘길 일을 지금에서야 깊이 생각하니 적잖이 충격이었다. 마펫은 석진의 속도 모르고 실실 웃어댔다. 석진은 뒷정리를 마저 하고 교회를 빠져나왔다. 걸을수록 발걸음이 빨라졌다. 교회에 오래 몸담은 자신도 독립협회 사상을 받아들이고 눈과 귀가 열렸으니 일반 백성들은 어떠할까. 하루빨리 민중들의 계몽이 필요했다. 그렇다면 보이지 않던 것이 보이고 들리지 않던 것을 듣게 만들어 줘 이 나라를 부강하게 만들 것이다. 석진은 굳게 믿었다. 빨라진 발걸음은 교회도 가족도 아닌 독립협회로 향하고 있었다.

만민공동회

대한제국이 만들어졌고 광무개혁을 실시했다. 하지만 갈수록 러시아의 침탈과 간섭이 심해지자 1898년 자주독립의 수호와 자유 민권의 신장을 위해 만민공동회가 한성부 종로 네거리에서 개최하여 한석진도 참여했다. 근대적 민중 대회의 이름에 걸맞게 상인, 노동자 등 각계각층 사람들이 대거 모여있었다. 수십 명이 모이더니 어느새 수백 명, 수천 명, 전 백성이 다 모였다 해도 믿을 정도로 많은 인파가 몰렸다. 이승만이 단상 위에 올라가니 사람들이 박수로 그를 환영했다.

"여러분! 일본이 친일 내각을 내세워 국정을 간섭하더니 이번에는 아라사가 황제 폐하께서 러시아 공사관에 머물렀던 이유로 우리나라를 간섭하고 있지 않습니까?"

"재정을 관리한다며 아라사 관리가 와 우리나라 재산을 멋대로 주무르고 있소!"

"군사 관리도 자기들 마음대로 하고 있다구요."

"옳소! 아라사 교련 사관과 탁지부 고문관을 해고해야 합니다!"

"그리고 러시아 은행을 설립하고 부산 절영도를 마음대로 가져가려고 합니다. 이 땅은 우리 것 아닙니까?"

 이승만이 한마디 하니 누구나 나서서 자신의 의견을 주장했다. 열띤 토론에 현장은 뜨거웠고 민중들은 한마음으로 소리쳤다. 누구나 발언권이 있었기 때문에 시간 가는 줄 모르고 대회는 이어졌고 어린 아이도 나서 이 나라의 정세에 한탄했다. 만민공동회 이후 독립협회는 민중들의 뜻을 정리하여 상소문을 올리고 러시아 정책에 대해 강력히 비판했다.

 1차 만민공동회 이후 독립협회 관서지부 회의 중, 안창호가 석진에게 독립신문을 들이밀었다. 웬 신문인가 싶어 천천히 읽어 내려가니 놀라지 않을 수 없었다. 한러은행 철폐조치, 아라사 군사교관과 재정고문 철수, 절영도 조차 요구 철회, 일본의 철도 부설권 요구 철폐…

 "이는 민중의 승리이고 자주독립과 자유 민권을 이루기 위한 첫걸음입니다."

 안창호가 나지막이 말했다. 손이 떨렸고 동공이 흔들렸다. 만민공동회에 많은 인파가 모여 놀랬고 그들이 하나가 되어 나랏일을 바꾸니 더 놀랄 수밖에 없었다. 심장은 요란하게 소리쳤고 온몸을 자극했다. 안창호의 얼굴을 봐도 무슨 말을 해야 할지 떠오르지 않아 그저 감격한 마음을 얼굴에 내비칠 뿐이었다.

"선생님 고생하셨습니다. 이제 이 나라는 민주주의 국가로 걸어갈 수 있을 겁니다. 한성부에선 계속해서 만민공동회를 개최할 거라고 합니다."

1차 만민공동회가 성공적이었으니 독립협회 회원들은 급속도로 늘었다. 교인들은 물론이고 일반 백성들까지 자주독립을 이루려 독립협회 사무실에 찾아왔다. 그런데 한가지 문제가 있었다. 회의 중, 관서지부 사무실을 둘러보니 답답한 마음에 무표정으로 굳어질 수밖에 없었다. 모인 회원들에 비해 사무실이 너무 작은 것이었다. 마치 예전에 널다리골 교회에 교인들이 옹기종기 모여있는 느낌이랄까. 명색에 나라의 운명을 위해 만들어진 집단인데 가만히 있을 순 없었다. 관서지부장인 석진은 사무실을 확장하기로 마음먹었다. 생각해보니 한성부 독립협회는 모화관을 독립관으로 개조한 이력이 있었다. 때마침 평양에는 청나라 사신들이 숙소로 쓰던 청화관이 남아있었고 저런 건물은 없어져야 마땅했다. 만장일치로 청화관을 평양 지회 회관으로 쓰자는 의견이었고 지부장인 석진이 총대를 매 정부에 요청했다.

"그렇게는 안 되겠습니다."

정부 관리 민영기였다. 한성부까지 찾아온 석진의 표정은 분노도 짜증도 아닌 놀람이었다.

"평양에서 독립협회 사무실을 쓰는 거이디. 무슨 말인지 알간?"
"아~ 그걸 왜 평양에서 하는데? 여기에 있잖아요. 여기 와서 합시다. 여기 와서.."
"독립협회는 관서지부도 존재합니다."
"그러니까! 관서지부고 뭐고~ 여기 독립관이라고 만들어놨잖아! 여기 와서 해라고요!"

놀람은 분노로 바뀌었고 석진은 입을 꽉 다문채 열을 삭히고 있었다. 민영기는 계속해서 똑같은 말만 되풀이했고 석진은 발걸음을 돌릴 수밖에 없었다. 곧바로 평양으로 가 회원들에게 이를 알렸고 회원들의 분노가 들끓었다.

"지금 우리 관서지부가 무시당한 겁네까?"
"아새끼 세상 돌아가는 거 모르는 두개골을 가지고 있나보구나."
"지부장님, 이걸 어째야 됩네까? 이 썩을 놈들이 관서지부를 무시한 거 아닙네까"

석진은 말없이 입술을 뜯을 뿐이었다. 안창호도 마찬가지였다. 1차 만민공동회로 자주독립국의 가능성을 보았고 민주주의를 실현하는 토대를 만들었는데 아직도 중국 눈치를 보는 관리가 있으니 개탄스럽기 그지없었다. 회원들의 입에서 욕이란 욕은 다 나오는 거 같았고 관리들의 만행도 말하기 시작했다.

"그 관찰사란 놈은 백성들 돈으로 기생집을 드나 들여도 아무 일도 일어나지 않다더니, 우리에게는 중국 놈들이 쓰는 숙소도 아깝다 그럽디까?"
"우리도 한 번 들고 일어납시다"
"아주 혼구녕을 내야 되겠습네다."
"… 그럼 우리 관서지부도 만민공동회를 개최해보지요."

석진의 굳은 말과 안창호를 쳐다봤다. 안창호의 동공이 확장되는 게 느껴졌다. 만민공동회는 우리의 이념을 위한 시작에 불과했다. 이를 시작으로 전 백성의 참여를 유도해야 그 의미가 퇴색되지 않을 것이다. 이런 합당한 이유도 있고 관리들의 악행을 고발할 이유도 있었다. 관서지부 만민공동회를 거부할 이유가 없으니 안창호는 대답 대신 소리 내어 웃었다. 회원들도 만장일치로 승낙하고 들끓는 분노는 어느새 관리들을 처단할 부푼 기대감으로 사로잡혔다. 그렇게 관서지부장 한석진의 주도로 평양에서도 만민공동회를 준비하기 시작하였다. 교회를 전도하듯이 지나가는 사람들에게 독립협회 사상을 설파하고 만민공동회를 홍보하니 이젠 석진의 중심 이념은 자립과 독립이라는 열매를 맺을 수 있었다.

관서지부 만민공동회 준비로 오랜만에 소우물교회를 들리게 되었다. 예배당 앞에 신발 한 켤레가 놓여있었다. 예배당은 목재로 설계되어 좁긴 하지만, 기품있게 정갈한 모습이었다. 일반 가정집을 교회로 꾸미긴 했다만, 이 정도면 누가 봐도 성공적인 교회 예배당의 모습일 것이었다. 텅 비어있었고 끝에는 의자 두 개와 십자가가 그려진 천에 둘러싸인 상이 놓여있었다. 신발의 주인은 어디에도 보이지 않아서 석진은 예배당으로 천천히 걸어 들어갔다. 바닥을 밟을 때마다 삐걱거리는 소리가 교묘히 들려왔다. 오랜만에 교회를 방문해서 그런가, 별로 긴장될 일도 아닌데 석진은 천천히 발걸음을 옮기며 교묘히 들리는 마룻바닥의 마찰음을 느끼고 있었다.

"한 조사님?"

갑자기 들려오는 소리에 몸이 경직됐다. 뒤돌아보니 한 손에 걸레를 든 젊은 교인이었다.

"여기서 뭘 하고 있니?"
"청소 중이었습네다."

청소라는 말에 주위를 돌아보니 왠지 깨끗하게 느껴졌다.

"그런데 왜 혼자 하고 있니?"
"... 한 조사님이 자리를 비워 사람들이.."
"사람들이?"
"교회에 안 나오기 시작했습네다."

"..?"
"한 조사님 올 때만 교회에 온다는 분도 계시고 집이 먼 자는 찾아와서는 실망만 안고 다시 오지 않았습네다."

이렇게나 자리를 비웠었나? 독립협회를 참여하게 되고 협회 일에 집중한 건 사실이었다. 그래도 예배일에는 꼭 온다는 마음이었지만, 평양과 한성부를 오가다 보니 잘 안 될 때도 있었다. 석진은 미안한 마음에 교인의 눈을 마주칠 수 없었다.

"그래도 이렇게 오시니 떠난 교인분들도 돌아오실 겁니다! 장천 사람들에게 알릴까요?"
"잠.. 잠시"

교인의 말에 확답할 수 없었다. 이제 협회에서는 새로운 의지를 불태우고 있었고 평양 만민공동회 준비로 또다시 바빠질 참이었다.

"내래 또 자리를 비울 거 갓시요. 미안합니다. 빨리 돌아오겠디요."

교인은 꽤 충격적이었는지, 바닥만 본 채 고개만 끄덕일 뿐이었다.

"학교는 어떻게 됐시요?"
"학교도 교회와 비슷한 처지입네다."

여전히 석진을 쳐다보지 않고 말했다. 교인의 표정엔 실망감과 슬픔이 공존해 보였다. 지금이라도 학교와 교회를 관리해서 예전 모습으로 되돌리고 싶었지만, 우선 협회 일을 끝내야 했다. 지부장으로서 나라를 위한 일이고 협회에 교인들도 많으니 이 또한 개인적인 일이라고 할 수는 없지 않은가. 자신도 모르게 자기변호를 하며 합리화하기 시작했다. 합리화의 끝은 쓸쓸했지만, 독립협회의 흐름을 끊을 수는 없었다. 석진은 관서지부가 자리 잡고 이번 만민공동회를 성공적으로 개최한다면 교회와 학교를 다시 예전처럼 되돌리겠다고 다짐하고는 평양으로 향했다.

쾌재정 연설

"한 선생님이 하시는 게 더 낫지 않겠습니까?"

석진은 고개를 절레절레 가로저었다.

"아니디, 젊은 사람의 패기를 보여줘야 하는 거디. 님재가 딱 알맞는 거이야."

독립협회의 간의 사무실. 한양에서 가진 만민공동회를 평양에서 재현해보기로 마음먹고 안창호는 사람들 앞에서 연설할 글을 작성하고 있었다. 종이 위에 막힘없이 휘갈기고는 석진에게 건네주었다.

"다 적었습니다."

석진은 안창호가 적은 글을 유심히 보았다. 마음이 움직이는 호소력이 짙은 연설문이었다. 종이를 내려놓고 흐뭇하게 웃으니 안창호도 안심하는 것만 같았다. 만민공동회 준비는 순조로웠다. 독립협회 회원들은 평양 백성들에게 이 사실을 알렸고 고위 관리들도 초대했다.

독립협회 관서지부의 존재를 공고히 알리기 위함이었다.

　광무 황제 탄신 일 음력 9월 25일, 포근한 햇빛과 따스한 바람에 나뭇잎들이 살랑거렸다. 평양 쾌재정이라고 불리는 정자에 사람들이 몰려들었다. 그 정자를 중심으로 간이 무대가 만들어졌다. 정자에는 평안 감사 조민희와 진위대장 그리고 고관들이 앉아있었고 경찰들이 뒤에 배치되어 있었다. 약간의 단이 만들어진 무대에 스무살 정도의 젊은 청년 안창호가 걸어 올라왔다. 그러니 약간의 웅성거림이 느껴졌다. 무슨 일인가 둘러보니, 젊은 청년의 모습에 놀랍고 의아한 반응이었다. 아무래도 그의 모습이 너무 젊으니..

"쾌재정, 쾌재정 하기에 무엇이 쾌한가 했더니 오늘 이 자리야말로 쾌재를 부를 자리올씨다."

　안창호가 입을 열자 웅성거림은 사라지고 모두가 집중하기 시작했다. 앳된 모습의 청년이 첫마디부터 민중들을 휘어잡은 거였다. 석진은 아까까지의 걱정을 버려두고 소리 없이 응원했다.

"오늘은 황제 폐하의 탄신 일인데, 우리 백성들이 이렇게 한데 모여 축하를 올리는 것은 전에 없이 처음보는 일이니, 임금과 백성이 함께 즐기는 군민동락의 날이라 어찌 쾌재가 아니고 무엇인가. 감사 이하 높은 관원들이 이 축하식에 우리들과 자리를 함께하였으니 관민동락이라 또한 쾌재가 아닐 수가 없다!"

 안창호는 말을 끊고 정자에 앉아있는 관리들을 바라보았다. 긴장감이 감돌았다. 다시 민중 보며 입을 열었다.

 "세상을 바로 다스리겠다고 새 사또가 온다는 것은 말뿐이다. 백성들은 가뭄에 구름 바라듯이 잘살게 해주기를 쳐다보는데 인모탕건을 쓴 대관, 소관들은 내려와서 여기저기 쑥덕거리고 필요없는 존문만 보내니, 죽는 것은 애매한 백성뿐이 아닌가? 존문을 받은 사람은 당장에 돈을 싸 보내지 않으면 없는 죄도 있다 하여 잡아다 주리를 틀고 돈을 빼앗으니, 이런 학정이 또 어디 있는가? 뺏은 돈으로 허구한 날 선화당에 기생을 불러 풍악 잡히고 연광정에 놀이만 다니니, 이래서야 어디 나라 꼴이 되겠는가? 진위 대장은 백성의 생명 재산을 보호하는 것이 책임인데 보호는 커녕 백성의 물건 빼앗는 것을 일삼으면 우리나라가 어떻게 되겠는가?"

 조민희의 얼굴이 울그락불그락 피어올랐다. 민중들은 숨죽여 웃고 있었다. 석진도 관리들을 보니 옛날 자신을 괴롭혔던 관찰사 놈이 생각났다. 조민희는 자리에서 일어나 안창호를 죽일 듯이 노려봤다. 조민희는 악독한 탐관오리였다. 조민희가 평안 감사로 위임되고 얼마 지나지 않아 평양에선 극심한 가뭄이 도래했었다. 수분이 없어 땅은 갈라지고 대동강엔 물이 얕아진 게 느껴질 정도였다. 갈라진 땅 사이로 아지랑이가 피어오르고 백성들은 뜨거운 해를 피해 밖을 나올 수가 없었다. 허약한 노인들이 죽는 사태도 벌어졌다. 재난이었다. 우물도 마르지 않나 싶어 백성들은 걱정을 했지만, 다행히도 우물은 마르지 않고 뜨거운 열기만 내뿜을 뿐이었다. 평양 일대에서는 거대한 수목에 가서 제사도 지내기도 하고 성대한 음식을 차려 굿판을 벌이기도 했지만, 하늘은 더 강한 햇빛으로 대답해주었다. 노인들뿐만 아니라 젊은이들도 체력이 다해 기력을 내지 못하고 있었다.

  이 나라의 지배계층은 가뭄에 대한 대책을 성리학적 유교 사상에서 찾았다. '사람의 도리를 다 못했을 경우나 음양의 조화가 이루어지지 않았을 경우에 발생한다.' 임금, 신하, 관리들은 자신의 소임을 다 했는지, 사치하지는 않았는지 반성하고 원한이 맺힌 사람들이 있나 살펴봤으며, 기우제를 지내어 하늘을 달랬다. 백성들도 그저 나랏일 하는 분들의 원만한 해결방식을 기대할 뿐이었다. 이런 상황에서도 조민희는 술에 취해 시뻘건 얼굴을 들이밀며 평민들의 집을 들쑤시고 다녔다. 바로 세금. 아니, 세금을 빙자한 약탈이었다. 흉작으로 없는 백성은 있을 때까지, 있는 백성은 없는 거까지 탈탈 털어냈다. 운 좋게 가뭄이 피해갔을 때는 자신이 이곳 관리를 잘 한 탓으로 돌리니 그에 따른 세금을 붙여 기생집을 드나들었고 탐관오리 조민희의 만행은 백성들의 뇌리에 박혀있었다. 몇 해가 지나 청년 안창호가 관리들의 악행을 당당히 지적해주니 민중들의 한이 들끓고 있었다.

"그래 맞아! 관료놈들이 말도 안 되게 뜯어간 거 때문에 우리 아버지가 돌아가셨어."
"난 돈 안 냈다고 옥에 갇힐 뻔했소."
"우리 기방엔 외상이 10냥은 넘은 거 같네요."
"저놈 때문에 우리 어머니가 절름발이가 되셨소."

여기저기서 원성이 터져 나왔다. 백성들의 얼굴엔 웃음기가 사라졌고 먹이를 앞에 둔 들개 무리처럼 탐관오리 앞을 슬금슬금 둘러싸기 시작했다. 이들의 악기 품은 눈은 무장한 경찰들조차도 감당하기 버거워 보였다. 조민희도 이상한 분위기를 감지했다.

"네 이놈들! 이거, 이거 고약하기 그지없네. 내 덕분에 잘 살고 있는 거 모르갓어? 저 어린놈의 선동에 넘어가지 말라."
"분위기 파악도 못 하고 저놈 입이 뚫려 있으니 두개골을 열어봐야 갓어"
"그거 좋다. 야 이놈아 내려오라!"

조민희의 말은 불난 집에 기름이 되어 민중들의 화기를 더 불타오르게 만들었고 그 기세에 조민희는 정자에서 내려와 경찰들 뒤로 숨었다. 평소 같았으면 저 졸렬한 이리 같은 놈이 더 짖어댔겠지만, 민중들은 혼자가 아니었다. 혼자라면 절대 못 했을 이 행동들이 무리가 되어 거대한 힘이 되었고 저 젊은 청년의 연설로 도화선이 되어 방향성까지 가지게 되었다. 악만 남은 이 힘은 조민희를 점점 옥죄어 왔다. 경찰들도 저들의 분노가 온몸을 간지럽혀 뒷걸음질 칠 수밖에 없었다. 조민희는 계속 여기 있다가는 이들에게 맞아 죽을 수도 있겠다는 생각이 들었는지, 부하들을 두고 냅다 도망가버렸다. 경찰들도 도망치는 조민희의 뒷모습을 보고 뒤따라 도망갔다. 확실히 이들의 무자비한 집단성은 매섭고 사나웠지만, 저들을 죽일 정도로 간악하지 않았다. 살이 뒤룩뒤룩 쪄서 처진 엉덩이를 흔들어대며 도망가는 저 추악한 조민희의 뒷모습을 보고는 웃음소리가 터져 나왔다. 석진도 이 상황을 보며 허탈한 웃음을 자아냈고 누군가는 박수도 쳐대고 누군가는 환호성을 지르기도 했다. 이후 평양 만민공동회는 계속되었고 쭈뼛쭈뼛 눈치만 보던 민중들도 하나둘씩 자리에 올라와 관료들의 만행을 지적하고 의견을 내놓았다. 평양 민중들의 첫 승리이자, 민주주의 발판이 마련되었다. 한성부에 이어 이곳 민중들도 이제 자신들의 삶을 스스로 지켜낼 방법을 알게 되었다. 소문에 의하면 조민희는 밖을 나올 때는 절대 혼자 나오지 않았고 일을 똑바르게 집행한다는 말이 들려왔다. 승리의 만취는 민중들만이 느끼는 게 아니었다. 평양에서 만민공동회를 직접 개최하니, 수동적인 삶이 아닌 능동적인 삶, 우리의 삶을 스스로 개척해나갈 수 있는 근현대적인 사상을 석진은 인식하게 되었다. 교인들 모두에게 독립협회 활동을 주선하기 시작하자 교인은 독립협회 회원이라는 수식어가 따라붙었다. 완전한 개화인이 된 석진은 상투를 잘라냈고 교인들의 상투도 손수 잘라주기도 했다. 흔하지 않은 자전거를 타고 다니며 개화의 바람을 온몸으로 맞고 있었다.

"우리나라의 전제정치를 막는 방법은 민중의 뜻을 대표하는 중추원을 열어야 합니다!"

민중의 뜻을 가지고 정치를 하면 나라가 병들지 않을 거라는 말이 한성부에 울려 퍼졌다. 한성부에선 관료들도 참여한 관민공동회를 개최해 이승만이 대표로 헌의 6조를 공표하였다. 고종도 민중들의 뜻을 궁금해하니 중추원 관제 반포하고 관선 25명, 민선 25명으로 구성하게 되었고 관서지부장인 석진도 자연스럽게 정치 참여를 하게 되었다.

이듬해 소우물 석진의 집, 아내가 마루에 앉아 갓난애에게 젖을 물리고 있었다. 갓 태어난 맏딸인 소제였다. 아들 민제가 고동색 일본식 교복 차림으로 마루에 나왔다.

"잘 어울리는구나."

아내가 말하자 민제는 기분이 좋은 듯 돌아보며 소제에게도 자랑했다. 소제가 젖을 빨다 말고 입 벌려 배시시 웃었다. 열린 대문 사이로 석진이 들어왔다.

"아바이, 오셨습니까? 어떻습니까?"

석진은 민제를 보고 놀라워했다.

"명문 메이지 학원에 다닐 수 있어 정말 기쁩니다. 이게 다 아버지 덕분입니다."

석진은 아들을 자랑스러워하며 머리를 쓰다듬어 주었다. 그는 자신의 아버지와는 다르게 아들에게 한없이 부드러웠다. 아버지처럼 앞길을 막지 않고자 맹세했고 여러 문물을 접하게 하려고 고단히 노력했다. 독립협회로 정치적인 영향력이 생기니 아들을 일본에 유학 보낼 수 있는 특혜를 받을 수 있었다. 민제는 교복의 옷감을 만져보며 해맑은 표정을 지었다.

"아들아, 일본에 가서 많은 걸 배워야 한다. 눈과 귀를 열어야만 자립할 수 있는 힘이 생기는 거이디."
"알겠습네다. 아바이 감사합네다."

석진이 소제에게 다가가 볼살을 만지니 안아달라고 두 팔을 벌렸다. 소제가 힘겹게 들어올린 팔이 무색하게도 석진은 웃을 뿐 고개를 돌렸다.

"어디 가세요?"
"교회를 들려야갓어. 그럼 내 다녀오겠소."

석진은 짧게 말하고 문을 나섰다. 텅 빈 교회 안, 낡은 문의 빈약한 울음소리와 함께 마펫이 들어왔다. 마펫은 교회를 이리저리 둘러보다 한숨을 내쉬었다. 꿉꿉한 냄새도 났고 천장 곳곳에 거미줄도 보였다. 석진도 교회 안으로 들어왔다.

"미리 말씀해 주시디, 한걸음에 달려왔잖소."

마펫은 석진을 노려봤다.

"요즘 교회 일에 소홀한 모양입니다."

마펫은 먼지털이개를 들고 거미집을 헤집었다.

"좀 바빴디요. 그래도 이젠 바쁜 건 마무리 되가.."
"널다리골 교회를 이전시키기로 정했습니다."

마펫이 석진의 말을 끊고 말했다. 그러자 석진이 환한 표정을 지었다.

"고거이 참 잘됐습니다."

마펫은 먼지털이개를 내려놓고 문쪽으로 걸어갔다.

"한석진 영수님, 교회 일에 신경 써주시길 바랍니다."

마펫은 석진을 보지도 않고 짧고 간결하게 말했다. 나가려는 마펫을 석진이 불러세웠다.

"널다리골 교회 건축비는 어쩌실 거이디요?"
"…? 당연히 선교부에서 댈 의향입니다."
"이번엔 우.. 우리 대한인들의 힘으로 교회를 건축해보겠디요!"

마펫은 발걸음을 멈췄다. 교회 안엔 적막이 흘렀다.

"아직 조선인의 힘으로 교회를 건축하긴 힘들다고 생각됩니다."
"어찌 조선 사람은 건축할 수 없다고 말하시요? 하느님의 집을 짓는 데 교인이 할 수 없다는 것은 있을 수 없는 일이요."
"선교부의 지원을 받아도 그곳은 엄연히 조선의 교회입니다."

마펫은 걱정스러운 표정을 지었다. 석진은 뜻을 굽히지 않고 말했다.

"우리 대한제국의 예배당은 대한 사람의 힘으로 건축하길 원하디요. 제가 세례받았을 때, 마펫 선생이 말했시요. 하느님은 누구에게나 인권과 자유를 부여했다. 자신이 향하고자 하는 길은 오로지 자신의 의지에 있다고, 소인은 하느님의 자제로서 우리 대한교인들의 뜻, 의지를 따라야 한다고 생각하디요."

석진은 교회 창문 쪽으로 걸어갔다. 그렇게 밝지도 않고 흐릿하지도 않은 황토색 햇빛이 창문을 타고 흘러들어와 석진의 얼굴에 묻었다.

"정 걱정이 되면, 우리가 할 수 있는 데까지만이라도 해보겠디요."
"… 알겠어요. 만일 돈이 모자란다면 선교부에서 도울 겁니다."

마펫이 수긍하듯 고개를 끄덕였다. 석진은 이날 이후 평양의 널다리골 교회를 찾아 초대 장로인 김종섭과 영수 길선주에게 이 소식을 전했다. 이들도 마펫과 같은 표정을 지었지만, 석진은 안심하라며 끝까지 설득했다.

"대한에 의한 대한의 기독교 수립이야말로 우리 백성을 위한 것입니다. 이 시국에 근대시민사회를 성취해야 하지 않갓디요? 그러려면 우리 대한 교인들이 뭉쳐야 하오. 인력은 걱정하지 마시라우. 소우물 교회 교인들도 나서서 도와줄거이니."

이런 석진의 확고한 의지는 독립협회 활동의 영향이었다. 김종섭과 길선주도 흔쾌히 수락했다. 이때부터 널다리골 교회는 헌금을 시작했고 대한 교인들의 단일 된 모습에 헌금은 꽤 모였다. 그리하여 예전 이량이 봐준 장대현 고갯마루 터에 초석을 다지기 시작했다.

실망과 극복

"큰일 났습니다. 이것 보시라요."

어느 날, 독립협회 관서지부 사무실. 한 회원이 뛰어들어와 벽보를 내밀었다. 뭐가 그리 급한 일이길래 벽보를 뜯어 온건 지 궁금하려는 찰나 그의 거칠어진 호흡과 미세한 떨림이 느껴져 묻지 않았다.

"도.. 독립협회에서 공화제를 추진한다고 소문이 나고 있습니다."
"뭐이디?"

석진은 벽보를 보며 사실 확인을 했고 안창호나 나머지 독립협회 회원들도 마찬가지로 눈을 들이밀었다.

"황제 폐화를 폐위시키고 대통령을 만들려고 한다고..."
"이건 말도 안 됩니다."
"이건 역모이지 않소? 우리 독립협회가 언제 이런 뜻을 알렸다고.."
"다른 연유가 있는 거 같습니다. 혹시나.."
"혹시나? 뭔가 짚이는 게 있소?"

"누군가의 음모가 아니겠습니까?"

음모라는 소리에 사무실에 황망한 바람이 불었다. 아니길 간절히 기도하고 사실이 밝혀지길 기대했지만, 수구파 세력들이 커져만 가는 독립협회의 힘을 견제하기 위해 왕을 폐위시킨다는 음모를 뿌린 것이었다. 음모론에 넘어간 고종은 협회를 해산시키라고 명령했고 협회 간부들을 체포하기에 이르렀다. 한순간에 개혁파 정부는 붕괴되었고 동학농민운동의 원인을 제공했던 탐관오리 조병갑의 사촌지간인 조병식을 내각으로 친러 수구파 정부가 만들어졌다. 이를 강력히 비판하고자 만민공동회를 개최한다고 하기에 한석진과 안창호 등 관서지부 회원들은 한성부로 달렸다.

1차 만민공동회처럼 셀 수 없을 정도의 인파가 모여있었고 이들의 분노는 마치 달궈진 솥처럼 쉽게 느낄 수 있었다.

"여러분, 힘을 내시오! 우리 끝까지 싸웁시다!"

누군가 소리치자 모두가 환호했다. 이들은 불굴의 의지로 독립가를 제창했고 한성부가 노랫소리로 들썩였다. 하늘 높이 이들의 목소리가 울려 퍼지자 억울함이 풀리는 듯싶었고 이렇게 많은 인원이 한마음 한뜻이 되니 독립협회도 복귀할 수 있을 것만 같았다. 하지만 그것도 잠시 우리의 희망도 묻힐 정도의 함성이 들려왔다. 그 소리는 거대하고 강력해서 만민공동회의 위세는 단숨에 위축되었다. 돌아보니 보부상이 모인 황국협회였고 언젠간 들어봤지만, 수구파 정치세력이 만들어낸 집단이라고 들었다. 황국협회 자들은 생각할 겨를도 없이 만민공동회 중심으로 뛰어들었고 무력으로 우리를 진압하기 시작했다. 단숨에 혈투가 벌어졌다. 다치는 자들도 많았고 쓰러져 피를 흘리는 자들도 있었다.

　석진도 이리저리 피해 다녔지만, 보부상이 아녀자를 폭행하고 있는 게 보였다. 달려가 온 힘을 다해 밀쳤지만, 보부상은 마치 모기에 물린 듯한 표정으로 뒤돌아 석진을 쳐다봤다. 산적 같은 모습에 황소 같은 기세로 달려드니 석진은 도망 다닐 수밖에 없었다. 만민공동회건 황국협회건 피해가 있는 건 마찬가지였다. 혈투가 무르익었을 때쯤 군악대 소리가 울려 퍼졌고 군인들이 투입됐다. 보부상들은 기다렸다는 듯이 현장에서 빠져나갔고, 힘이 빠진 만민공동회 사람들은 군인들에게 쉽게 제압당했다. 정부는 민중들을 상대로 무력을 사용했고 만민공동회는 강제 해산당했다. 이후 민중들은 겁이 나 쉽게 모이지 못했고 수구파 세력들이 독립협회를 압박하니 독립협회는 끝내 복귀할 수 없었다.

　한순간이었다. 회원들은 뿔뿔이 흩어졌고 안창호와 필대은은 각자 길을 찾는다며 떠났다. 정익 또한 조선엔 희망이 없다며 떠났다. 석진은 바닥에 앉아 머리를 쓸어내렸다. 찾아간 독립협회 사무실에는 종이 문서만 흩날렸고 방안엔 진흙 묻은 발자국이 선명하게 남겨져 있었다. 인기척이란 없는 싸늘한 분위기의 독립협회 사무실, 여기를 보고 있자니 예전 전쟁의 여파로 인한 교회의 처참한 모습을 보는 것만 같았다.

석진은 독립협회 사무실을 나와 쉴 새 없이 나오는 한숨을 막지 못하고 고개를 숙였다. 흙바닥에선 개미들이 줄지어 행군하고 있는 게 보였다. 정확히 일렬로 움직이는 모습들이 마치 자기 앞 개미 엉덩이만 보고 따라가는 듯해 보였다. 만약 선두에 있는 개미가 길을 잃는다면 이 개미 행렬의 끝은 어떻게 될까? 동물의 감각과 본능으로 만들어진 행렬이라지만 선두에 있는 개미의 압박감은 얼마나 심할 것이며, 저 개미의 잘못된 판단은 전체를 위험으로 빠뜨릴 수도 있을 것이다. 개미의 삶도 인간과 다르지 않구나. 참담한 현실을 개미에게 빗대고 있을 때, 하늘에서 빗방울이 떨어졌다. 아까까지는 없던 먹구름이 햇빛을 가려 여기저기 분산해 있었다. 빗방울이 석진의 얼굴에 떨어졌고 발걸음을 떼는 동시에 하늘에서는 억수 같은 비가 쏟아져 내렸다. 한 치 앞도 보이지 않았고 빗물이 이마를 타고 흘러내려 온몸을 적셨다. 진흙 같은 길엔 발자국이 선명하게 남았지만, 빗물로 금세 메꿔졌다. 독립으로 향했던 빠른 발걸음은 느려져 소우물로 향하게 되었다.

약 1년간 활동한 독립협회에서 정치적 실패를 맛보고 석진은 일상생활로 돌아왔다. 이 소문은 선교부에도 퍼졌고 선교사들은 환호성을 내질렀다. 빛나는 승리라고 표현하기도 하며 석진을 환영했지만, 그들의 반응과는 달리 석진은 암울한 나날을 보냈다. 교회 일이 제대로 잡히지 않았고 자신의 신앙심에 의심이 들기도 했다. 밤하늘을 볼 때면 별을 보지 않았다. 그저 만물을 잠식시키는 어둠을 바라볼 뿐이었다.

어느 날, 소우물 교회로 편지 두 통이 도착했다. 눈그늘이 턱밑까지 내려온 석진은 편지를 가져와 교회 사무실에 앉았다. 하나는 장로회 공의회에서 온 것이었다. '교회와 정부 사이에 교제할 몇 가지 조건'이라고 큼지막하게 적혀있었고 석진은 그 내용을 차츰차츰 읽어 나갔다. 내용은 짧고 간략했지만, 강압적인 문체로 적혀있었다.

'교회는 성실한 신앙으로서의 교회다. 나랏일을 보는 교회가 아니다. 예배당이나 교회 학교나 교회 일을 쓸 집이다. 나랏일을 의논하며 도모하는 집이 아님을 밝힌다. 또한, 누구든지 교인이 되면 신앙이 아닌 다른 데 공론하지 못할 일을 하면 안 될 것이다. 이는 목사의 사랑으로 보듬어 주고 못 하게 막아야 할 것이다.'

이는 분명히 1년간 독립협회에 몸담았던 석진과 그 외 교인들을 겨냥한 결의문 같았다. 선교사들이 보기에는 독립협회는 한낱 바람과 같았다. 그저 한 번 불었다 그칠 줄 알았던 것이었다. 그런데 그 바람이 시간이 지날수록 거셌고 어느새 돌풍이 되어 전국을 헤집고 다녔다. 선교사들 눈에는 조선이 드디어 진보적인 움직임을 보였음에 경탄했지만, 교회 일까지 제쳐두고 나랏일을 도모하니 교회 관리가 전혀 되지 않음을 목격했다. 조선인들을 응원했지만, 한편으로는 씁쓸한 현실에 장로회 공의회에선 이런 결정을 할 수밖에 없었다. 석진은 마음이 쓰라려 가슴을 움켜잡았다.

다른 편지도 뜯어보았다. 열어보니 사진 한 장이 툭 떨어졌다. 그 사진을 보니 김종섭과 많은 교인이 교회 앞에 모여 서로를 축하해주는 모습이 보였고 교회 간판에는 '장대현 교회'라고 적혀있었다. 1년 만에 완공된 장대현 교회의 모습을 장로 김종섭이 교회 개관식 날 사진을 찍어 보내준 것이었다. 그 사진을 보자 입가에 미소가 번졌다. 장대현 교회 건축 사업을 계획하고 추진할 때쯤 석진은 독립협회 일을 병행하고 있었기에 포기하지 않고 끝까지 추진할 수 있었다. 이렇게 사진 속에서라도 멋진 모습을 보게 되니 아까의 상실감은 큰 환희로 바뀌었다. 그리고 편지에는 이렇게 적혀있었다.

'장대현 교회를 건설한 지 1년이 되어가는 지금 드디어 결실을 맺었습니다. 자주독립으로서 대한의 힘으로만 만들어질 수 있다는 것에 모두 크게 놀랐습니다. 이 모든 결실은 모두 하느님과 한석진 영수님 덕분입니다. 여기 교인들은 모두 기다리고 있습니다. 언제든 들러주십시오.'

사진을 보니 생각이 바뀌었다. 독립협회가 실패만이 있는 게 아니었다. 자주 국권 사상, 자유 민권 사상, 자강 개혁 사상, 자유, 자주, 자강을 추구하는 지혜를 얻게 되었다. 그 지혜로 이렇게 대한의 힘으로 교회를 건축한 게 아니겠는가. 기독교인으로서 민족을 위하고 구하는 길이 진정으로 무엇인지 생각에 잠겼다. 되돌아보니 기독교인으로서 독립협회 방식에는 한계가 있었다. 이 고민은 밤새 이어졌고 결국에는 소우물 교회 장로 안수를 받아 자신의 뜻을 펼치기로 마음먹었다.

소우물 교회 장로가 된 뒤 교회 일에 전념했다. 교회를 돌보았고 학교를 관리했다. 석진이 돌아오니 교인 수가 눈에 띄게 늘어났다. 교회와 학교 관리에 열중하니 독립협회의 실패는 점차 잊게 되었고 눈그늘도 어느새 사라질 때였다.

여느 날처럼 예배가 끝나고 교회에는 석진 홀로 남아있었다. 정적 속에 문이 열리는 소리가 들리자 교인 중 한 명이 짐을 놓고 갔나 싶었다. 석진은 보지도 않고 보고서 작성에만 집중했다. 10분 정도 지나고 종이 위에 마지막 점을 찍고 펜을 내려놓았다. 깍지를 끼고 팔을 쭉 펴는데 사무실 문 앞에 사람 형상이 보였다. 흠칫 놀랬지만, 자세히 보니 중절모를 쓴 신사적인 모습, 안창호였다.

"이게 누구디? 왔으면 왔다고 말을 해야 할 거 아니니!"

석진은 소스라치게 놀라며 소리쳤다. 안창호는 중절모를 벗고 석진에게 다가갔다.

"너무 열중하셔서 기다리고 있었습니다."
"그래, 그래 이리 오라!"

석진은 반기며 자리를 내줬다.

"괜찮습니다. 사실 떠나기 전 마지막 인사를 드리려고 왔습니다."

석진은 행동을 멈추고 안창호를 바라봤다.

"선교사들의 추천으로 외국으로 유학을 가게 되었습니다."
"유학을 말이디? 갑자기?"
"그곳에서 더 공부하고 오려구요. 우리나라는 아직 지식이 부족하고 힘이 부족합니다. 지식이 곧 힘이 될 거고 힘이 곧 나라를 부강하게 만들 겁니다. 한 선생님, 공부하고 돌아와 다시 찾아뵙겠습니다."

안창호의 유학이란 말에 석진은 그의 결단력과 행동에 놀라움을 금치 못했다. 안창호는 정중히 인사하고 돌아서 나갔다. 텅 빈 사무실에는 안창호의 모습이 아른거렸다.

"지식이 곧 힘이라."

석진은 천장을 바라보며 중얼거렸다. 그도 수학의 필요성을 느끼고 있었다. 학교를 관리하니 세 학교의 교장이 되었고 교인들이 늘어나니 직접 교인들을 가르쳐야 했다. 하지만 그러기엔 배움이 부족하다는 걸 알고 있었다. 자신도 유학을 떠나야 하나 고민하던 중 1903년 대한 예수 장로회신학교가 개교한다는 소문을 듣게 되었다.

최초의 7인의 목사

"외국의 기독교가 아닌 대한의 기독교를 만들어보고 싶소."

1904년 평양장로회 신학교 교무실, 이 학교에 입학하고 2년째 되던 해였다. 목회자의 방향성에 대해 묻는 말에 석진이 말했다. 선교사는 떨떠름하다는 표정을 지으며 종이 빈칸에 적어넣었다. 석진은 선교사 선생에게 꾸벅 인사하고는 사무실을 나왔다. 그는 학문을 다질수록 대한의 기독교를 만들고 싶어 했다. 독립협회에서 자주적이고 독립적인 힘을 체험했지만, 신학교에서는 선교사들이 우리의 문화를 무시하고 미국식 기독교를 이식하려고 하니 자연스레 거부감이 들었다. 이러니 기존에 있는 기독교 법에도 반감이 들었다. 이런 반감은 신학교뿐만 아니라 장로회의 표면적인 석상에서도 나타나게 되었다.

산의 나무들이 본연의 색을 숨기고 겨울을 준비하는 가을. 신학교 재학 당시 석진은 소우물 교회 장로였기에 장로회 공의회에 참석할 수 있었다. 장로회 회의실 안은 구릿빛 목재로 설계되어 어두침침했지만, 사각형으로 놓인 테이블 위에 흰색 보 덕분에 오로지 회의에만 집중할 수 있었다. 테이블마다 네 개의 의자가 놓여있고 선교사들이 앉아있다. 선교사 중에는 마펫도 앉아있었다. 구석진 쪽엔 석진이 앉아있었고 그 옆에는 조병직이라는 자도 앉아있었다. 이 자는 석진이 소우물 교회에서 장로 안수를 받을 때, 교동 교회에서 장로 안수를 받은 사람이었다. 이들뿐만 아니라 공의회에 참석하고 싶은 장로들이 방청석 쪽에도 대거 앉아있었다. 이 모임은 선교사들의 모임으로만 이루어졌다가 한석진과 조병직이 참여하게 되어 한국인 교인들과 함께하는 교회의 정치, 신앙의 문제를 논의하는 의결기구가 되었다.

석진은 자리에 놓인 문서 집을 보았다. 꼬부랑 글씨에 알 수 없는 말들을 보고는 혀를 차며 문서를 엎어놓았다. 옆에 조병직도 석진과 똑같은 반응이었다. 선교사들 간에 회의가 진행됐다. 꽤 오랫동안 지루한 시간이 끝나고 의회장은 마무리를 지으려는 분위기를 만들었다. 그러자 석진이 손을 들며 외쳤다.

"조선인 장로로서 건의할 사안이 있디요."

선교사들은 서로 눈치를 보았고, 의회장이 고개를 끄덕이자 모두가 석진에게 집중했다. 석진은 자리에서 일어나 자신에게 기회를 준 의회장에게 정중을 표하고 입을 열었다.

"첫째, 교회의 모든 문서를 한글로 만들길 바랍니다."

선교사들은 어리둥절한 반응이었고 석진의 말에 공의회 서기가 빠르게 적어나갔다.

"둘째, 이 땅에서 집행하는 공의회 비용을 대한인 교인들의 헌금으로 충당하길 바랍니다."

서기가 잘 못 들었나 싶어 석진을 바라보았다. 석진은 아랑곳하지 않고 말했다.

"그리고 셋째, 방청하고 있는 대한 장로들에게 말할 권리를 허락했으면 하는 바입니다!"

옆에 조병직이 자신을 올려다보는 게 느껴졌다. 석진은 딱히 눈길은 주지 않았지만, 조병직을 포함한 이 자리를 채우고 있는 조선인 장로들은 똑같이 느끼고 있을 터였다. 방청석에서 박수가 터져 나왔다. 선교사들이나 의회장은 생각지도 못한 고견에 고개를 끄덕이며 수긍할 수밖에 없었다. 신학교 생활을 하며 석진의 독립적인 대한 기독교 수립의 긍지가 더 단단해지고 견고해졌다. 이건 동기들뿐 아니라 선교사들도 공감하는 부분이었다. 그렇게 석진은 한국적 독립 의지를 기독교에서 불태우고 있었다.

어느 날, 석진에게 편지 한 통이 신학교로 날라왔다. 겉봉투에 안가

창호라고 적혀있는 걸 보고 숙소에 들어가 몰래 읽었다.

'한 선생님, 안창호입니다. 저는 유학을 와 많은 걸 듣고 보고 배웠습니다…'

정갈하게 쓰인 글씨만 봐도 안창호의 모습이 아른거렸다.

'일본의 만행으로 내년에는 귀국하여 일을 도모하려고 합니다. 뜻이 맞는 사람들이 모였고 독립협회 청년회원들이 모였습니다. 국권 회복을 위해 백성들이 새로워져야 합니다. 이를 위해 조직을 만들어..'

편지에서 그의 긍지가 느껴졌다.

'한 선생님 함께 하시죠.'

마지막 줄을 읽고 가슴이 두근거렸다. 귓가에는 쿵쿵거리는 심장소리밖에 들리지 않았다. 대한제국의 정세는 외세의 침략으로 조용한 적이 없었다. 을사늑약, 을미사변의 수모를 당했고 통감부가 설치되었다. 전국적으로 의병활동이 일어났고 피비린내가 진동했다. 힘이 되고 싶었으나 신학교에 입학하여 선교사들의 감시에 나서지 못했다. 하지만 이 긍지 담긴 편지로 다시 한번 기회가 왔다. 나라와 교회가 독립하지 못한 이 한반도의 슬픔을 어찌 못 본 척할 수 있으랴. 겨우 다 잡았던 교인 한석진의 마음이 흔들리고 말았다. 그럼 일단 신학교를 정리해야만 했다.

　신학교 교무실, 테이블이 나란히 놓여있고 그 위에는 종이 문서들이 수두룩하게 쌓여있다. 창 너머에는 석양빛들이 들어와 어지럽힌 테이블들을 덮어주었다. 이곳에는 마펫 혼자만 앉아 서류 정리를 하고 있었다. 영어로 빽빽하게 적힌 종이 문서를 종류별로 모아 테이블 위에 가지런히 올려놓았다. 한 장, 한 장 확인하다 부흥사 존스톤이라고 적힌 문서를 보고 멈췄다. '1906년 9월 부흥사인 존스톤 한국 방문.' 그 문서에는 선교사들과 한국 기독교 지도자들 앞에서 연설하는 존스톤의 사진이 있었다. 흑백이라 그 당시의 생생함은 떨어지지만, 존스톤의 열정은 사진으로도 충분히 느껴졌다. 온화한 눈빛과 살짝 올라간 입꼬리를 보이며 마펫은 그 당시를 기억했다. 그것도 잠시 교무실 문이 열리고 석진이 들어와 마펫에게 다가갔다.

"어서오세요. 이 시간에 무슨 일로 오셨나요?"
"상담할 게 있어 왔디요."

마펫은 펜을 내려놓고 석진을 보았다.

"신학교를 잠시 쉬려고 하디요."

마펫의 눈썹이 꿈틀거렸다.

"그게 무슨 말이에요? 이제 졸업반인 건 알고 계시죠?"
"알고 있습니다. 그런데 할 일이 생겼습네다."

석진의 모습은 평소와 다르게 어딘가 불안정해 보였다. 손가락은 계속 움직였고 다리도 가만두지 못했다.

"그 일이 뭐에요? 설마.."

마펫은 눈을 치켜세웠다. 대한제국의 정세가 불안정하다는 것은 마펫도 알고 있었다. 많은 교인들이 동조했고 선교사들은 이를 진압하기 위해 많은 힘을 쏟아부어야만 했다. 마펫은 석진의 반응을 보고 올 것이 왔다고 한숨을 내쉬었다.

"졸업은 언제든지 할 수 있지 않디요?"
"결의안을 어기면서까지 졸업을 미룬다면 여기 신학교에서 퇴학당할 수밖에 없어요."

석진은 어이없고 놀라서 다시 물었다.

"이건 엄연한 우리의 법입니다. 계속 그리 정치에 관여하신다면 추방될 수도 있습니다."

자극적인 단어였지만, 석진의 마음을 되돌리려면 어쩔 수 없었다. 석진의 실망하는 표정이 보였다. 그러다 아까 본 부흥사 존스톤의 문서를 보았다.

"교인은 교인으로서 할 수 있는 일이 있습니다. 장대현 교회에서 사경회가 열릴 겁니다. 그곳에 꼭 나오세요."

마펫의 말에 석진은 별 소득 없이 교무실을 나갔다. 그의 뒷모습은 처량해 보였지만, 선교사로서 정치 간섭을 떠밀 수는 없었다. 교인은 교인으로서 본분을 지켜야 할 뿐이라고 마펫은 생각했다.

1907년 석진은 졸업반이 되었다. 그는 어쩔 수 없이 신학교에 남아 있었지만, 그는 민족운동을 열망할 때마다 그저 가슴을 두드리며 참을 뿐이었다. 새해가 밝았고 유난히도 추운 1월, 교인으로서 역할이 무엇일까 생각하던 석진은 답을 찾지 못하고 답답함에 몸서리 칠뿐이었다.

1월 2일이 되자 마펫이 말하던 사경회가 장대현 교회에서 열렸다. 새벽부터 시작하는 사경회는 새벽기도회, 오전 성경 공부, 저녁 부흥회 순이었다. 석진도 참석하기 위해 새벽부터 길을 나섰다. 야심한 밤, 정적 속에 멧비둘기와 귀뚜라미 소리만이 들렸다. 장대현 교회를 가려면 약간의 언덕을 올라가야 했기에 석진은 벅차오르는 호흡을 진정시키기 위해 잠시 멈춰섰다. 평소라면 지저분한 흙길이었을 텐데 교회를 짓는다고 사람들이 오가다 보니 길이 다져져 걷기엔 매끄러운 상태였다. 은은한 달빛이 느껴지니 석진은 하늘을 쳐다보았다. 별들은 보이지 않고 힘없는 달빛은 구름에 부서지고 있었다. 강렬하지 않은 저 빛은 어느새 번져 구름에 스며들었다. 저 달이 자신의 모습을 대변해주는 것만 같았다. 조금 더 걷다 보니 저 멀리 돌로 된 담과 크나큰 대문이 보였다. 석진은 내심 기뻤다. 대한인의 힘으로 직접 지었으니, 대한 기독교의 크나큰 도약이라고 볼 수 있었다. 대문을 열면 또다시 언덕이 있는데 여긴 돌계단으로 되어있어서 걷기 편했다. 새벽 시간이라도 전국적으로 모인 교인으로 장대현 교회는 수천 명이 모이게 되었다. 각 지방에서 모였고 이 사경회에 참석하기 위해 300리 떨어진 곳에서 온 사람도 있었고 혹한 산을 넘어온 자, 먹을 양식을 들고 온 자들도 있었다. 2일부터 15일까지 하기에 이들은 만반의 준비를 한 것이었다.

저녁 부흥회 시간이 되자 수천 명의 사람들이 모여있는 게 의심될 정도로 조용했다. 부흥회는 영적 활기를 불어넣어 회심자를 얻는 시간이었지만, 속으로만 기도하며 과거를 용서받아 회개하고 있을 뿐 딱히 특별한 건 없었다. 석진도 마찬가지였다. 이 일상이 반복이었다. 부흥회는 속으로 단단한 벽을 만들어 주는 느낌이었다만 그 이상, 그

이하도 아니었다. 안타깝게도 석진은 사경회를 가지면서도 안창호의 편지를 떠올렸다. 이는 기독교 신앙심이 약해져서가 아니었다. 나라가 힘을 가진다는 건 교회의 독립으로 이어지기 때문이었다.

시간이 지나 1월 14일, 밤이 되자 또다시 부흥회 시간이 돌아왔다. 여전히 조용했다. 지친 사람도 보였고 조용히 눈물을 흘리는 사람도 보였다. 석진도 주님을 찾았다. 못나고 아둔해서 결단 내리지 못하는 자신의 모습을 용서받길 원했다. 그때, 앞쪽 단으로 누군가 올라가는 게 보였다. 눈가가 시뻘게진 길선주 장로였다. 처음에는 신기한 듯 쳐다봤지만, 이내 고개를 돌려 속으로 주님을 찾았다.

"주님!"

침묵을 깨트리는 외침에 일제히 길선주를 쳐다보았다.

"죄송합니다. 전 어렸을 때 친구의 재산을 탐하였습니다. 제 친구는 언제나 생을 성실하게 임하며 재산을 축적했습니다. 하지만 장사를 하기 위해 말을 타고 가던 중 말에서 떨어져 급사하게 되었습니다. 그는 저에게 말했었습니다. 자신이 죽게 된다면 자신의 재산으로 자신의 가족들을 돌봐달라고…"

길선주는 무릎 꿇고 오열했다.

"전 그러지 못했습니다. 재산을 가지고 그의 가족을 돌보지 못했습니다. 제 것인 양 돈을 흥청망청 쓰기 시작했고 돈이 떨어지자 그 마을에서 도망쳤습니다. 죄송합니다. 죄송합니다.. 그의 가족이 어떻게 살게 되었는지는 후에 알게 되었습니다. 어머니는 돌아가셨고 아내와 자식들은 돈을 벌기 위해 노비가 되었다는 사실을요. 저 같은 놈을 용서하실 수 있겠습니까? 이런 추악한 놈을 말입니다!"

길선주의 통성기도가 시발점이 되어 우주의 틈새가 열렸고 그 미지의 흔적을 찾기 위해 여기저기서 울음이 터져 나왔다.

"...주님! 전쟁으로 고통받는 아이에게 식량을 나눠주지 못했습니다."
"피난을 떠날 때 내 아이가 너무 힘들게 해서 일부러 나무에 부딪혀 아이를 죽게 만들었습니다."
"교인이 되어 돈이 없어 선교사의 돈을 훔친 적이 있습니다."

이들의 죄는 가지각색이었다. 크고 작고를 떠나서 이들은 하나같이 울부짖었다. 석진도 무릎 꿇어 죄를 고하였다.

"아버지, 아버지, 저는 가족을 버리고 가려 했습니다."

사경회에 참여한 선교사들도 이들의 모습을 보고 놀라워했다. 그 어느 나라보다 진심이었고 강력했다. 밤새도록 기도가 울려 퍼졌고 탈진하는 사람도 있었다. 길선주는 사경회가 끝나도 부흥회를 계속 이끌었다. 그러니 교인들뿐만 아니라 평양 일대 일반 민중들도 자신의 죄를 친족에게나 아내, 친구에게 솔직하게 말하고 용서를 빌었다. 점점 규모가 커지니 평양 대부흥 운동이라 일컬었고 비윤리적, 비도덕적 행위는 자연스레 추방되었다. 그 결과 사람들은 각성하였고 기독교를 윤리적 종교로 탈바꿈하는 계기가 되었다.

석진은 이들의 모습에 감탄했다. 선교사의 행동에 맞서 싸우려만 했지만, 위기를 기회로 삼은 신학교 동기 길선주에게 큰 가르침을 얻게 되었다. 교인들도 이 운동 이후 신앙적으로 각성하게 되었다. 간혹 수업시간에 쓸데없는 질문을 하기도 했는데 그런 태도들이 없어지고 기독교를 진지하게 대하는 모습으로 바뀌었다. 선교사들은 웃음꽃이 끊이질 않았다. 석진 또한 마찬가지였다. 평양 대부흥 운동 이후, 마펫의 말이 떠올랐다. '교인은 교인으로서 할 수 있는 일이 있습니다.' 그렇다. 나라의 정세가 어지럽다고 해서 기독교를 제쳐두고 나갈 수는 없다. 석진은 안창호의 편지를 고이 접어 책들 사이로 밀어 넣었다.

1907년은 6월, 사진사가 준비가 끝났다고 하자 사진기 앞에 한석진, 방기창, 서경조, 길선주, 이기풍, 송인서, 양전백 7명의 장정들이 모여들었다. 각자 자세를 잡아보지만 어색한 거 같아 가만히 사진기만 쳐다보았다. 사진사가 자연스럽게 있으라는 말에도 딱딱한 웃음만 지었다. 사진사의 신호에 사진기는 요란한 소리를 냈다. 사진에 박힌 이들의 모습은 갓을 쓰고 도포를 두른 양반의 모습을 연상케 했지만 유독 한 사람, 한석진만이 갓을 쓰지 않고 짧은 머리와 안경, 손에는 스틱을 들고 있었다. 선교사 스왈른은 사진을 보다 뿌듯해하며 이들의 졸업을 축하해주었다.

　신학교 졸업식이 끝나고 이들은 서로 축하해주며 격려했다. 이제 이 7명의 졸업생에게 목사 안수를 받을 자격이 생겼다. 하지만 문제가 하나 발생하는데, 목사 안수의 권한은 노회에 있었다. 이 땅에는 아직 노회가 없기에 3개월 뒤, 본국 교회의 허락을 받아 독노회를 설립하게 되었다. 독노회 초대 회장은 마펫이었는데 서기를 한석진에게 맡겼다. 아무래도 오랫동안 봐왔고 그의 근면 성실한 모습에 막중한 책임인 서기를 맡긴 듯 보였다.

　드디어 장대현 교회에서 목사 안수식이 열렸다. 검사 위원으로 선교사 레이놀즈, 아담스, 게일, 전킨, 베어드가 앉아있었고 맞은 편엔 신학교 졸업생 7명이 앉아있었다.

　"미쁘다 이 말이여, 곧 사람이 감독의 직분을 얻으려 함은 선한 일을 사모하는 것이라 함이로다. 그러므로 감독은 책망할 것이 없으며 한 아내의 남편이 되어 절제하며 신중하며 단정하며 나그네를 대접하며 가르치기를 잘하며.."

마펫이 성경 구절을 시작으로 목사 안수식을 열었다.

"한석진 장로는 의주에서 전도 생활을 시작했으며, 소우물 교회, 널다리골 교회.. 등등 창설하였습니다."

마펫은 한 사람씩 호명하며 전도 경력을 설명해주기도 했다. 마지막으로 장로회 정치를 따를 것을 선언하고 목사로서의 각오를 물었다.

"민중들에게 예수 그리스도의 말씀을 전하고 믿음으로서 구원을 받게 하겠나이다."
"죽을 각오로 목회하겠소."
"교인들을 잘 이끌어 교회를 운영하겠소."

졸업생 한 명씩 한마디씩 말했다. 석진의 차례가 되자 석진은 자리에서 일어났다.

"대한의 교회를 설립하고 대한의 기독교를 만들어 보겠디요."

검사 위원들은 소리 없이 웃었다. 그들의 웃음은 석진의 의중을 알아챘다기보단 그의 긍지에 뿌듯해하는 것처럼 보였다. 안수식이 끝나고 마펫은 졸업생들에게 신약성경을 받아가라고 말했다. 성경을 나누어주는데 석진이 마펫 앞에 섰다. 마펫은 아들을 보는 아버지처럼 석진을 쳐다봤다. 석진을 발굴했기에 지금 이날은 마펫에게도 뜻깊은 날이었다. 마지막으로 검사 위원들도 이제 어엿한 목사가 된 대한인들에게 악수를 청하고 권면했다. 이때, 어디선가 박수와 환호성이 들렸다. 돌아보니 의료 선교에 많은 재산을 기부한 세브란스였다. 그의 환호성은 장대현 교회에 울렸고 모두가 웃고 즐거운 분위기를 만들어 냈다. 이곳에는 희망이 있고 사랑이 있었다. 이 거룩한 성취가 이 나라에 퍼지길 기도하며, 1907년 9월 17일 종교를 억압하고 탄압했던 폐쇄적인 이 조그만 땅 대한에서 최초의 목사 7인이 탄생하였다.

합일론

"한석진 목사는 한성으로 가 교회신문 일을 관리하며 전도하시오."

1909년 9월에 개최한 독노회에서 마펫이 석진을 바라보며 말했다. 대한인 목사들에게 각자 임무를 말해주는 거였다. 목사가 된 자들은 자신들이 맡을 임무를 기대하며 설레어 보였다. 석진도 그중 하나였지만 임무를 듣고는 한성으로 가 집을 구할 생각에 머리가 복잡해질 참이었다.

"또 있습니다."

마펫이 말했다. 석진은 그에게 집중하며 복잡해진 머리가 의문으로 가득 찼다.

"신문일을 보기 전, 한 달 동안 일본 동경에 가 유학생들을 전도하시오."
"하나만 묻겠시요. 일본 파견에 제가 결정된 이유가 있디요?"
"민족의식이 강한 유학생이기에 한 목사님으로 결정되었습니다."

석진은 수긍하며 끄덕였다. 선교사들도 그렇고 독노회에서도 그의 강한 민족주의를 인정하고 있었다. 한 달 뒤, 석진은 일본으로 향하는 배에 올라탔다.

교토의 거리는 평양보다 훨씬 활발해 보였다. 가마꾼이며 전동 열차며, 말까지 돌아다니며 구시대와 현시대가 공존하는 이 거리에는 사람까지 많았다. 과도기적 형태를 보이는 거리에서 이리저리 피해 한참을 걸었다. 활발한 거리와는 멀어지고 사람들도 점점 줄어드니 일본 전통 가옥이 즐비한 주택 거리가 나왔다. 석진은 이 거리에 들어서고는 빠르게 걸을 수 없었다. 아들 민제가 유학을 다녀오고 말해주었던 일본의 문화를 천천히 감상하고 싶었던 거였다. 한 걸음 한 걸음 천천히, 목사 안수식 이후 처음으로 여유를 느끼는 중이었다. 이들의 집은 대한의 집과는 어떻게 다른지 무슨 용도로 이렇게 만들었는지 한 번 빠진 생각은 쉽게 헤쳐 나올 수 없었다. 석진은 굳이 헤쳐나올 생각도 없었다. 그저 이 길이 끝없이 펼쳐졌으면 좋겠다는 생각을 가졌다. 마치 여행을 즐기고 있는 젊은 청년처럼 그의 눈에 보이는 이 모든 풍경이 자신의 세계관을 넓히고 인식의 확장이 대한의 교회를 확립할 때 도움이 되지 않을까 싶었다.

도착지에 다다르자 멋진 신사복에 미국인으로 보이는 한 젊은 사람이 골목길에서 나왔다. 석진은 멈춰 신사를 보았고 신사도 석진을 마주 보았다. 문득 마펫이 보여줬던 사진 한 장이 머릿속에 떠올랐다.

마펫과 함께 앉아 여유롭게 차를 마시던 사진 속에 남자. 그 사람이다. 마펫의 소개로 알게 된 일본 주재 선교사 햅번. 석진은 짧게 감탄사를 내뱉으며 그에게 다가가 말을 꺼내는 순간 그가 먼저 말했다.

"한석진 목..사님?"

햅번은 조선말이 서툰지 버벅거리며 말했다. 일본 억양까지 들어가 석진은 자신도 모르게 웃음이 터져 나왔지만, 의아한 표정으로 햅번이 쳐다보자 석진은 입을 가렸다.

"죄송하디요. 제가 한석진입니다."

햅번은 자신을 따라오라 했다. 가옥 사이에 있는 이 골목길은 넓지도 않고 좁지도 않은 성인 남성이 여유롭게 걸을 수 있는 공간만이 있을 뿐이었다. 석진은 햅번의 뒷모습만 바라보며 따라갔다. 골목길 끝에 다다르자 거대한 일본 전통 가옥이 이들을 반겼다. 문 옆에는 작은 팻말로 '대한 YMCA'라고 적혀있고 일본어로도 적혀있었다. 햅번은 이곳을 사무실 겸 예배당으로 사용하고 있다고 설명했다. 전체적으로 깔끔하고 넓었고 평양 장대현 교회를 떠오르게 했다. 햅번은 사무실에 들어가 석진을 앉히고 차를 내온다고 하며 나갔다. 홀로 남은 석진은 사무실을 둘러보기 시작했다. 사무실이라고 꾸며놓은 이곳은 한옥과 매우 유사했다. 책상 옆 한쪽엔 석진의 키보다 큰 책장이 있고 책장 안에는 서류, 기독교 관련 책 등등이 빼곡히 꽂혀있었다. 석진은 그중 제일 큰 공간을 차지하는 서류철을 뽑아 들었다. 서류를 펼쳐보니 영어와 일본어가 적혀있었고 사진도 곳곳에 붙여져 있었다. 석진은 신학교를 다니며 영어를 어느 정도 읽을 실력은 갖추게 되어 서류를 읽기에는 어렵지 않았다.

'토쿄의 한국인 학생이 713명이 있고 평균 연령은 22세이다. 그중 110명이 토쿄의 대한 YMCA 회원으로 가입해 있다.'

이 말과 YMCA 회원 사진이 몇 장 붙여져 있었다. 석진은 다음 장을 넘겨 읽어 나가는데 왠지 낯익은 얼굴이 보였다. 자신의 얼굴이었다. 자신의 모습이 왜 여기에 있는지 영문도 모른 채 사진 밑에 영어를 읽어보았다.

'신앙뿐 아니라 일반 학식에 있어서 모든 면에서 목사 한석진이 적임자이다. 그러므로 파견을 결정한다.'

간결하게 적혀진 영어를 읽자 웃음이 흘러나왔다. 맞는 말이지. 과거의 일들이 그림처럼 그려졌다. 이때까지의 고난이 이 서류 안에 조그만 글귀로 보상받는 느낌이었다. 한 번 흘러나온 웃음소리는 좀처럼 끊기지 않았다.

"왜 그러세요?"

햅번이 뒤에서 석진을 빤히 쳐다보고 있었다. 약간의 정적이 생겼고 석진은 침을 삼켰다. 침 삼키는 소리까지도 햅번에게 들린 것만 같았다. 햅번이 어깨를 으쓱이자 석진은 최대한 아무 일 없다는 듯이 서류철을 책꽂이에 꽂고는 자리에 앉았다. 석진은 괜히 헛기침하며 달아오르는 얼굴을 주체하지 못했다.

"회의를 시작하지요. 지금 여기 상황은 어떱니까?"

석진은 주제를 돌렸다. 괜히 햅번이 웃는 것만 같았다. 뻘쭘한 분위기도 잠시 햅번은 석진을 마주 보고 앉아 대한 YMCA가 어떻게 만들어졌는지부터 설명해주었다. 일본 및 서구의 개화된 문명을 수학하려 한국인 유학생들이 일본으로 들어올 때쯤, 일본의 저명한 농학자 츠다센의 전도를 받아 기독교인이 된 이수정이라는 자가 있었다. 그는 미국성서공회 지원을 받아가며 성경을 번역하는 일에 종사하였다. 이수정은 성경 번역뿐 아니라 동료 유학생들에게도 열심히 전도하여 주일학교 형태의 주일 집회를 하기도 했다. 또한 선교사 파송을 요청하는 글을 여러 차례 보내 조선 선교 결정에 영향을 끼치기도 했다. 하지만 그의 활약은 오래가지 못했다. 1886년 그가 급작스럽게 귀국 후 연락이 닿지 않아 이수정을 중심으로 이루어졌던 도쿄의 한국인 교인 집단은 흩어질 수밖에 없었다.

"그는 어떻게 되었시요?"

석진이 묻자 햅번은 입술을 만져댔다.

"사형을 당했다고 들었습니다. 어찌 된 영문인지 정확히는 모르지만... 정치적인 문제로 처형을 당했다고 합니다."

그의 말에 석진은 원망과 경멸의 감정이 소용돌이쳤다. 석진은 그의 억울함 죽음을 짐작하고 있었다. 자신도 기독교인으로서 갖은 구박과 모욕을 견뎌야만 했고 억울한 일을 당해도 버텨야만 했다. 우리를 불순한 오랑캐 취급하는 저 나랏일 하는 관료들은 대체 왜 우리를 이렇게 못살게 군단 말인가. 세상은 이렇게 변하고 있는데 어찌 조선이란 나라는 이렇게도 편협한 세상에 갇혀 허례허식만 챙긴단 말인가. 석진은 자신의 조국을 저주하고 욕보일 생각은 없었다. 사랑하고 아꼈으며, 그러기 때문에 대한의 기독교를 만들려고 노력하는 것이었다. 석진은 이 이중적인 잣대에 지쳐만 갔다. 마음속에는 그 무엇으로 채울 수 없는 텅 빈 공허함이 가득 차 숨통을 쪼여오고 있다. 햅번도 그를 추모하는 아련한 눈빛만 보일 뿐 뭐라 말을 덧붙일 수는 없었다. 이 시대의 피해자요. 이 아픔에 새겨진 선명한 굴곡이다. 석진은 두 손을 모으고 기도하기 시작했다. 석진의 모습에 햅번도 같이 기도를 했다. 그의 안전을 예수 그리스도에게 맡기고는 텁텁한 한숨을 내뱉었다.

"그는 최선을 다했고 주님 곁으로 가셨을 겁니다."
"네, 그의 이름은 후손들에게도 기억되겠지요"

가라앉은 분위기에 석진이 먼저 입을 열었다. 햅번은 그 이후의 일들을 설명해주었다. 갑오개혁으로 서양식 문물을 받아들이고자 할 때, 일본 유학생들이 증가하기 시작했다. 특히 국비 장학생들의 일본 유학이 늘었는데 석진의 아들 민제가 일본 유학을 온 것도 이 무렵이었다. 유학생들이 점점 늘자 한인 기독교인들도 점차 늘어나기 시작했고 유학생을 중심으로 교회 창립의 기운이 무르익어 갔다. 1906년 도쿄에 한인 기독교 청년회 YMCA가 창설하면서 본격화되기 시작했다. 석진은 햅번의 얘기를 끝까지 듣다가 참으로 다행이라고 생각했다. 이수정 그가 뿌린 작은 씨앗이 지금은 거목이 되어 열매까지 맺을 수 있게 되었다니. 석진은 그를 동경하는 마음에 원래는 1개월간의 일본 방문이었지만, 3개월 동안 도쿄에 머물러 교회의 기초와 틀을 잡아 놓았다. 햅번은 석진의 진행력에 감탄을 금치 못했다. 처음에는 이 도쿄 한인교회는 장로교회 형태로 시작되었으나 감리 교인들도 늘어남에 따라 두 교파 목사들이 나와서 교회를 지도하는 형태로 바뀌었다. 비록 조국은 아니지만, 한석진은 이 교회의 초대 목사로 교회의 기초를 닦는 데 큰 공을 세운 셈이었다. 3개월간의 짧은 일본 여행은 일본 한인 교회 발전도 있겠지만, 마음에 가득 찬 공허함을 걷어낼 계기를 만들어 주었다.

떠나기 하루 전날, 석진은 들릴 때가 있다며 길을 나섰다. 도쿄 저 잣거리 한복판, 상인들이 있으면 사람들이 모이기 마련이다. 갖가지 물건을 팔려는 상인들과 이를 소비하기 위한 사람들이 즐비하게 모여 이 거리의 활기를 복 돋아 줬다. 석진은 이들을 비집고 들어가 정처 없이 헤맸다. 말도 통하지 않지만, 일본인에게 물어물어 이동했다. 한참을 걷다 인적이 드문 곳까지 다다랐고 석진은 한 건물 앞에 서서 그곳의 간판을 보았다. 純喫茶 (준킷사)라고 적힌 간판이 걸려있었다. 이곳은 간단히 커피나 가벼운 식사를 즐기는 식당처럼 보였다. 석진은 3개월간 일본에 머물렀어도 혼자서 가게에 들어가기에는 어색한 감이 있었다. 아무래도 일본에 머무는 동안 햅번이나 한인 교인들이 어디든 동행을 해주니 혼자서 뭘 해볼 기회가 없었다. 이 가게의 문은 미달이문으로 칸막이에 불투명한 유리로 만들어져있어 안은 볼 수 없지만, 분위기를 볼 때는 어두컴컴하고 장사를 안 하는 것처럼 보이기도 했다.

　석진은 망설이다가 문을 조심스럽게 옆으로 밀었다. 부드럽고 자연스럽게 미끄러지듯 열리는 문. 가게 안은 밖에서 볼 때와 딴판이었다. 어둡기는 하지만 곳곳에 황금빛 조명들이 비추어줘 이곳의 색감이 더 짙어 보이게 만들어줬다. 석진은 조심스럽게 안으로 들어섰다. 짙은 갈색 목재로 도배 된 이 가게 안에는 대부분 여성 손님으로 이루어져 있었다. 석진이 이 분위기에 압도되어 적응하지 못하자 직원으로 보이는 사람이 다가왔다.

"一人ですか？(혼자이십니까?)"

석진은 일본어를 몰랐기에 직원의 물음에 신음만 내뱉을 뿐 시원하게 말할 수 없었다. 안절부절못하는 자신의 모습에 부끄럽기도 했지만, 여기까지 왔으니 용기를 냈다.

"음... 사람. 사람을 찾고 있디요."
"조선인이십니까?"

직원은 고개를 갸우뚱거리며 조선말로 말하자 석진의 표정은 환해졌다. 조선말이 이렇게 반가울 수가.

"맞디요. 전 사람을 찾으로 왔시요. 이름이 정.."
"どうしたの？(무슨 일이야?)"

그때 뒤에서 남자 목소리가 들렸고 직원이 그를 향해 인사하는 게 보였다. 석진이 뒤를 돌아보자 꽤 늠름해진 정익이 서 있었다. 서로 눈이 마주치자 표정만 변할 뿐 정적만이 이 둘의 관계를 설명할 수 있었다. 옆에 일본인 직원이 의아해하자 정익은 석진에게 다가가 악수를 청했다.

"이게 누구신가. 석진이 아니니! 여긴 어떻게 왔어?"

"오랜만이디. 같이 활동한 사람들에게 물으니 일본에 있다는 소식을 듣고 찾아오게 되었네. 계속 이렇게 서 있게 만들 셈이네?"

정익은 직원에게 자리 안내를 부탁했다. 이들은 햇볕이 제일 잘 드는 창가 옆 테이블에 앉았다. 석진은 일본까지 오게 된 이유를 말해주었고 독립협회가 해체되고 그 이후의 일들도 하나하나 빠짐없이 설명해주었다. 석진은 자기가 이렇게 말 많은 사람인가 의심까지 들었지만, 그새 또 끊임없이 말을 쏟아냈다. 자신의 일대기를 누구에게 말할 기회가 없었다. 불만, 걱정, 두려움을 듣는 입장이었고, 남에게는 용기와 희망을 말해야 할 지도자 위치에 있었다. 가족 이외에 마음 터놓고 말하는 게 처음이지 싶었다. 정익은 석진의 말을 끊지 않고 담담히 들어주었다. 석진은 일본 전통 차를 한 모금 마시고는 아무 말 없는 정익과 눈이 마주치자 웃기 시작했다. 정익도 석진의 웃음에 전염된 것처럼 따라 웃었다.

"세월도 참 야속하디. 우리 참 바뀌지 않았는가?"
"그러게 말일세, 님재도 똑같이 느끼는 모양이디."

정익은 드디어 자기 차례가 온 것처럼 차를 마시고 목을 풀고는 이때까지 겪었던 일들을 말해주었다. 조선의 행정상태에 실망하고 일본 길에 올라선 정익은 개화된 문명을 받아들였고 일본의 개화사상을 이해하려 노력했다. 일본 문화에 너무 심취한 탓일까. 그냥 여기에 정착하기로 마음먹었다. 일단 한인 교회를 찾아다니며 만난 선교사 밑에서 일본어 공부를 시작했다. 무작정 외우고 쓰고 말하니 현지인 못지않게 일본어를 구사할 수 있었다. 한인 교회는 존재 여부가 불분명하기 때문에 일본 현지 교회를 찾아가기도 했다. 그곳에서 우연히 알게 된 땅 부자와 친해지게 되어 싼값에 이 찻집을 구할 수 있었다. 싼값이라고 해도 정익의 전 재산을 모두 내놓아야 했다. 석진이 왜 하필 찻집이라고 묻자 일본인들은 차를 좋아한다는 소문만 듣고 시작했다고 답했다.

"시장에는 이미 찻집이 판을 치고 있었디. 처음에는 찻집에는 손님보다 파리들이 더 많았어. 그때 님재 생각이 났디."

석진은 의아해하며 정익을 쳐다봤다.

"인삼 장사하러 만주로 떠나지 않았어?"

석진은 박수치며 정익의 말에 공감했다.

"그걸 어떻게 기억하니?"
"그걸 어떻게 잊갓어. 내 소중한 추억인데. 님재가 그때 그러지 않았니? 장사의 기본은 자신감이라고. 그때부터 자신감을 가지려고 노력했디. 차를 유독 좋아한다는 일본인을 끌어들일 방법이 뭐가 있을까."

석진이 차를 마시고 내려놓자 찻잔에는 파동이 울려 퍼졌다.

"나는 차의 고급화를 만들었어. 님재가 인삼으로 한 것처럼 말이디. 이곳도 돈 들여 분위기도 바꿨어. 그러니 일본인들이 관심을 가지지 않고서는 뻐기갓어? 현지 교인분들도 많은 도움을 주셨디."
"그럼 이제 조선으로는 돌아오지 않갓어?"

정익은 소리 없이 웃었다.

"기래. 중요한 일이 있지 않은 이상. 조선에는 배울 게 없어. 님재도 알간 모르간?"
"...천천히 변하는 중이라우"

창문 바깥에서 가늘고 시린 바람 소리가 들려왔다. 석진은 창문을 바라보았다. 집들에 꽂혀있는 일장기가 바람에 이리저리 몸을 흔들고 있었고 거리에는 나뭇잎들이 저 멀리 흩어지고 있었다.

"하나 되지 못하고, 서로 나누고, 논쟁하고, 갈등을 표출시키고... 독립협회가 왜 무너졌는지 잊었니?"

정익의 말에 석진은 씁쓸한 미소를 지었다.

"그때 당시에는 나조차도 몰랐을 거이야. 하지만 일본에 개화된 문물을 접하고 조선의 정세를 들어보니 참으로 안타까워. 지들끼리 물고 뜯고 싸우니… 하나가 되어야지 하나가! 사람과 사람 사이에도 뜻이 다르니 조선이 그 모양 그 꼴이지 않갓어?"

정익이 혀를 찼다. 생각해보니 나라뿐만 아니라 기독교도 하나가 되지 못했다. 장로교, 감리교로 나뉘어 영역 싸움이나 할 뿐이었고 신앙적 갈등과 종교 내부 분열이 일어나기도 했다. 석진은 주먹으로 테이블을 가볍게 쳤다. 그러자 찻잔에 파동이 일었다.

"그렇지! 하나가 되어야디!"

석진은 정익의 말에 감탄을 숨길 수 없었다. 마음에 들어선 공허함은 잊을만하면 찾아와 마음속에 기생하며 살았다. 이 기생충을 뽑아내도 어느 순간 다시 태어나 기생하고 있었다. 이 공간을 억지로라도 채우기 위해 석진은 무리하면서까지 전도와 신앙 공부를 했다. 하지만 공허함을 달래기에는 부족했다. 석진은 자신이 해온 행동들에 동기가 부족해서 공허함을 느끼고 있는 것이었다. 과거 정확한 목적도 없이 선교사들의 방식을 따라 하니 갈증은 더해졌었다. 석진도 석진 나름대로 갈증을 해소하고자 대한의 기독교를 만들려고 소리치고 다녔지만, 전도방식이나 교회 운영은 정해진 법대로 해야 했으니 확신할 수 없었다. 이를 타파하려면 선교사들과는 다른 사상이 있어야 했고 대한의 기독교는 기존 기독교법과는 다른 모습을 만들어야 했다. 그런데 지금 이 순간, 정익과의 대화를 통해 석진의 마음에 철학적 사상이 피어오르기 시작했다.

"고맙디. 어떻게 해야 할지 감이 잡혔어."
"뭘.. 뭘 말이야?"

정익은 고개를 갸우뚱거렸다. 석진은 속에서 끓어오르는 기대에 입꼬리가 올라가고 호흡이 거칠어졌다.

"뭐... 어쨌든 잘 된 거면 좋은거디."

정익은 웃으며 직원을 불렀고 대화를 나눴다. 석진은 이들의 대화를 못 알아들었지만, 정익이 무언가를 부탁했다고 생각해 직원을 보고 미소를 지어 보였다. 직원도 석진을 보고 빙긋 웃고는 자리에서 물러갔다. 그때, 손님들이 들어와 가게 안을 가득 메웠다.

"장사가 잘 되어 보이디."

석진이 이곳의 인기를 놀라워하며 말했다. 정익은 차를 한 모금 마시더니 석진에게 컵을 내밀었다.

"차가 고급 져서 그렇다고 말하지 않았니?"

정익은 호탕하게 웃었고 석진은 컵에 담긴 차를 보았다. 맑은 색을 띠는 차가 출렁이더니 이내 잠잠해졌다.

"그리고 말이야. 직원들이 한뜻으로 가게를 운영하니 그런 거 아니갓어?"

석진은 정익의 말에 주위를 둘러보았다. 직원이라고 해봐야 3명 남짓이었지만, 안내해주었던 직원이나, 땀을 흘리며 자기의 본분을 다하고 있는 요리사. 그리고 손님에게 친절히 설명해주는 또 다른 직원. 이 찻집은 정익 혼자 운영하는 것이 아니라 이들과 함께 찻집을 이끌어 나간 것이다. 여기 사장이나 말단 직원이나 하나의 목표를 가지고 일하다 보니 가게 매출이 좋아질 수밖에 없었다. 이때, 정익의 부탁을 받은 직원이 다가와 주둥이 넓게 벌린 하얀 병을 테이블 위에 올려놓았다. 그리고 석진과 정익 앞에 조그만 잔을 두었다. 정익은 직원을 보고 미소지으며 끄덕거렸다. 직원은 고개를 숙이고 다른 테이블로 향했다.

"이게 일본 술이디. 오랜만에 친구를 만났는데 한 잔 정도는 괜찮지 않갓어?"

정익은 돗쿠리를 잡고 석진의 잔에 천천히 부었다. 투명한 액체가 쪼르륵거리며 잔을 채워나갔다. 잔을 채운 맑디맑은 액체가 뿜어내는 신비한 모습에 석진은 그저 바라만 보고 있었다. 정익이 자신의 잔을 집어 석진을 향해 들어 올리자 석진도 잔을 들어 부딪히고는 입에 털어 넣었다. 정익과 석진은 알코올 기운을 뿜어내며 감탄사를 내뱉었다.

"어떤가? 깔끔하지 않간? 이걸 맛본 뒤로는 다른 술은 입에도 대지 않아."

이들이 몇 차례 더 술을 주고받으니 어느새 날은 어둑해지고 창문 밖으로 날카로운 바람 소리가 들렸다. 석진은 창문에 비친 자신의 얼굴을 보았다. 홍조 띤 얼굴에 배시시 웃는 모습. 자신이 생각해도 지금 이 상황이 웃겨 미소가 끊이질 않았다.

"하나가 되어야지... 하나가.. 우린 다~ 하나에서 나왔고 하나에서 나눠진 기야.. 그게 만상의 이치디."

술기운에 정익이 중얼거렸다. 석진은 알딸딸했지만, 조금도 피곤하지 않았다. 마음에 뿌리내린 사상을 정립하고 싶었다. 시간이 흘러 창밖을 보니 어느새 어둠이 물러났고 짙은 붉은색으로 세상이 변하고 있었다. 석진은 아침 일찍부터 짐을 챙겨 대한으로 돌아갈 준비를 했다. 정익도 마중을 나간다며 아침부터 분주하게 움직이고 있었다. 숙취에 힘들어 보였지만 정익은 괜찮다며 따라나섰다. 항구에 도착하자 거대한 몸집을 자랑하는 여객선 일기환이 항구에 정박해있고 부산, 인천으로 출항을 기다리는 일본인, 조선인, 외국인 등 다양한 사람들이 즐비했다.

"잘 가시게. 다음에 내가 한 번 찾아가겠디. 그때는 님재가 대접하라. 내 벌써 조선술은 잊은 거 같아"

석진은 고개를 끄덕였다. 헤어지고 조금 걷다가 뒤돌아보니 정익은 아까 왔던 길을 되돌아가고 있었다. 배에 점점 다가갈수록 바닷물의 비린내와 기름 냄새가 섞여 온몸에 배는 느낌이 들었다. 배에 들어가니 생각했던 것보다 사람들이 훨씬 많았다. 그래도 좌석은 충분했다. 석진은 짐을 대충 내려놓고 자리에 앉아 배가 출항하기만을 기다렸다. 이때, 온몸에 진동을 느낄 만큼 큰 뱃고동 소리가 들려왔고 미세한 진동과 함께 배가 천천히 움직였다. 배가 출발하자 사람들의 말소리는 더욱 커졌다. 밤새도록 술을 먹은 탓인지 석진은 멀미 아닌 멀미를 하고 있었다. 올 때는 무리 없이 탔다만, 분명 술 때문이었다. 그리고 주위에서 알 수 없는 말로 시끄럽게 떠드는 일본인까지 있으니 도저히 참을 수 없었다. 석진은 바람이라도 쐬자고 마음먹어 갑판으로 나갔다. 갑판에도 많은 사람이 보였다. 정처 없이 바다를 보는 사람, 일행과 지금 이 순간을 좋은 추억으로 남기려는 사람, 저기 구석에서 담배를 피우는 사람, 심지어 술을 먹는 사람들까지. 이곳은 육지와 다를 게 없었다. 석진은 햇빛을 피할 수 있는 그늘진 곳을 찾아 앉아 연거푸 한숨을 내쉬며 어제 왜 그토록 술을 먹었는지 자신의 행동을 반성했다.

'끼룩- 끼룩-'

갈매기 소리에 하늘을 쳐다보았다. 강렬한 햇빛에 눈을 완전히 다 뜨지 못해 손으로 가려보기도 했지만, 구름이 드리워 햇빛을 가려주었다. 한결 편해진 눈으로 하늘을 보니 갈매기 대 여섯 마리가 배를 중심으로 빙글빙글 원을 그리며 돌고 있었다. 자유로워 보였다. 인간도 저렇게 자유로워질 수 있을까? 하늘 위를 헤엄치는 저들의 자유를 보며, 술기운 때문에 몸이 점점 느슨해져 기둥에 몸을 기대었다. 한동안 가만히, 눈도 반쯤 감은 채로 있다가 정신이 번쩍 들어 고개를 흔들어 잠을 쫓았다. 이렇게 풀어져 있으면 안 돼, 돌아가면 해야 할 일들을 생각했다. 보고서 작성, 기독교 신문 출간, 대한의 교회 설립... 그러다 문득 마음속에 심어놓았던 철학적 사상이 떠올랐다.

"극과 극은 하나로 합쳐져야 본래의 뜻을 가진다."

석진은 나지막이 말했다. 어느 한쪽으로 치우치게 되면 결국에는 나뉘어 극이 된다. 이렇듯 이원론적인 관점에서 우리의 삶을 바라본다면 생은 의미가 없는 것이다. 하나님께서 이 세상은 조화롭게 만들었다. 모두 각자만의 의미를 부여할 수 있겠으나, 조화되어야 진정한 의미를 가진다. 머리 위에 태양만 있다면 강렬한 빛으로 하늘을 못 보겠지만, 어둠이 찾아와 달이 떠야 우리는 비로소 하늘을 자세히 볼 수 있다. 반대로 어둠만 있다면, 휴식과 죽음, 끝만이 존재하지만, 태양빛이 있어야 새롭게 시작된다. 시작만 하는 생은 없으며 끝만 존재하는 생 또한 없다. 신이 창조한 이 세상을 사람들 임의대로 나누니 주님의 뜻으로 다시 합해지는 것이 만상의 이치이다. 만물이 그 본래의 것으로 돌아갈 때 하나가 되는 길이 열리게 된다.

　기독교에서도 사람들이 계층 간의 갈등과 마찰로 나뉘어 있었다. 상, 중, 하로 상에 속한 교인들은 자기만족에 빠져 신의 은총을 부인하고, 중에 속한 교인들은 자기가 아는 것에서 그치고 그 이상에 있는 신의 권능을 구하지 않았으며, 하에 속한 교인은 자신의 신세를 한탄하고 자칫 폭력을 쓰며 신의 존재를 부인했다. 하나로 합쳐야 했다. 이대로 두면 기독교는 무너질 게 뻔했다. 석진은 육지로 돌아간다면 철학적인 사상을 정리하고 교인들에게 설파하기로 마음먹었다. 갑판에 쉬던 갈매기가 하늘 위로 솟구쳐 올랐다. 구름에 가려졌던 햇빛이 바다 위를 드리웠고, 바다엔 배가 만든 파도로 물결이 넓게 퍼지고 있었다.

양반 교인

　예배당 안, 서양식 예배당을 본떠 만든 이곳에는 의자들이 앞을 향해 나열되어 있고 강단부터 저 뒤끝까지 이 예배당을 정확히 반을 가르는 휘장이 설치되어있다. 휘장을 중심으로 강단을 향해 왼쪽이 여자, 오른쪽에 남자만이 앉아있고 이들의 수가 족히 수십 명에 이른다. 휘장은 열고 닫을 수 있도록 만들었지만, 남녀가 서로 보지 못하게 굳게 닫혀 있었고 앞뒤로는 보이지 않는 휘장으로 나뉘어 있는 것만 같았다. 앞쪽에는 깨끗한 한복이나 양복을 입은 양반 출신 사람들이 앉아있고 뒤쪽에 앉은 사람들은 하나같이 하얀 저고리에 때가 탄 옷들의 서민이나 중인들이 대부분이었다. 옷만 보아도 이들의 위치가 보였다. 이곳엔 침묵만이 흘렀고 양반 출신 사람들은 침묵 속에서 불쾌한 표정을 내비치기도 했다. 신분제가 폐지되었다 해도 이들이 뿜어내는 불쾌한 분위기는 뒤쪽에 앉은 사람들을 긴장하게 만들기에 충분했다. 이때, 예배당 문이 열리고 구스펠러라는 외국인 선교사와 건장한 중년 남성 한 명이 들어왔다. 선교사와 남성은 강단에 서 예배당 안의 침묵을 깨트렸다.

　"안녕하세요. 오늘도 이렇게 승동교회에 많이 모여주셨군요."

선교사의 말에 앞쪽에 앉은 사람들은 근엄한 표정으로 끄덕거리며 가끔 '흠..' 거리는 소리를 내었다. 구스펠러는 멋쩍은 웃음을 자아내며 말을 이어갔다.

"오늘은 소개할 분이 있습니다."

구스펠러는 말하다 말고 교인들이 앉은 광경을 바라보았다. 가운데 휘장을 쳐 양옆으로 나눈 것도 모자라 보이지 않은 선을 그어 앞뒤로도 구역을 나누는 모습이라니. 선교사로 이 교회를 관리한 지는 꽤 됐지만, 아직도 익숙해지지 않는 모습이었다.

"...뒤쪽에 앉은 교인분들은 앞쪽으로 와 앉으시지요."

구스펠러의 말에 앞쪽 사람들이 표정을 찡그렸다. 그중 한 명은 뒤쪽으로도 눈빛을 보내기도 했다. 뒤쪽 사람들은 그들의 눈빛을 확실히 느꼈고 그것이 무엇을 의미하는지 알 수 있었다. 그러자 뒤에서 조그맣게 말소리가 들렸다.

"저희는 여기가 편합니다."

구스펠러는 어쩔 수 없이 다음 사안을 꺼냈다.

"그럼.. 요즘 교인 수가 갑자기 많아져서 교인들 관리할 지도자분을 선정했습니다. 오랫동안 교인으로서 활동하고 충분한 자질로 판단되어 승동교회 교인 지도자로 선정하였습니다."

사람들은 능수능란하게 조선말을 구사하는 구스펠러를 존경심 담은 눈빛으로 바라보았고 구스펠러는 옆에 같이 온 남성을 가리키며 말했다.

"조승춘 교인이십니다."

구스펠러의 소개에 남성은 머리 숙여 인사했다. 인사받는 사람들의 반응도 위치에 따라 달랐다. 앞에 앉은 양반 출신들은 눈을 가늘게 뜨며 유심히 살펴보는 사람도 있었고 턱을 들어 올려 내려다보는 사람도 있었지만, 환영하는 사람은 아무도 없었다. 단지 인사에 맞춰 박수쳐보려 했지만, 옆 사람의 눈치 때문에 금방 손을 내리는 사람은 있었다. 이들과 반대로 뒤쪽에 앉은 사람들은 서로 눈치 보며 손바닥을 마주치다가 점점 빠르게 박수치며 환영해주었다. 휘장 넘어 여자 쪽도 마찬가지였다.

"열심히 하겠습니더."

구수한 인사말에 양반 출신들의 표정이 일그러졌고, 그중 한 명이

낮고 굵은 목소리로 박수를 꿰뚫고 말했다.

"그대를 처음 보는데 신분이 어떻게 되었소?"

날카로운 질문에 예배당 안은 순식간에 침묵으로 얼어붙었고 옆에 있던 선교사도 이들의 분위기에 압도되어 눈치 보기 시작했다.

"왜 말이 없소?"
"...연장과 기구를 만들었습니다."

'어허...' 조승춘의 말에 앞쪽 사람들에서 탄식이 터져 나왔다. 그리고 그중에서 가장 나이가 많아 보이는 사람이 선교사에게 말했다.

"천민 주제에 우리를 관리한단 말이오?"

이 같은 주제로 여기저기서 분노가 터져 나왔고 비통한 탄식이 뿜어져 나왔다. 괜히 뒤쪽 사람들도 눈치를 보기 시작했다. 선교사도 이렇게 될 줄은 짐작하고 있었지만 그를 관리인으로 뽑은 이유는 교인으로서 오래 활동도 했고 신앙심도 깊었으며, 가장 열심히 했기 때문에 신분과는 아무 상관이 없었다. 그리고 서양에서 건너온 구스펠러는 저들의 분노를 공감할 수 없었다. 대한 선교활동으로 어느 정도 알고는 있었지만, 애초부터 '모든 교인은 동등하다.'는 입장을 고수하는 기독교이기에 모든 형편을 들어줄 수는 없었다.

"신분하곤 아무 상관이 없습니다. 그리고 이 천막 좀 떼어내면 안 될까요?"

구스펠러가 휘장을 가리키며 말했다. 이번엔 여자 쪽에서 입을 열었다.

"어찌 그런 말을 하십니까? 남녀칠세부동석이라는 말도 모르십니까?"

남녀칠세부동석, 구스펠러는 분명히 이 말을 들어본 적이 있었다. 조선에서 처음 교회를 방문했을 때 지금 이런 식으로 휘장을 달아 남녀를 구분했고 이를 궁금이 여겨 물어봤더니 저 여자가 말했던 것처럼 똑같이 말했었다. 남자와 여자가 7살 이후에는 같이 자지 않는다나 뭐라나.. 그건 법도에 어긋나니 그럴 수도 있겠지만, 같은 공간에도 있으면 안 된다니. 구스펠러는 이 허무맹랑한 소리를 저 기억 저편에 묻은 채 잊어버렸다. 저 여자가 말하기 전까지는..

"하하.. 우리 형제, 자매는 모두 동등한 주님의 자식입니다."

구스펠러는 여자를 보며 또박또박 한 단어씩 씹으며 말했다. 평소라면 이 무식한 짓거리도 이들의 문화이기에 그저 그러려니 넘겼을 것이지만 속에서 일렁거리는 어이없음과 한심스러움을 도저히 참지 못하고 조목조목 반박하듯이 말해버린 것이었다. 그러자 앞쪽에 중년 남성이 깊은 탄식을 뱉어내며 일어났다.

"어허! 이거 참! 어찌 그럴 수가 있소? 도저히 여기 있을 수 없겠소! 반상의 구별 없이 한자리에 있다는 것부터 마음에 들지 않았소! 안 그렇소?"

소리치고는 예배당 밖으로 나가버렸다. 그러고 몇 명의 사람들이 따라 나갔다. 여자 쪽도 마찬가지였다. 이제 앞을 채운 사람들은 기껏 해 봐야 한두 명뿐이었다. 분위기는 때아닌 한파처럼 얼어붙었고 그 누구도 선뜻 말을 꺼낼 수 없었다. 잠시 후, 구스펠러는 남아있는 교인들에게 오늘 일정을 간략히 설명하고 그대로 진행하였다. 시간은 흘러 집회가 끝나고, 구스펠러는 사무실로 향하다 문득 아까 교인들의 행동들이 기억나서 땅이 꺼질듯한 한숨을 내뱉을 수밖에 없었다.
"참으로 통탄스럽구나. 이 일을 어찌해야 할꼬!"
"그러게 말입니다. 이 일을 어찌합니까? 양대인들이 점점 선을 넘고 있습니다."

사람이 잘 오가지 않는 정자에 양반 출신 교인 3명이 모여 이 사태의 심각성을 논의하고 있었다. 묵묵히 담배를 꺼내 문 자도 있었고 덥

수룩한 수염을 연신 만지며 혀를 차대는 교인도 있었으며, 나머지 한 교인은 자신의 옷으로 안경을 닦아대며 욕을 지껄이기도 했다. 담배 연기가 스산히 퍼졌고 담배를 빨던 사람은 텁텁하고 둔탁한 연기를 몸속 깊숙한 곳까지 밀어 넣고는 하얀 연기와 함께 말을 퍼트렸다.

"아무리 세상이 변했다고 해도 이 나라에 질서가 없어져서야. 허허... 조상님들의 면을 어찌 볼꼬."
"그냥 교회를 때려치든가 해야죠."

안경 쓴 교인이 말하니 나머지 교인들이 정색하며 쳐다봤다.

"그럴 수도 없는 노릇 아니오. 거물급 선생들이 기독교인이 됐는데 교회야말로 선생들과 친해질 절호의 기회입니다."

담배를 털어대며 말했다. 거기에 수염 난 양반이 맞장구쳤다.

"평안북도 관찰사인 박승봉 선생도 승동교회 교인이잖소. 또, 유성준 선생! 법제국장에다 가선대부이시지 않습니까."
"옳지요. 그들에게 줄을 대려고 교회에 나가는 것이지. 우리가 다른 이유가 있겠소?"

양반들은 호탕하게 웃어댔다. 그러다 갑자기 멈추고는 한숨을 쉬었다.

"그럼 천것들과 같이 지내야 한단 말인가…"
"대책이 있습니다."

담배를 피던 양반이 말하자 두 양반이 쳐다봤다.

"승동교회가 어떻게 만들어졌는지 아십니까?"
"그런 것까지 알아야 하나? 난 애초부터 교회에 관심이 없다오."
"그대들은 최근에 교인이 되어 모르겠지만, 사실… 승동교회는 두 개의 교회가 합쳐진 것이오."

은밀하게 말하니 집중하며 모여들었다.

"근당골 교회라고 있었소. 신분을 막론하고 많은 사람이 모였지. 양반 자제들도 있었소. 특히 서구 놈들 때문에 천한 것들이 많이 모였지. 그런데.."

담배를 쭉 빨아들이고 연기를 뿜어댔다.

"양대인이 한 백정 놈을 데리고 왔지. 그런데 그 백정 놈이 동료 백정을 전도해 온 거 아니겠소?"

"가만히 있었소?"

담배피던 양반은 헛웃음을 지으며 한쪽 입꼬리를 올렸다.

"반기를 들었지. 그런데 변하는 건 없었소. 그래서... 여기부터 중요합니다."

두 양반이 귀를 갖다 대며 빨리 말하라는 듯이 인상을 구겼다.

"양반 교인들끼리 따로 나가 집회를 가지고 교회를 만들었소. 그런데 수가 많지 않아 정식 교회가 되지 못한 채 다시 합쳐지게 되었소. 그렇게 승동교회가 만들어진 겁니다."
"그게 대책하고 무슨 상관이요?"
"아직도 감이 안 옵니까? 그때는 양반의 수가 적었어! 지금은 어떻소? 많지?"

이제야 감을 잡은 듯 두 교인이 박수 치며 일어났다.

"그렇지! 내가 왜 그 생각을 못 했지? 당장 실행에 옮깁시다!"
"옳소! 우리가 직접 나서야 되겠소!"

이들의 의기양양한 목소리와 웃음소리는 하늘에도 닿을 듯싶었다.

이런 문제는 승동교회뿐만 아니라 옆 연동교회도 이 같은 조짐을 보였고 실행력 좋은 양반 출신 교인들이 나서서 양반 출신들만 따로 모아 종로구 재동에서 모임을 계획했다. 그러자 양반 출신 교인들은 그리로 모이는 것은 당연했다. 처음에는 주일에 승동, 연동교회에서 예배를 드리고 평일에 따로 집회를 가졌지만, 이들의 몸집이 점점 커져 주일에도 집회를 가졌고 스스로 교회라고 칭하기에 이르렀다.

승동교회와 연동교회 내에는 양반들이 빠진 자리에 천민이나 평민 출신들로 채워졌고 분위기도 더 좋아졌다. 하지만 교회로서 빠른 조치를 취해야만 했다. 기존 교회에 다니던 교인들이 따로 모여 만든 교회였기에 문제가 복잡해졌기 때문이다. 교회의 형성 첫 번째 조건 중 하나가 복음이 전해지지 않은 곳에서 설립함이었다. 그리고 한 교회에서가 아닌 두 교회 모두 관련이 있으니, 선교사들은 이 문제를 쉬이 볼 수 없었다.

양반 탈주 사건 며칠 후, 양반들은 종2품 참판 출신의 종로 집 사랑채에서 집회를 가졌다. 처음엔 교회의 구색을 갖춰 앞을 보고 앉았지만, 금세 떠들고 나라 정세 얘기나 할 뿐이어서 끼리끼리 모여 앉게 되었다. 사랑채 끝에는 정자에서 떠들던 3명의 양반이 쭈르륵 모여 앉아있었다.

"어째 뭘 하는 건 없는 거 같습니다."

"왜 그럽니까? 천한 것들 안 보니까 마음이 편합니다. 그리고 내가 언제 김 참판 댁 집을 와보겠소? 우리 다~ 이러려고 교인이 된 거 아닙니까? 여기 보니까 다들 쟁쟁한 양반이시구려."

주위를 살펴보니 서로 비슷한 주제로 말하는 듯 보였다.

"내 들어보니, 오늘 구스펠러 선생과 박승봉 관찰사님도 오신답니다."

안경 쓴 양반이 안경을 벗어 옷으로 문지르며 말했고 두 양반은 만개한 꽃처럼 화색이 돌았다.

"진작에 이랬어야지!"
"그러게나 말입니다."

잡담은 이어졌고 어느새 이곳이 교회 집회 장소인지 의심될 정도로 분위기는 시끄러워졌다. 시간이 흐르고 구스펠러와 박승봉이 문을 열고 들어와 소란스러운 분위기를 잠재웠다.

"안녕하세요. 잘 지내셨어요?"

구스펠러가 먼저 입을 열었다. 그러나 교인들은 서로 눈치만 볼뿐 침묵만을 지켰다.

"박승봉 교인과 제가 여기를 온 이유는 여러분들에게 소식을 전하려고 왔습니다."

구스펠러가 말을 이어가자 침묵을 비집고 나온 웅성거림이 들렸고, 산만해진 분위기를 틈타 한 교인이 말했다.

"교회로 다시 돌아오라 말하는 거면 하지 마시오."

그의 단호한 말투에 교인들은 동조하며 말들을 쏟아냈다. 구스펠러가 분위기를 바꿔보려 하지만, 이들의 분노와 짜증 섞인 소리를 잠재울 순 없었다. 그러자 옆에 박승봉이 손을 들어 끼어들었다.

"내 한마디 하겠습니다."

그의 말 한마디에 물에 빠진 횃불 마냥 분위기는 식어 들어갔다.

"양대인들은 이 집회를 육성하는 방향으로 정하셨소. 이 구스펠러 선교사 선생이 이제 이 집회를 관리할 것입니다."

아무래도 크고 작은 갈등으로 교회를 운영하기보다는 이들의 불만을 인정해주고 양반과 상민 계층을 구별해 교회를 설립하는 것이 더 효율적이라고 판단한 결과였다. 장내의 분위기는 불만과 짜증에서 기쁨과 놀람으로 바뀌었다.

"그러니 안동 쪽에 초가집을 사 교회의 기틀을 마련해보려고 합니다."

박승봉의 말에 화색이 돌았다. 기존 교회에서 천한 것들을 피해 양반끼리 모여 작당 모의했을 때, 교인들의 모임보다는 교회에 반기를 든 시위대의 모습이었다. 정확한 체계도 없이 집회를 가지니, 언제 무너질지 모를 정도로 허술했다. 대부분 양반들은 불안감을 느끼고 있었을 것이다. 그렇다고 특권의식으로 똘똘 뭉친 양반들이 머리를 숙이고 교회로 되돌아간다는 건 지금의 불안감보다 훨씬 곤욕스러운 일이었다. 이도 저도 못하는 상황에서 박승봉의 말은 말라비틀어진 땅에 내리는 단비 같은 존재였다. 일어나서 춤이라도 한판 춰대고 싶지만, 체통을 지키느라 앉은 채로 탄식과 감탄을 자아냈다. 누구는 당연한 결과 마냥 우쭐대기도 했다. 박승봉과 구스펠러는 이들의 모습에 미소를 지었다. 구스펠러가 박승봉에게 귓속말로 말하자 박승봉이 고개를 끄덕였다.

"또 전달할 것이 있습니다. 정식 교회가 되기 전에 이 집회의 명칭은 '안동 기도처'라고 명명하는 바입니다. 그리고 이 집회를 인도할 조선인 목사님을 정하였소."
"조선인 목사님이라 하면 우리와 같은 조선인입니까?"
"혹시.. 출신이 어떻게 됩니까?"

질문에 장내는 술렁였고 불안감에 휩싸이기도 했다. 박승봉은 입술을 씰룩거렸고 약간 뜸을 들이며 교인들의 반응을 즐기는 듯 보이기도 했다.

"...전통적인 선비 집안이라고 들었습니다."

불안감은 또다시 화색으로 바뀌었고 긴장된 분위기가 풀려서인지 교인들은 말을 쏟아냈다. 덩달아 구스펠러나 박승봉도 기분이 좋아진 듯했다.

"이제야 일이 제대로 풀리는 모양입니다."
"애초에 이렇게 됐어야 했소."
"전통적인 집안이라면 우리와 말이 잘 통하지 않겠소."
"얼른 뵙고 싶구려!"
"이제 천한 것들의 교회가 아닌 전통 양반 교회가 될 것이오. 하하하..."

대한 예수 교회보

　석진은 귀가 간지러운지 새끼손가락으로 귓구멍을 여러 차례 긁다가 손톱에 끼인 귀지를 불어 재꼈다. 석진은 의자에 몸을 기대어 사무실을 한 번 훑어봤다. 8평 남짓한 공간에 니스칠한 목재로 텁텁한 갈색으로 뒤덮여 있고 왼쪽 벽에는 붓글씨로 "대한 예수 교회보"라고 적힌 화선지가 걸려있다. 오른쪽 벽에는 촘촘하게 서류가 쌓여있는 목재로 만든 서랍이 보였다. 책상 위 앞에 놓인 명패를 보며 석진은 과거를 회상했다.

　"같이 한성에 정착합시다."

　과거, 석진의 말에 아내는 가볍게 고개를 끄덕였다. 일본에 다녀온 뒤로 쉬지 않고 신문 발행 준비 작업에 착수했다. 혼자 한성으로 떠나 일을 처리한다면 수월하게 끝낼 수 있다는 걸 모르지 않았다. 하지만 신문사를 차리게 되면 그곳에 정착해야 할 것이고 언제까지 있어야 할지도 몰랐다. 그리고 소우물에 비해 발전된 의료시설, 교육 환경을 생각하니 가족들을 데리고 가는 게 여러모로 좋았다. 그리고 무엇보다 가족이라는 보금자리가 석진에게 필요했다. 가족이 없었다면 여기까지 버티지 못했으리라. 애틋한 과거를 끝맺을 무렵 문 두드리는 소리가 들렸다.

"들어오라."

사무실 문이 열리자 그 사이로 이량의 얼굴만 쏙 들어오고 닭대가리와 같은 움직임으로 사무실을 훑어봤다.

"뭐하나? 들어오라."

그러자 문밖으로 사라진 이량의 얼굴. 한동안 잠잠하다가 이량이 사무실 문을 연 채로 또다시 두리번거리며 사무실 안과 문밖을 여러 차례 봤다. 이량은 똥 쌀 곳 찾는 강아지처럼 안절부절 되다가 의아해하며 사무실 안으로 들어왔다.

"지금 뭐 하는 기야?"
"요즘 일본 놈들이 여기저기 들쑤시고 있지 않습니까. 그래서 혹시나 했습니다."

이량은 코트를 벗고는 의자에 포개어 놓았다.

"그나저나 사업가가 다 되셨습네다. 신문사 사장도 되가지고, 어째 얼굴이 더 좋아진 거 같습니다."

"신문사를 운영하기가 쉬운 줄 아니? 처음에는 아무것도 없었어."

"양대인들의 지원은 또 안 받기로 했던 겁니까?"

그렇다. 독노회가 창설된 시점부터, 대한 장로교회의 독자적인 신문이 있어야 한다는 분위기가 일고 있었다. 이때까지 교회신문은 선교사가 모든 편집, 발행의 권한을 가졌지만, 이번에는 운영의 책임을 오로지 대한 예수교 안에 둔다는 원칙을 두었다. 이전과는 다른 독립적이고 대한만의 신문사 수립에 가장 적합한 인물은 한석진이었다. 석진은 독립이라는 성격에 따라 당연하게도 선교사의 지원을 일체 받지 않을 것임을 밝혔다. 그래서 이번 신문사의 형태는 주식회사 체제로 운영되었다. 주식을 팔고 자본금이 모이면 그제야 신문을 발행했다. 만약 자본이 없어지면 자연히 신문 발행도 중단하는 것으로 규정했다. 선교사들은 이와 같은 운영 방식에 우려를 표했다. 하지만 선교사의 걱정과는 달리 석진이 한성에 정착한 뒤로 신문사 주식 모집에 나서자 교인들의 호응이 크게 나타나기 시작했다. 처음 2백 주만 모집하려던 계획은 수정되었고 더 많은 주식이 모여들어 막힘없이 신문을 발행할 수 있었다. 그렇게 1910년 2월 독립적인 신문사 설립 성공으로 사장이라는 직위로 사무실에 앉을 수 있었다.

"형님, 존경합니다. 그런데 합일이 대체 뭡니까?"
"우리 기독교가 추구해야 할 원칙이며 사명이다."

석진은 틈틈이 신문에 자신의 사상, 하나 됨의 '합일론'을 적어넣었다. 자신의 사상을 교인들에게 널리 알리는 방법 중 가장 효율적인 방법을 택한 것이었다. 석진은 이량에게 합일론에 대해 자세히 설명했다.

"훌륭합니다."

석진의 철학적 사상을 들은 이량은 손뼉을 마주치며 흡족한 반응을 보였다. 석진은 피식 웃으며 말했다.

"이 질문하려고 여까지 온 기야? 무슨 일 있니?"
"걱정되어서 왔잖습니까."

석진은 고개를 갸우뚱거렸다.

"아니~ 일본이 옘병을 떨고 있지 않습네까. 신문사도 폐간시켰답네다. 내 그래서 형님 걱정돼서 왔어."

석진의 표정이 심각해졌다.

"그리고 우리나라가 수탈당하고 있는데 답답해서 어찌 가만히 있갔습니까? 이 몸속에서부터 화가 치밀오릅네다! 형님은 안 그래요?"

"우리나라가 힘이 없어 이 모양 이 꼴인데, 나라고 마음이 편하겠니?"

석진은 자리에서 일어났다. 담배를 꺼내 물고 창문 앞에서자 석진의 얼굴에 햇빛이 묻어났다. 창문 밖에는 넓은 흙길을 가득 메운 사람들이 있어 북새통이었다. 넓은 흙길에 길거리 상인들이 자리를 잡아 지나다니는 길은 한없이 좁아졌고, 그 사이를 자신의 몸통만 한 지게를 진 지게꾼이나, 짐을 한가득 실은 수레꾼 그리고 물건이나 보러온 사람들이 일정한 규칙에 맞춰 물 흐르듯이 지나다니고 있었다. 사이사이 인력거도 가끔 보였다. 인력거꾼은 길의 폭이나 장애물들을 요리조리 피해 다니며 금세 석진의 시야에서 사라졌다. 보는 것만으로도 시끄러운 소리가 들리는 거 같지만 실제로는 들리지 않았다. 등 뒤로 이량이 말했다.

"이 기독교 신문사는 괜찮습네까?"
"양대인이 항상 하는 말이 있어. 자기네 나라는 강하니까 걱정하지 말고. 운영에 충실하라고."
"그건 다행입니다.... 형님, 엊그제는 총격전이 있었답니다. 이 경성 한복판에 말이오. 다행히 사상자는 없다고 하는데.."

이량은 쓸쓸한 표정을 지으며 조용히 말했다.

"식사나 함세."

석진은 재떨이에 담배를 지졌고 이량과 함께 사무실을 나섰다. 거리는 여전한 인파로 북적였고 어제와 같은 포근한 햇빛과 따스한 바람이 느껴졌다.

귀뚜라미 소리도 들리지 않고 달빛만 아른거리는 야심한 밤, 복면을 쓴 남자가 책상이 빼곡히 놓인 사무실 안을 뒤지고 있다. 한 책상을 뒤지다가 찾는 목표물이 없는 듯, 다른 책상도 뒤져댔다. 그러다 사무실과 이어진 복도 쪽에서 발걸음 소리가 들려 황급히 책상 밑으로 숨어 숨까지 절제했다. 발걸음 소리가 크게 들려오더니 사무실 앞에서 소리가 뚝 끊겼다. 오른손으로 입과 코를 막았지만 침이 요란한 소리를 내며 삼켜졌다. 긴장되는 순간, 발걸음 소리가 다시 들렸고 소리는 점점 멀어져갔다. 남자는 책상 밑에서 고개만 살짝 들어 올린 뒤 상황을 살폈다. 복도에 아무도 없는 것을 확인하자 다시 책상들을 뒤지기 시작했고 빠르게 움직이는 손은 어느 한 서류철에 멈춰섰다. 그것을 들고 달빛을 불빛 삼아 서류에 적힌 글을 읽었는데 일본어로 '비밀문서'라고 적혀있고 옆에는 읽기 어려운 문양의 도장이 큼직하게 찍혀있었다. 복면 남은 비밀문서를 품에 넣고 살금살금 창문 쪽으로 움직였다. 창문 쪽으로 다가갔을 때쯤 복도에서부터 사무실을 훑고 지나가는 빛. 그 빛은 다시 돌아와 복면 남에게 향했다.

"なんだよ？誰だ？ (뭐야? 누구야?)"

빛과 소리는 모두 복면 남에게 향했고 행동을 멈추고 뒤를 쳐다보니 복도에서 경비병이 사각 손전등을 들고 노려보고 있었다. 복면 남은 입을 꽉 깨물고 창문을 향해 돌진했다. 하늘을 찌를 듯이 뾰족한 호루라기 소리가 들렸고 복면 남은 3층 높이에서 떨어져 간신히 착지했다. 경비병이 계속 호루라기를 불러대니 건물의 창문 곳곳이 밝아졌다. 욱신거리는 다리가 겨우 적응했는지 온 힘을 다해 뛰기 시작했다.

잠시 후, 골목길 사이를 황토색 군복을 입은 헌병들이 뛰어다녔다. 각자 흩어져 수색하던 중 헌병 한 명이 지붕 위를 바라보며 소리쳤다.

"あそこだ! (저기다!)"

달빛에 비치는 검은 실루엣이 지붕 사이사이를 뛰어다녔다.

"何してるんだよ？早く動いて！" (뭐 하고 있어? 빨리 움직여!)

지휘관의 호통치는 소리에 헌병들은 일제히 검은 실루엣을 쫓아갔고 그를 향해 총을 쏘기도 했다. 달빛에 의존한 시야는 사격 실력을 현저히 떨어트렸고 검은 실루엣은 아랑곳하지 않고 멀어져만 갔다.

복면 남은 따라오던 헌병들이 보이지 않자 지붕 위에서 몸을 숨겨 숨을 고르고 있었다. 그리고는 고개만 살짝 들어 주위를 살폈다. 야심한 밤이라 사람들은 없고 숨 막히는 적막만이 감쌌다. 달빛을 비추는 저 은은한 구름을 감상할 새도 없이 이 적막을 꿰뚫어 찢는 총소리가 들렸다. 재빨리 몸을 낮추고 지붕 위를 달려나갔더니 저 멀리서 헌병들의 소리가 들렸다. 복면 남은 심장이 터질 거 같았지만, 호흡을 조절하면서 지붕 위를 날아다니 듯이 건너다녔다. 지붕에서 잠시 숨을 골랐던 게 독이 되었다. 총성 소리는 끝없이 하늘에 울려 퍼졌고 지붕과 지붕 사이를 뛰어넘는 순간, 헌병이 쏜 총알이 복면 남의 팔에 날아와 박혔다. '윽...' 몸의 중심을 잃고 그대로 지붕 밑으로 떨어졌다.

　헌병들은 복면 남이 아래로 떨어진 것을 보고는 그곳으로 쉴새 없이 달렸다. 골목과 골목 사이를 다 뒤졌지만, 복면 남은 보이지 않았고 뒤집혀있는 수레와 물건들이 사방으로 흩뿌려져 있었다. 헌병들이 수레로 다가가 유심히 살펴보니 혈흔 자국이 보였다. 그 혈흔은 인간의 것임을 확인했고 한 곳으로 향하고 있었다. 헌병들은 혈흔을 따라 또다시 복면 남을 쫓았다.

　"뭘 훔치려고 총독부까지 들어가서 그카이 짓을 했데? 그래서 어찌 됐어?"

　석진이 숟가락을 뜨다 말고 말했다. 이량은 국밥을 들어 마시고는 목구멍까지 차오른 트림을 억지로 참고선 말했다.

"내가 어찌 알겠습니까? 그래서 난리 났답니다."

석진은 혀를 차며 국밥만 휘적거렸다. 도둑질을 했다고 사람에게 총을 쏘다니.. 석진의 시원찮은 반응에 분위기 전환이라도 하려는 듯 이량이 웃어대며 말했지만, 시끄러운 식당 소리에 묻혀 제대로 들리지 않았다. 국밥에 파 쪼가리만 둥둥 떠다니는 게 보일 뿐이었다. 그러다 고개를 들었는데, 이량이 애타게 부르고 있었다.

"형님! 와 그라요? 무슨 생각에 그렇게 잠겼어?."
"아, 아니네. 이제 다 먹었으니 일어나야디."

국물이 반 정도 남았지만, 저걸 다 마시면 속이 얹힐듯한 느낌이었다. 수저를 내려놓고 자리에서 일어나려는 순간, 건장한 남성이 다가와 석진 앞에 섰다. 별다른 행동이 없이 쳐다만 보길래 이량과 석진도 과묵한 남성을 쳐다봤다. 키가 크고 집채만 한 몸집이었지만, 얼굴은 하얗고 이목구비가 뚜렷했다.

"뭔 일이요? 누구시요?"
"...부탁이 있습니다. 한 선생님. 조용한 데서 얘기 좀 하시죠."

처음 보는 사내의 뜬금없는 부탁이었지만, 표정과 눈빛이 너무나 절실해 보였다. 교회라도 다니고 싶은가 보구나 싶어 석진은 사내를 데리고 신문사 사무실로 데리고 갔다. 이후 사무실 의자에 석진과 이량, 식당에서 만났던 남자까지 삼자대면하듯 삼각형 구조로 앉아있고 남성 쪽 테이블 위에는 성경과 십자가가 올려져 있다. 한창 얘기가 오가던 도중 이량이 말했다.

"그걸 어떻게 믿나?"
"못 믿으실 거 이해합니다. 그래도 사실입니다."

　남성은 못마땅한 눈빛으로 이량을 쳐다봤다. 처음에 이 남자는 이량을 제외하고 석진하고만 얘기하고 싶었지만, 이량은 불같이 화를 냈고 석진이 보증을 선다고 말한 뒤에야 올 수 있었다.

"전 이미 교인이고, 독립군으로 활동하고 있습니다. 한 목사님께 부탁이 있어서, 이렇게 찾아온 겁니다."

　석진은 남성을 유심히 보다가 무겁게 입을 뗐다.

"팔은 어쩌다가 그렇게 되었소? 내 가만 보니 오른팔을 제대로 못 쓰던데."

남성은 약간의 침묵을 가졌다. 침묵은 담배 연기처럼 사무실 곳곳으로 퍼졌다. 침묵을 지키던 남성은 조용히 자신의 오른쪽 팔을 걷어 올렸다. 팔에는 부실하게 붕대가 감겨있었고 피가 번져 뻘겋게 물들어있었다.

"일본 헌병들 총에 맞았습니다."
"이보게, 그럼 먼저 병원을 찾아가야디!"
"혹시... 어제 총 맞은 사람입니까?"

이량이 더듬거리며 묻자 남자가 고개를 끄덕였다.

"전 쫓기고 있습니다. 이렇게 한 선생님을 찾아온 건 우연이 아닙니다. 지금 일본 놈들의 만행을 알고 계십니까?"

남성은 입술을 떨었고 눈에는 독기가 서려 있었다. 석진은 그의 행동에 동조하지 않고 가볍게 고개를 끄덕였다.

"얼추 알고 있디. 그게 날 찾아온 이유와 무슨 상관이야?"

남성은 코로 한숨을 내뱉은 뒤, 약간의 텀을 가졌다.

"..이 예수 교회보는 선교사의 명의로 되어있어서, 일본 놈들이 함부로 못 한다고 들었습니다."
"그건 그렇디.. 그런데 그들의 속을 내 알 수는 없어."

 남성은 자신의 품에서 서류철을 꺼내 테이블 위에 올려놓았다. 땀에 젖은 상태로 누렇게 번진 서류철 표지지만, 적혀있는 글자는 일본어임을 단번에 알 수 있었다.

 "기밀문서입니다. 조선총독부에서 몰래 빼냈죠. 전 일본어를 공부한 탓에 이 문서를 해석할 수 있었습니다. 여기엔 아주... 추악한 정보가 들어있습니다."

 남성은 서류철을 펼쳐 넘기고는 석진과 이량에게 가리키며 보여주었다.

 "비밀결사 신민회를 잡아들이기 위한 작전이라고 적혀있습니다."
 "신민회? 창호... 안창호, 그자는 잘 있네?"

 남성은 입을 굳게 다물고 고개를 끄덕였다. 이량은 의아해한 표정으로 석진을 바라봤다.

 "잘 있습니다만... 신민회가 일본놈들의 음모로 와해 될 위기에 처해있습니다. 사건을 날조하여 신민회에 누명을 씌울 속셈입니다. 이

문서, 이 글이 증거입니다. 이것을 예수 교회보에 실어주십시오. 부탁드립니다."

남성은 결연한 목소리로 머리 숙여 부탁했지만, 석진은 선뜻 대답할 수 없었다. 예수 교회보의 편집 권한은 자신에게 있는 것은 분명했다. 하지만 이런 예민한 문제를 신문에 실었다간 후폭풍이 벌써부터 머릿속에 그려졌다. 교회 소식을 싣는 신문에 정치적인 내용이라니. 선교사가 딱 질색하는 신문 기사였다. 민족정신이 속에서부터 끓어오르면서도 선교사 눈치를 보는 자신이 괘씸한 석진이었다. 이런 이중적인 감정에 휩쓸리니 선뜻 입을 뗄 수 없었다. 이때, 남성은 서류들을 석진에게 밀고는 자리에서 일어섰다.

"전 여기 오래 있을 수 없습니다. 부탁드립니다. 안 선생도 한 목사님을 찾아가면 될 거라고 말했습니다. 목사님이 우리 민족을 위해 힘쓰신 거 오래전부터 알고 있습니다. 이번 한 번만.. 한 번만 더 힘내주십시오."

남성은 석진에게 머리 숙여 인사하고는 떠나갔다. 남성이 떠난 사무실에는 황량한 분위기만 감쌌다. 석진, 이량 그 누구도 입을 떼기 어려웠다. 이건 신념이나 사상 따위의 문제가 아니었다. 목숨을 걸어야 하는 무자비한 위험에 노출될 수도 있고 자신이 쌓아온 업적들이 한순간에 버려질 수도 있었다. 뻔한 선택이 될 수도 있겠지만, 석진의 마음 한 편에 피어오르는 양심 때문에 앞에 놓인 서류철을 못 본 체할 수 없었다. 이때, 석진이 자리에서 일어나 창가로 걸어갔다.

"담배 좀 그만 피시라우."

이량이 소리쳤다. 석진이 말이 없자 이량은 한층 더 높은 소리로 말했다.

"형님, 설마 허튼 생각하는 건 아이네? 절대 안 되오. 절대!"

석진은 두 손을 모아 주님을 찾았다. 이량이 물음에도 그저 중얼거리며 기도할 뿐이었다.

"형님, 잘 못 되면 가족은? 형님 아들 민제, 어렵게 일본 보내놓고 여기 경성에서 대한의원에서 근무하고 있지 않네? 형님! 목숨 버리는 일 하지 마시오."
"님재는 일본의 만행에 치를 떨지 않았니?"

석진이 나지막이 말하자 이량은 말문이 막혔고 괜히 헛기침하며 시선을 피했다.

"그.. 그거야 상황이 다르잖소... 아니, 어쨌든!... 날이 벌써 이렇게 어둑어둑해졌어? 이만 가봐야갓어. 형님, 잘 생각하라우."

 이량은 종종걸음으로 사무실을 나갔고 홀로 남은 석진은 한동안 창문만 바라봤다. 교회의 독립을 외치고 혼자서 길고 긴 싸움을 해온 석진이었지만, 고민부터 앞섰다. 차라리 독립협회의 실패를 맛보지 않았더라면 한 치의 고민도 없이 남성의 부탁을 받아들였을 것이다. 기독교 신문사를 성공적이게 운영하는 지금, 자식들이 출가해서 잘 사는 지금, 그때보다 잃을 게 더 많아졌다. 석진도 나이를 먹어가며 올곧은 마음이 점점 구부려지고 있었다. 덩그러니 놓인 서류철을 들어보다가 책장에 끼워 넣었다. 창문 밖은 한없이 평화로워 보였다.

 며칠 후 햇볕이 내리쬐는 아침, 텁텁하고 더운 공기가 연신 괴롭혀 가만히 있어도 온몸에 땀이 나는 것만 같았다. 그럼에도 불구하고 사람들은 자신의 맡은 일에 최선을 다하려 노력했다. 소작농을 가꾸는 농부나 철도, 광산의 노동자들도 가치 있는 땀을 흘리며 불평, 불만 없이 하루를 시작했다. 경성의 아침이 이들의 열정으로 북적이며 연신 열을 올리고 있을 무렵, 흙길 끝에서부터 어두운 그림자가 드리우고 있었다. 그림자는 순식간에 한성부 거리를 장악했고 후끈했던 일대 분위기를 얼어 붙였다. 그 그림자의 정체는 일본 헌병들이었다. 황토색 군복을 입은 헌병들은 2열 종대로 각 잡고 걸으며, 한쪽 어깨에는 소총을 메고 있어 더욱 위협적이게 보였고 마치 전쟁이라도 나가는 것처럼 기세가 당당했다. 이들의 행진엔 감히 그 무엇도 장애물이 될 수 없었고, 각 잡힌 발걸음이 멈춰 선 곳은 기독교 신문사인 '예수교회보' 건물이었다. 높은 계급으로 보이는 자가 호령을 외치니 헌병들은 침투하듯이 건물로 뛰어들었다.

 신문사 사무실, 테이블을 사이에 두고 석진과 헌병 대장이 마주 보고 앉아있다. 이 자는 자신을 헌병 대장이라 소개하는 걸로 보아 신문사를 수색하는 다른 헌병들보다 계급이 높아 보였다. 정확히 이 자의 계급은 모르지만, 동그란 안경에 뱁새처럼 찢어진 눈, 정갈하게 깎인 콧수염, 높은 건 아니지만 귀에 쏙쏙 박히는 목소리 그리고 무엇보다도 가만히 있어도 상대방을 압도시키는 분위기를 뿜어댔다.

 "그래서 이러는 이유가 뭐이디?"

 약간의 분노와 짜증이 섞인 석진은 목소리가 미세하게 떨리니 헌병 대장은 비열하게 웃어댔다. 뱁새처럼 찢어진 눈이 더 가늘어졌다.

 "요즘 교인들이 독립군이 되는가, 독립군이 교인이 되는지 모르겠습니다."

 제법 유창하게 구사하는 조선말과 연극 같은 인위적인 말투는 상대방보다 위에 있는 느낌을 만들어냈다. 그리고 약간 비웃는 듯한 저 표정, 석진은 금방이라도 역겹다고 말하고 싶었지만, 인격에 대한 존중으로 억지로 참으며 말했다.

"대체 무슨 이유로 이러는 건지 내 물었디. 여기는 기독교 신문사야! 알간? 모르간?"
"치안 방해, 잡아들이는 놈들마다 기독교인입니다. 조선교회에서 이런 불순한 일들을 선동하고 있는 건지 혹시나 해서 말입니다."

헌병은 옷매무새를 정리하며 말했다. 그리고는 다리에 좀이 쑤셨는지 자리에서 일어나 사무실을 돌아다니며 천천히 훑어보았다.

"너무 그렇게 적대적이지 않아도 됩니다. 나 또한 모든 종교를 존중해주는 사람으로서 모든 일이 잘 끝났으면 하는 바람입니다. 우리 대일본제국에서 한인 교회를 만드셨다고… 훌륭하군요."

석진은 헌병의 말에 묵묵부답으로 답했다. 헌병은 한걸음, 한걸음 천천히 움직이다가 성경과 책들이 가득 쌓인 책장 앞에 멈춰섰다. 그중 아무 책이나 꺼내 펼쳐봤다.

"일전에 독립군 한 명을 잡았습니다."

헌병이 아무 일도 아니라는 양 툭 던지듯 말했다.

"도둑질한 놈이었죠. 기밀문서를 빼돌렸다나.."

그의 말에 석진은 호흡할 생각도 멈춘 채 뱁새 같은 저 남자의 얼굴을 쳐다보았다.

"그런데 그놈이 가져간 문서가 안 보이더군요. 그래서 심문을 했습니다."

석진은 모아놓았던 숨을 한 번에 터트리고 마른 침을 삼켰다. 시선이 계속 책장 쪽으로 향했고 생각이 깊어지자 이마에 땀이 맺히기 시작했다. 헌병은 들고 있던 책을 제자리에 꽂아놓고는 시선이 점점 밑으로 향하고 있는 게 보였다. 혹시 그자가 사실대로 말했다면? 심장이 쿵쾅거리는 소리에 귀가 마비되어 이명이 들릴 정도였다. 긴장감이 감돌았고 저놈이 문서를 발견했을 경우 어떻게 될지... 석진이 시선을 돌리려고 입을 떼는 순간 헌병이 말했다.

"어찌나 지독한 놈인지 어디로 빼돌렸는지 말을 안 하더군요."

약간의 안도감이 들었지만, 삐질삐질 흘러내리는 땀은 어쩔 수 없었다. 떨리는 손으로 땀을 닦아내고 거칠어진 숨을 최대한 절제했다.

"한 목사님, 어디 아프십니까?"

"그자는 어찌 됐시요?"

헌병 대장은 억지로 입꼬리를 올려 미소 띤 얼굴을 만들어냈다.

"같은 조선인이라고 걱정이 되는 겁니까? 아니면 다른 이유라도 있습니까?"
"인간이 인간을 걱정하는 게 무엇이 잘못된 거야?"

헌병은 찢어진 눈을 최대한 크게 벌려 위압적인 자세를 취했다.

"첫날은 그냥 묶어놓고 몽둥이로 쳤습니다. 살이 갈리고 뼈가 으스러졌는데도 그 조선놈의 눈빛은 변함이 없더군요. 그리고 인두로 지졌습니다. 뻘겋게 달군 인두처럼 그놈 피부도 뻘겋게 부풀어 오르더군요. 비명이라도 지르면 안 된다고 생각하는 건지 끝까지 참아내면서 신음만 냈습니다"

헌병 대장은 마치 그날의 일들을 자랑이라도 하듯 의기양양해진 목소리로 말하며 과장된 손짓으로 그려내기도 했다. 그런 모습을 보고 있으니 석진은 자신도 모르게 표정을 찡그렸다.

"아! 그놈도 기독교인이더군요. 이게 다 그... 하느님의 뜻입니까? 목사님. 왜 하느님은 조선인에게 반항하라고 시킨 겁니까?"

헌병은 혀를 차대며 좁디 좁은 사무실을 천천히 돌아다녔다. 분노가 치밀어 오르지만 지금 당장 어찌 못하는 자기 자신이 무능하게 느껴졌고 혹시나 저 파렴치한 놈이 기밀문서를 볼까 봐 걱정과 불안도 엄습해 왔다. 복잡다단한 이 감정들이 태풍처럼 몰아쳤지만, 태풍의 눈에 있는 거처럼 고요함을 유지하려고 노력했다. 이때, 부하로 보이는 헌병 한 명이 사무실로 들어와 헌병 대장에게 귓속말로 말하자 입술을 씹어댔다.

"이것 또한 하느님의 뜻입니까?"
"...?"

헌병 대장은 짧게 말하고는 사무실을 나서자 부하도 따라 나갔다. 석진은 참아온 분노의 한숨을 토해냈다. 이렇게 철수했다는 건 책잡힐 게 없다는 뜻, 물론 저 문서 빼고는 문제없는 건 사실이었다. 석진은 책장에서 기밀문서를 빼 들었다. 고문까지 당하며 꿋꿋이 버틴 독립군의 의지가 이어져서 다행이라고 해야 하나. 아니면 지금이라도 버릴까? 생각이 많아진 자기 자신이 한탄스럽기도 했다. 석진은 고민 끝에 찢어버릴 기세로 서류철을 잡아 올렸다. 그때, 사무실 밖에서부터 다급한 발걸음 소리가 들려왔다. 석진은 놀란 나머지 서류철을 등 뒤로 숨겼고 둔탁한 소리와 함께 거세게 문이 열렸다. 땀 범벅에 거친 호흡을 내뱉으며 석진을 바라보고 있는 사람은 다름 아닌 마펫이었다.

다음날, 승동교회 예배당 안에서 마펫, 게일 외 여러 선교사와 석진이 마주 보고 앉아있다. 대낮인데도 예배당은 약간의 빛에만 의존한 채 어두운 분위기를 자아냈고 선교사들의 표정은 심각해 보였다.

"어떻게 된 겁니까?"

마펫이 먼저 입을 뗐다. 가늘게 뜬 그의 눈을 보니 어떻게 설명해야 할지 떠오르지 않았다. 사실대로 말하는 게 가장 좋을 듯싶었다.

"치안 문제라고 했시요."

석진은 짧게 답했다. 선교사들은 대답을 듣고는 서로 대화를 나눴다. 게일이 석진을 꿰뚫어 볼 듯한 눈빛으로 말했다.

"혹시 관여한 건 아닌가요?"
"그런 일 없디."

선교사들은 못 믿는 눈치였다.

"이건 상당히 중대한 사안입니다. 압수 수색이라뇨. 어찌 이런 일이 있을 수 있겠습니까."
"한 목사님, 정교분리의 원칙을 기억하시지요."

이번엔 마펫까지 거들었다. 정교분리, 교인은 정치에 참여하지 못한다. 교인은 교인의 역할을 충실히만 하라는 뜻이었다. 물론 정치 활동을 하게 되면 끝이 좋지 않다는 것은 독립협회를 통해 잘 알고 있었다. 하지만 그때와 지금은 다르지 않은가. 석진은 반발하려다 끝내 입을 다물었다.

"사실만 말할 뿐이디."

　이후부터 석진은 아무 말 없이 계속 듣기만 했다. 석진의 행동은 단순한 반성도 아니었고 후회도 아니었다. 일그러진 분노였다. 이들이 일본과 무슨 차이가 있는가? 일본이 우리나라의 통치권을 빼앗았고 선교사란 자들도 우리 교회를 강제하니 어제 만난 헌병 대장과 선교사의 얼굴이 겹쳐 보였다. 시간은 흐르고 철저한 조사가 있을 거라는 말과 계속되는 설교에 석진의 마음속에 조그마한 불씨가 집혔다. 몇 년 전만 해도 석진의 마음엔 재해를 일으킬만한 큰불을 가지고 있었다. 영원히 꺼지지 않을 불, 무엇이든 다 태워버릴 수 있는 불, 그 불은 너무나 강력해서 자기 자신조차도 조심해야만 했다. 그랬던 불이, 세월이 흐르고 몸이 편해지자 점점 누그러졌었다. 일본 순방과 예수교회보 사장직이 탄탄대로로 잘 풀리면서 불꽃이 올랐던 자리에는 연기만 피어오를 뿐이었다. 이젠 불을 지필 땔감도 없고 불씨도 없었다. 석진도 굳이 찾아 나서지 않았다. 그런데 지금 선교사들이 직접 나무가 되어 땔감이 되어주고 쇠풍구가 되어 바람도 넣어주니, 재 속에 묻힌 미세한 불씨가 살아나기 시작했다.

　이처럼 선교사들의 역정과 비난은 종교로서 가져야 할 가치추구의 본질을 상기시켜주기에 충분했다. 오늘 같은 일이 없었더라면 이 질문에 답을 내리지 않고 편안함에 안주하며 살았을 것이다. 선교사들도 같은 말을 반복하다 더는 할 말이 없어 보였다. 이쯤 되니 석진은 불쾌하다기보다는 인자한 표정으로 그들의 얘기를 들었고, 마음속을 헤집고 여러 가지로 뻗어 나가던 방향성을 한 곳으로 집중할 수 있었다. 독립, 대한의 기독교 독립과 마찬가지로 나라의 독립도 필요해 보였다. 석진은 독립적인 힘이 있어야 한다고 속으로 되뇌었고, 이 자리가 끝나자마자 곧바로 기밀문서를 챙겨 집으로 향했다.

　석진은 집에서 늦은 밤까지 기밀문서를 펼쳐보고 있었다. 선교사에게 빌린 일본어 사전까지 옆에 펼쳐 놓았지만, 번역이 제대로 되지 않아 죄 없는 눈만 침침해질 뿐이었다.

　"무슨 고민이 있나 봅니다?"

　아내가 말했다. 날카로운 질문에 석진의 눈썹이 치켜 올라갔다. 아내의 눈빛은 낮에 보았던 게일의 눈빛 따위와는 전혀 비교할 수 없을 정도로 속을 꿰뚫고 있다는 느낌을 주었다.

"언제나 잘하셨잖아요. 걱정하지 마시라요. 딸, 자식들도 다 출가해서 잘살고 있고, 전 언제나 당신 편이라요."

고맙고 미안했다. 단 한 사람, 그 누구도 상관없으니 자신의 편에 서줄 사람이 필요했다. 하지만 가족에게 기대게 되면 다시 일어설 수 없을 만큼 나약해진다고 생각했기에 가급적이면 가족에겐 말하지 않으려고 했다. 하지만 아내의 눈빛, 손짓 그 모든 게 석진에게 힘이 되었다. 지금 당장 일본을 물러나게 할 수 있을 것만 같았고, 선교사가 관여하지 않는 대한만의 독립적인 교회를 만들 수 있을 것만 같았다. 진정한 믿음이 주는 힘은 이토록 거대했다.

"내일 평양에 간다고 하지 않았어요? 얼른 주무세요."
"이것만 마저 봐야갓어. 먼저 자라."

석진은 기밀문서 번역에 열을 올렸다. 하지만 그와 달리 겨울의 한기가 스며들어 세상이 얼어붙고 있었다.

"으~ 춥다 추워 뼛속까지 얼갓어."

다음날, 이량이 온몸을 덜덜 떨며 콧물을 닦아냈다. 뒤에서 '땡, 땡, 땡'하는 소리에 뒤돌아보니 전차가 다가오고 있었다. 처음 전차가 도입됐을 당시 도깨비가 다가오는 줄 알고 다리에 힘이 풀렸었다. 하지만 지금은 자연스럽게 피하고 전차를 보내주고는 근대적 문물을 실시간으로 감상하였다. 주위에는 이량과 같은 사람들이 많았다. 전차가 지나갈 때면 자신의 생업도 잊은 채 나와 구경했다. 지방에서는 전차를 타보려 여행까지 오는 이들도 있었다. 석진도 그들과 마찬가지로 앞에 지나가는 전차에 눈을 못 떼고 있었다. 이량이 부르자 그제야 정신을 차리고 크게 하품을 해댔다.

"어째 많이 피곤해 보입네다. 눈 밑에 그늘이 턱밑까지 닿을라 하오. 어제 뭐 했습네까?"

소리 없는 하품으로 대답할 뿐 석진은 눈을 비비며 걸었다. 이들이 도착한 곳은 경성역이었다. 르네상스식으로 궁 같은 규모와 갖가지 장식으로 꾸며놓은 게 마치 다른 세상에 온 것 같았다. 몇 번 보았지만, 으리으리한 이 건물을 볼 때면 인간의 존재가 한없이 작게만 느껴졌다. 석진은 인간에 대한 고찰을 느꼈지만, 이량은 천진난만한 아이 같은 표정을 지었다.

역시나 열차 내부는 만석이었다. 가족 단위로 여행을 가는 듯한 사람들도 보이고 장사꾼처럼 보이는 자들은 자신의 몸보다 큰 짐을 지고 타기도 했다. 뒤 칸에는 일본 헌병들이 자리를 차지하고 있어 그 칸에 타고 있는 사람들은 괜스레 눈치를 보며 조용히 있었다. 가끔 서양인들도 보였다. 사람들은 각자만의 사연을 표정으로 내비치고 있었다. 석진을 마주 보고 앉은 이량도 마찬가지였다. 그의 표정이 창문에 비쳐 보였다. 석진을 따라 몇 번 타봤지만 언제나 처음 타는 사람처럼 기대감에 부푼 표정이었다. 석진도 창문 밖을 봤다.

"형님도 평양은 오랜만 아닙네까?"
"그렇디."
"대단합니다. 설교하러 경성에서 평양까지.. 참 부지런하오."

열차가 서서히 움직이자 이량은 열차에 몸을 맡기며 잠을 청했다. 평양에선 교인이 늘어나고, 석진의 명성 때문에 그의 강연을 듣고 싶어 하는 자들이 많았다. 몸이 고단해도 거절할 수 없었다. 석진은 밀려오는 피곤함에 눈을 감았지만, 꼬리에 꼬리를 무는 생각에 선뜻 잠들 수 없었다. 지칠 때면 검은 연기를 내뿜으며 전진하는 이 열차처럼 석진도 끝없이 달릴 뿐이었다. 그게 아무리 오래 걸릴지라도 선로를 따라가다 보면 목적지에 도착하듯이 자신의 신념과 사상을 가지고 가다 보면 언젠가는 도달할 수 있지 않을까 싶었다. 석진의 행동력과 체력은 이런 믿음에서 나오는 듯했다.

해가 지고야 평양에 도착했다. 석진과 이량은 열차에 내렸지만, 아직 풀리지 않은 잠으로 인해 잠시 비틀거렸다. 잠을 깨고자 석진은 하늘에 닿을 듯이 기지개를 켰다. 평양에선 일주일간 머물 예정이었다. 다음날부터 석진은 평양 주위 자신이 관여한 교회들을 돌아보며 바쁜 나날을 보냈다. 마지막 날에는 설교를 한다고 교인들에게 전달했다.

시간은 빠르게 흘러 마지막 날, 평양 계동에 위치한 산정현 교회에 사람들이 모여들었다. 설교 시간이 다가오자 교회 예배당에는 교인들로 꽉 차 있었다. 날씨가 쌀쌀함에도 예배당 안에는 이들의 온기로 달아올라 겉옷을 벗는 자들도 있었다.

"오늘 설교는 십자가의 고난을 말해보겠시요. 예수 그리스도가 직접 속죄 제물이 되어 우리 인류를 구원하였기에 예수 그리스도가 짊어진 십자가는 우리의 죄를 무력하게 만들어 주었고, 십자가의 능력으로 우리는 사랑과 용서의 삶을 살아가게 만드셨더요."

석진은 진중한 분위기로 첫마디를 떼자 교인들은 석진의 말을 경청했다. 명성 높은 석진의 설교라 숨소리조차 참고 있는 듯해 보였다.

"운명하시기까지 예수 그리스도는 십자가의 고통을 몸소 느끼시고, 창과 채찍으로 살점이 뜯겨 나가고 피조물들의 모욕과 경멸, 희롱 속에서 감내할 수 있었던 것은 이런 고난과 고통이 구원의 길이라는 것을 믿으셨기 때문이시요. '그가 찔림은 우리의 허물을 인함이요. 그가 상함은 우리의 죄악을 인함이라 그가 징계를 받음으로 우리가 평화를 누리고, 그가 채찍에 맞음으로 우리가 나음을 입었도다.' 십자가의 모든 원인은 우리의 껍데기요. 우리의 죄악으로 말미암아 이런 결과가 나왔다는 사실을 성경은 말하고 있시요."

설교 한 마디, 한 마디가 교인들의 심령에 놀라운 감동을 주는 듯 보였고 간혹 눈물을 흘리는 교인들도 여럿 있었다. 설교는 꽤 오랫동안 이어졌고 막바지에 이르자 석진은 말했다.

"사랑하는 자들아 하나님이 이같이 우리를 사랑하셨은 즉, 우리도 서로 사랑하는 것이 마땅하도다. 어느 때나 하나님을 본 사람이 없으되 만일 우리가 서로 사랑하면 하나님이 우리 안에 거하시고 그의 사랑이 우리 안에 온전히 이루느니라. 그의 성령을 우리에게 주시므로 우리가 그 안에 거하고 그가 우리 안에 거하시는 줄을 아느니라…"

석진은 굳은 목소리로 성경 구절을 읊었고 교인들을 바라봤다.

"이를 감당하시고 감내하신 그 이유가 우리를 살리려 하신 이 사랑, 바로 그 때문이었다는 사실을 우리 가슴속에 깊이 새겨야 될 줄 믿습네다. 우리에게 베풀어주신 그 사랑이 헛된 것이 되지 않도록 믿음 안에 우리가 되기를 꼭 바라오."

아멘, 교회 내에 있는 모든 이들이 마음을 다해 외쳤다. 석진이 성경을 덮으니 끝나는 분위기가 만들어졌고 여기저기서 소음이 일어났지만, 석진은 부동자세를 유지하며 자리를 지켰다. 사람들은 그의 눈치를 살폈으나 마무리 정리는 현재 진행형으로 끝나는 건 기정사실이 되어가고 있었다.

"마지막으로 할 말이 있디요. 지금 우리나라 형편을 생각하면 얼마나 민망하고 답답한지 모르갓습니다."

석진이 입을 떼자 자리에서 일어난 교인들은 조용히 다시 착석했고 소란스럽게 떠들어대던 입들은 점점 다물어졌다. 대부분 머리 위에 물음표가 그려진 채로 석진을 바라봤지만, 가장 뜨겁고 예민한 문제에 대해 말하자 집중도가 올라가는 게 느껴졌다. 석진은 이때를 놓치지 않고 더 강한 어조로 말했다.

"애국자들이 낙심해서 쓰러지고 울분과 탄식 속에서 나날을 보내고 있는 지경에 있디요. 그렇다고 우리 교인들까지 낙심하고 맥이 풀려서 주저앉으면 이 나라의 장래는 어떻게 되겠습네까?"

나무라듯이 말하자 교인들은 수긍하듯 고개를 끄덕였다. 이 말의 대상은 자기 자신이기도 했기에 답답함에 울분이 섞인 말투였다.

"예수그리스도, 그는 우리 죄를 위해 직접 제물이 되셨으니 우리가 어찌 그의 의지를 따르지 않을 수 있갓습니까. 하나님이 우리를 구원하고자 희생하셨으니 우리도 조국을 보존하고 자유, 평등, 평화를 중요시하는 대한의 교회를 만드는 게 그에 맞는 믿음이라고 생각합네다. 우리 그리스도인들이 나서 조국과 민중들을 구원해야 하지 않갓디요? 이 나라를 뺏기지 않고 이 나라, 대한의 기독교를 만들고 유지하는 게 예수그리스도를 믿고 믿음으로서 구원받을 수 있는 방법인거 같디요."

교회에 자리한 사람들 대부분이 입을 벌린 채 눈만 끔뻑거리고 있었다.

"마지막으로 기독교의 주된 가치인 자유, 평등, 평화를 잊지 마시요. 이 나라의 주인은 우리이고 교회의 주인은 하나님이시니, 우리 기독교인들은 그의 가르침을 따라야지 않갓습니까? 이 말을 꼭 하고 싶었습네다. 그럼 오늘은 이걸로 마무리하겠습네다."

독립협회 때 심어진 사상이 비친 설교였다. 독립협회의 실패에 대한 실망감은 여전했지만, 그는 여전히 독립과 자립의 중요성을 인지하고 있었다. 그의 목회 방향은 교회의 독립이고 나라의 독립에도 뻗치고 있었다. 하지만 선교부와 얽힌 관계 때문에 표면적으로 나설 수 없어서 교인들에게나마 간접적으로 독립 의지를 고양 시키는 방법밖에 없었다. 이 자리 또한 그런 자리이고 자신의 답답한 속을 풀어내는 것이었다.

설교가 끝나고 자리를 정리하고 있을 때, 한 노인이 석진을 찾아왔다. 처음 보는 자였다. 백발에 흰 수염이 나서 노인이라고 짐작했지만, 정갈하게 정리된 머리나 세련되게 입은 옷을 보면 젊은 신사라고 소개해도 믿을 정도였다. 처진 눈매를 가리듯 쓴 동그란 안경은 그의 인상을 선하게 만들어 주었고, 수염에 뒤덮인 앙다문 입은 다소 투박해 보이기도 했다. 노인이라고 말하기에는 젊고 젊다고 말하기에는 세월의 흐름이 많아 석진은 어떻게 반응해야 할지 애매했다. 그러자 노인이 입을 뗐다.

"안녕하십니까. 한 목사님, 전 이승훈이라고 합니다."

예상과는 달리 예의 갖춘 그의 언행에 경계를 풀 수 있었다.

"오늘 한 목사님의 설교에 큰 감동을 받아 직접 찾아오게 되었습니다. 도산 안창호 선생에게 많이 들었습니다."
"그를 아시오?"

석진은 익숙한 이름에 반가워했다. 이승훈은 누가 듣지 못하게 석진에게 다가가 조그맣게 말했다.

"그럼요. 그와 함께 활동 중이지요. 이번엔 비밀결사를 만들었습니다. 한 목사님도 같이 활동하였으면 좋았을 터인데."
"혹시.. 신민회를 말하는 것이네? 대체 신민회는 뭐 하는 곳이요?"

석진의 반응에 이승훈은 놀란 듯 어정쩡한 미소를 띠었다.

"국권을 회복하여 자유 독립국을 세우는 것이 목표입니다. 자유 독립국이라고 함은 조선과 달리 입헌군주제를 탈피하고 공화정체 체제를 도입시켜야 합니다."

"신민회의 목표는 알고 있디요. 정확히 무슨 활동을 하는 거이디요?"

예전 독립협회의 실패로 단체 활동의 의심을 완전히 지울 수는 없었다. 그는 독립에 대해 마음을 다졌어도 자신이 가진 궁금증을 풀어 확실히 하는 편이 좋을 듯싶어 재차 물었다.

"이 나라 민중들은 교육이 절실합니다. 학교를 설립해 교육운동을 실천하는 바입니다. 그리고 한 목사님처럼 계몽에 관한 강연과 서적, 잡지 그리고 신문을 출판하는 겁니다. 그럼 민중들은 자연히 국권 회복에 힘을 쓰게 될 겁니다."

어찌 보면 우리 기독교 전도방식하고 매한가지였다. 이어서 이승훈은 독립군을 양성하고 있다고도 말했다. 예전 독립협회보다 훨씬 체계적이고 활동적이라고 생각해 의심은 잠시 걷을 수 있었다. 석진은 대화가 길어질 거 같아 자리를 옮기자고 하니 이승훈도 흔쾌히 동의하여 교회 사무실로 향했다. 석진을 기다리다 지친 이량은 피곤하다며 자기 집으로 가버렸다.

이승훈과의 대화로 해는 빠르게 기울었고 온 세상이 어두워졌다. 평양 일대는 암흑과도 같은 장막에 둘러싸인 것처럼 외부와는 단절된 다른 나라 혹은 다른 세계에 사는 느낌을 줬다. 이 어둠은 원래 그랬던 것처럼 고요했고 모든 사람이 이 어둠 속에 묻힌 것처럼 조용했다. 사람뿐만 아니라 닭들이나 개들, 미물 따위도 이 고요함을 건드릴 수 없었다. 그 미물들도 이 어둠에 묻힌 것만 같았다. 사방을 둘러봐도 희망 한점 보이지 않았다. 있어도 없는 것만 같았다. 그게 지금 이 시기니까. 이 어둠 속에서는 모든 활동엔 의미가 없어 보였고 자연의 이치도 여기에선 그저 비극의 결과물일 뿐이었다. 그 어떤 희망찬 분위기라도 이 어둠과 함께라면 절망적이고 좌절만이 남을 것이다. 이 어둠은 그런 것이다. 그저 보이는 게 다라고 어디든 갈 수 없으니 가만히 있으라고, 이 어둠에서는 언제든지 길을 잃을 수 있다고. 이 어둠은 우리에게 고요하게 외칠 뿐이었다.

모든 걸 집어삼키는 이 어둠도 이기지 못하는 것이 있다. 시간이다. 시간이라는 영적 개념이 다가오자 서서히 어둠이 걷혔다. 마치 창문도 없는 건물 안에서 문틈을 비집고 들어오는 한 줄기 빛처럼, 지평선에서부터 어둠을 열고 빛이라는 것이 삐져 올라오고 있었다. 어둠이 점점 걷히니 빛은 우리에게 색을 주었고 본연의 모습으로 바꿔주니 이 얼마나 기다리고 기다리던 신의 부름이었던가. 모든 사람들이 의미를 되찾고 활동적이게 만드는 저 찬란한 빛. 그 빛은 너무 강렬해서 어둠 속에 절여진 우리 마음을 동화시켰다. 어느새 어둠은 완전히 걷혔고 세상 본연의 색을 되찾았다.

 한석진과 이승훈이 교회 밖을 나오자 온 세상이 눈부셨다. 이승훈은 천재적인 사업가이며 자신의 자산을 독립운동에 쓴다고까지 말했다. 닮은 점이 많았다. 술을 먹지 않아도 술에 취한 것처럼 이들은 모를 기대감과 흥분으로 한껏 상기되어 있었다.

 "사람에 의해 길이 만들어 지나봅니다. 예전 안 선생의 쾌재정 연설에 감동해서 그 자리에서 상투를 잘랐고 독립운동을 시작했습니다."

 이승훈은 과거를 그리며 벅차오르듯이 말했다.

 "이제는 한 목사님을 따라 교인이 되어보려 합니다. 사실 이럴 목적으로 목사님의 설교를 들었습니다. 제가 가야 할 방향을 정확히 제시해주셨습니다. 감사합니다."

 석진은 애써 대답하지 않고 살가운 미소를 띠었다. 석진은 이때까지 많은 사람들을 전도해왔지만, 오늘따라 유독 기분이 좋았다. 이승훈은 자신의 의지를 따라 떠났고 석진도 평양 일정을 마무리 짓고 경성으로 떠날 준비를 했다.

 경성으로 돌아가는 열차 안, 올라올 때와 마찬가지로 이랑과 석진이 서로 마주 보고 앉았다. 이량은 잠에 취해 몸을 비틀거리고 있었고 잠들지 않으려고 애써보지만 밀려오는 잠에 눈을 감았다, 떴다를 반복하고 있었다.

"피곤하면 잠을 자라."

석진의 말에 이량은 놀라듯 머리를 털고 눈을 떴다. 이량의 눈에는 찐한 쌍꺼풀이 만들어져 선교사들보다 느끼한 인상이 되었다.

"..늦게 온다면 늦게 온다고 말을 해줘야지."

이량은 그대로 곯아떨어졌다. 창문 밖 풍경들이 순식간에 변하고 있었고 왠지 모를 기대감에 상기된 표정이 유리창에 비쳐 보였다. 처음 기독교를 접하게 되어 종교에 발을 들였을 때를 생각했다. 갈증과 염증으로 고통받던 자신을 구원해준 기독교처럼, 불안과 핍박에 멍든 이 나라를 구원해야만 했다. 그때 이후로 얼마만의 가슴 떨리는 순간이던가, 다짐하고 다짐해도 불안감은 쉽게 떨쳐낼 수 없었지만, 한시 빨리 경성에 도착하고 싶었다. 하지만 석진의 부푼 기대감은 그리 오래가지 못했다.

찢어진 이마

지금 눈앞에서 부모가 맞고 있다. 오물을 뒤집어쓰고 발길질을 당해도 그저 땅에 머리를 처박고 빌 뿐이었다. 눈이 따가웠다. 너무 울어서 메말랐는지는 모르겠다. 저 멀리서부터 코끝을 자극하는 역겨운 냄새가 올라왔다. 비릿하고도 썩은, 오래 묵힌 듯 구수하기도 한 오묘한 냄새, 노비들이 똥물을 가져왔나 보다. 똥물은 그대로 부모 머리 위로 떨어졌고, 노비들의 주인 양반이 그 모습을 보고는 코를 막고 미간을 찡그렸다. 나는 멍하니 그 모습을 보고만 있었다. 아버지는 오늘 아침에 저 양반놈한테서 고깃값을 받아온다고 했다. 잔칫날에 쓴 고깃값을 달라고 했을 터인데 돈 대신 똥물을 뒤집어쓰게 되었다. 언젠가 아버지가 그랬다. 우리 출신이 천해서 그런 거라고. 노비보다 천한 우리는 백정이라고. 그래, 나는 그게 당연한 줄 알았다. 내 부모는 겨우 돈 한 푼 받아내고 집으로 향했다. 나는 아무 말 하지 않고 역한 냄새를 풍기는 저들의 등 뒤를 졸졸 따라다녔다. 집으로 향하는 길까지 부모는 아무 말 없었고 집 주위 강변에서 간단히 몸을 씻어냈다. 그리고 물기를 털어내고 아무 일 없다는 듯이 집에 들어갔다. 이런 일들이 비일비재했다. 우린 천하다는 이유로, 양반들이 기분이 안 좋다는 이유로, 살고 있다는 이유로. 어른들만 그랬을까. 어린 나에게도 그랬다. 내 또래 애들이 나를 둘러싸고 집단 폭행을 한 적이 수도 없이 많다. 특히 김 양반 댁 아들놈이 폭행을 주도했다고 알고 있다. 그 아들놈 얼굴에 큰 점이 있어 난 점박이라고 부른다. 저놈들이 내 속마음까지 알 수 없으니 난 항상 그렇게 불렀다.

  오늘은 운수 좋은 날이다. 점박이를 만나지 않았다. 내가 의도적으로 피한 것도 있지만, 날 괴롭히는 그 누구도 만나지 않았다. 아버지 심부름을 끝내고 나도 모르게 실실 웃으면서 집으로 향했다. 집은 외지고 가파른 언덕에 있어 인적이 드물었고 혼자서 이 길을 거닐 때면 무서워 뒤를 수시로 돌아보기도 했었다. 이러다 호랑이라도 만나면 어쩌나 싶지만, 호랑이도 백정은 피하나 보다. 언덕을 넘어 집에 거의 다다랐을 때, 한 양반이 언덕을 내려오는게 보여서 습관적으로 몸을 숨겼다. 옷은 풀어헤치고 헐레벌떡 뛰어 내려오고 있는 모습이 신기하면서도 웃겼다. 수풀 사이로 간간이 새어 나오는 햇빛이 저 양반 얼굴을 비춰줘서 어떻게 생겼는지 볼 수 있었다. 그가 멀리까지 내려간 걸 보고서야 집으로 향했다. 집이라고 하기엔 허름한 초막이지만, 오늘따라 분위기가 달랐다. 마음속으로 어머니를 외치며 집 안으로 들어가 보니 어머니가 옷을 여미고 울고 있었다. 눈물을 흘리는 걸 보아 운다고 봐야 하지만, 슬픈 사람의 표정이 아니었다. 집에서 나는 짐승피 냄새도 얼어붙을 만큼 냉혹하고 독기가 서린 표정이었다. 나는 그 무엇도 물어볼 수 없었다. 아니, 물어보기 싫었다. 그렇게 집 밖으로 나와 마을이 잘 보이는 명당에 걸터앉았다.

얼마 후, 우리는 성 밖으로 나가야 한다고 아버지가 말했다. 무슨 영문인지도 모르지만, 세상이 어지러워 우리는 더이상 성내에 머물지 못한다고만 말했다. 이곳을 벗어난다니 기뻤다. 애초에 짐이라고 해봤자 몇 없는 도구들이지만, 대충 챙기고 이곳을 떠났다. 성 밖을 향해 정처 없이 걸었다. 다리도 아프고 잠도 오지만, 언제나 그랬든 투정 부리지는 못했다. 정말 쓰러질지도 모르겠다고 생각할 때 아버지가 도착했다고 말했다. 절벽과 절벽 사이 우거진 숲속에 넓은 평야였다. 우리보다 먼저 도착한 사람들이 꽤 있었다. 이들은 짙은 눈썹에 진한 눈동자, 턱을 감싸 머리까지 이어진 풍성한 수염과 곰 같은 덩치들 딱 봐도 같은 출신임을 느낄 수 있었다. 이곳의 삶은 성안의 삶과 별반 다르지 않았다. 다른 건 점박이에게 맞지 않는 것뿐 남자들은 사냥을 나가고 여자들은 음식을 준비했다. 풍족하진 않더라도 꽤 괜찮았다. 내 또래 애들도 그래 보였다. 일찌감치 동물을 해체하는 기술을 배우는 애들도 있었고 어른들을 따라 사냥에 나서는 애들도 있었다. 그렇게 어영부영 지내다 혼인할 나이가 되어 아버지는 옆집 임 백정네 딸과 혼인하라고 했지만, 내키지 않아 계속 미뤘다.

어느 날, 성 주위까지 사냥을 나선 강 씨네 아저씨가 하는 말을 들었다. 신분제가 폐지됐단다. 신분제가 폐지 됐으니 신분 때문에 받은 수모를 이제 겪지 않아도 된다는 말이었다. 양반놈들은 모르겠지만 우리에겐 좋은 일이었다. 신분제 폐지라. 신분만 믿고 까분 허약한 점박이 놈을 깔아뭉개고 싶었다. 아버지에게 돌아가자고 말하다가 쓸데없는 소리 하지 말라며 크게 혼난 적이 있다. 어머니도 거기에 대해 입 밖으로 내지 않았다. 나는 부모나 이 백정 무리를 이해할 수 없었다. 이때, 강 씨네 아저씨가 회의할 것이 있다며 남자 어른들을 불러 모았다. 혼인기가 꽉찬 나도 그곳으로 갔다. 사냥하러 나서다 종종 군대를 만난다고 했다. 이곳 지형은 빠삭해서 들키지 않고 다닐 수 있지만, 요즘 들어 자주 보이니 조심하라고 당부했다. 나와는 상관없는 일이라고 생각해 신경 쓰지 않았다. 나는 오로지 신분제가 폐지되었다는 거만 생각났다. 혹시 이 자리를 통해 모두를 설득시켜볼까 했지만, 나에겐 발언권이 없었다.

사냥한다는 명목하에 성 주위를 맴돌다가 수시로 성안으로 들어갔다. 누군가 이유를 물으면 말하지 않았지만, 백정 마을에는 없는 생기를 느끼고 싶었다. 사냥감을 구해오지 못한 나는 백정 마을의 법으로 징계 처분을 받긴 했지만, 내일을 기대하며 언제나 즐거웠다. 아침 해가 두 팔 벌려 환영하면 나는 어김 없이 마을을 나섰다. 이 마을에서 성까지의 거리가 이젠 가깝게 느껴졌다. 언제나 가던 길로 대나무 숲을 지나는데 어디선가 인기척 소리가 들렸다. 몸을 숨기고 소리를 따라가 보니 강 씨 아저씨가 말한 조선 군대였다. 숨죽이고 그들을 지나가기를 기다렸다. 완전무장한 채로 어딜 가나 싶었지만, 이내 궁금증은 접어두고 성으로 향했다.

하얀 꽃잎들이 하천에 사뿐히 내려앉고 온화한 바람이 내 몸을 감싸 안았다. 족쇄의 굴레에서 벗어난다는 게 이렇게 행복할 줄은 몰랐다. 마을에 같이 사는 사람들도 느꼈으면 좋았을걸. 땅만 보던 시야는 저 멀리까지 던질 수 있었다. 여기가 이렇게 아름다운 곳이었다니. 꽃가마나 사람들 옷이나 알록달록한 색깔에 눈이 즐거워 흑백이던 내 세상에 색이 채워지는 느낌이었다. 저잣거리에 돌아다니다 머리 색도 다르고 키가 엄청 큰 사람을 보았다. 그는 온화한 표정으로 조선 사람들을 관찰했고 무언가를 적기도 했다. 시간 가는 줄 모르고 성을 돌아다니다 보니 어느새 초저녁이 되었다. 그제야 정신을 차리고 성 밖으로 나서던 중 어디선가 낯익은 얼굴을 마주쳤다. 점박이었다.

"이놈이 미쳤구나."

점박이가 욕질을 해대며 나를 밀쳐 넘어뜨렸다. 점박이는 나를 개미처럼 내려다보며 낄낄 웃어대고 있었다. 오가는 발길질에 잠시 기억을 잃었는데 번뜩 정신을 붙잡고 일어섰다. 복수가 하고 싶은 게 아니었다. 그저 동등한 입장에서 눈을 맞대고 싶었다. 과거에는 그럴 수 없겠지만 지금은 가능했다. 신분제가 폐지되었으니까. 그런데 이놈은 과거에서 벗어나지 못한 거 같았다. 살끼리 부딪히는 마찰음 소리와 함께 뺨이 불타오르고 세상이 휘청거렸다.

"어디서 천한 것이 주제도 모르고 내 앞에 섰느냐. 천한 것들을 다 추방했다고 들었는데... 어찌 여기 있느냐? 너의 부모도 여기 있느냐?"

입안이 터져 쓴맛이 느껴졌다. 지금 땅바닥에 구르고 있는데 그 누구도 나를 도와주지 않았다. 과거에도 그랬고 지금도 그랬다. 점박이 놈 혼자라면 어찌해볼 수 있겠지만, 그를 지키고 있는 놈들이 있으니 어쩔 수 없었다. 나는 일어설 힘도 없어 흙바닥에 대자로 드러누웠다. 점박이의 훈계 아닌 훈계를 지껄일 때, 저잣거리 쪽으로 고개를 돌려 사람들이 지나가는 걸 보았다. 여전히 아름다웠다. 저 거리의 색들은 저마다의 빛을 발하며 나를 유혹했다. 하지만 나는 가지 못했다. 손만 뻗으면 닿을 거리인데 나는 갈 수 없었다. 고개를 돌려 점박이를 보았다. 점박이의 점 색깔이 나와 같은 색일 것이다. 그만큼 짙고 어두웠다.

"그런데 넌 어떻게 여기 있는 것이냐? 성 주위에 천한 것들이 있다 하여 내쫓는다고 들었는데 어떻게 피해 왔어? 이놈도 잡아 처넣어야 되겠구나."

"...?"

뒷골이 서늘하고 기분이 쌔 했다. 저들이 방심할 때 도망가야 한다. 점박이가 일행들과 실실 웃으며 방심하고 있자 그를 밀치고 죽을 힘을 다해 뛰었다. 저잣거리 안으로 뛰어들어 사람들 사이에 섞여 들어갔다. 사람들이 놀라는 소리나 비명이 가끔 들렸지만 아랑곳하지 않고 뛰었다. 점박이 부하를 자칭하던 놈들이 쫓아오던 것 같았는데 그새 포기한 듯 보이지 않았다. 나는 곧장 백정들의 마을로 돌아갔다. 왔던 길을 돌아가는데 분위기가 달랐다. 돌아가면 안 될 것 같은 이 느낌. 보이지 않는 무언의 손들이 나를 계속해서 붙잡았다. 그래도 늦춰졌을지언정 걸음을 멈출 수는 없다. 점박이 놈이 괜한 말을 하진 않았을 것이다. 저기 수문장 같은 소나무만 지나면 마을이 나온다. 점점 속도를 내어 뛰어갔다. 호흡은 거칠어지고 다리에 힘이 풀리기 시작했다. 매일 지나던 길이었지만, 나무뿌리에 걸려 넘어져 이마가 길게 찢어졌다. 이마를 횡단하듯 찢어진 상처는 점점 벌어지더니 피를 토해냈다. 피가 시야를 가려도 다시 일어나 계속해서 달렸다. 소나무를 지나 풀숲을 해치니 나오는 백정 마을. 두 무릎을 짚고 숨을 가다듬었다. 여기선 그 무엇도 느껴지지 않았다. 흘러내리는 피를 닦아내고 마을을 둘러보았다. 평소와는 다른 정적, 죽은 자들을 위한 무덤이라고 표현해도 좋았다. 성안의 색깔과는 다른 단색만이 존재하는 이곳에 백정들의 특유의 비릿한 생기마저 느껴지지 않았다. 내가 지나칠 때마다 나뭇잎의 짙은 초록색이 점점 진해져 검은색이 되는 것만 같았다. 집에 들어가니 아버지의 몸에서 낭자한 선혈이 흐르고 있었다. 아버지. 살면서 아버지란 단어를 이리도 간절하게 입에 담아본 적은 처음이었다. 다가가 몸을 흔들어보았지만, 미동도 없이 편안한 표정으로 잠들어 있는 아버지. 메말랐던 줄만 알았던 눈물이 인식도 하기도 전에 흘러내렸다. 눈물은 내 손을 적시고 아버지 몸으로 흘러내렸다. 따뜻했다. 검붉은 피와 투명한 눈물은 색만 다를 뿐 따뜻했다. 마을을 둘러보니 전투의 흔적이 있었지만, 어머니의 흔적은 찾아 볼 수 없었다.

아무리 소리쳐도 돌아오는 건 적막뿐이었다. 이 마을에서 가장 지혜롭다고 말하는 강 씨 아저씨 네로 가봤지만 무너져내려 형체도 알아볼 수 없었다. 마치 내 마음을 대변하는 것 같았다. 백정 마을에서 나갈 수 있는 길들은 다 돌아 다녀봤지만 없다. 그 무엇도 찾을 수 없었다. 바닥만 보고 터덜터덜 걸었다. 그저 정처 없이 걷다 보면 어머니의 애틋한 목소리가 들릴 것만 같았다. 날은 점점 더 어두워지고 그나마 남아있던 색들도 어둠 속에 묻히고 있었다. 그때 나뭇잎과 흙 속에서 무언가 반짝이는 게 보였다. 달려가 흙을 걷어내 보니 색이 바랜 가락지였다. 어머니가 애지중지 아끼던 그 가락지였다. 구리로 만들어져 예쁘진 않았지만, 아버지가 어디선가 구해왔다며 항상 품에 끼고 다녔던 기억이 났다. 어린 마음에도 예쁘지 않다고 생각했지만, 지금은 왜 이렇게도 예쁘고 소중한지. 잠시나마 추억에 빠져있을 때 또다시 피가 흘러 옷감으로 대충 지혈했다. 어디서부터 잘못됐을까? 다음날, 정답을 찾기 위해 성내로 향했다.

"꺄아아아아악!"

점박이 무리를 만날까 조심스럽게 성내로 들어서자 찢어질 듯한 비명이 온몸의 신경을 곤두세웠다. 긴장하며 챙겨왔던 조그마한 도축 칼을 부여잡았다. 둘러보니 사람들이 한곳으로 모여드는 것이 보이자 나도 그곳으로 향했다. 거기엔 웬 남자가 알 수 없는 말을 내뱉으며 여자를 폭행하고 있었다. 차림새나 말을 보아하니 언젠간 본 일본인 같았다. 성내에 살 때도 일본 칼잡이들이 꽤 설친다는 소문은 들었어도 직접 본 적은 없었다. 하나 확실한 건 왜소하고 야비하게 생긴 건 틀림없었다.

"이게 무슨 짓이오!"

여자가 소리쳤다. 저 여자가 무슨 잘못을 했든 당당한 모습에 그렇게 살지 못한 부모님이 생각났다. 주위를 둘러보아도 아무도 나서는 이가 없었다. 조선 땅에서 일본인이 저렇게 설쳐대는데 왜 말리지 않고 있는 것인가 싶어 곰곰이 생각하다 결론에 도달했다. 아. 저 여자가 백정이구나. 구더기 같은 옷을 입은 걸 보니 확실했다. 역겨웠다. 부모가 뒤집어썼던 똥물보다 더 더럽고 지저분했다. 신분제가 폐지되었다고 떠들어대도 여전히 바뀌는 건 없었다. 이게 조선이라는 나라의 실태이다. 이때, 일본인 남성이 칼을 빼 들었다. 꽤 길고 정교하게 날카로움을 뽐내는 저 칼에 한 번이라도 베이면 즉사할 게 뻔했다. 일본 남자는 그 칼을 가지고 여성의 피부를 훑었다. 너무 날카로워 살짝만 스쳐도 가느다란 핏줄이 생겨났다. 단번이라도 죽일 듯 눈알을 부라리니 여자는 머리를 조아리고 몸을 떨고만 있었다. 남성은 칼을 머리 뒤까지 넘겨 벨 자세를 취했다. 진짜 죽일 셈이다. 기합과 함께 칼이 그녀를 향해 날아들 때, 나도 모르게 그의 손을 잡아냈다.

"何だよ。(뭐야?)"

알아듣진 못했지만, 이 일본놈의 심정이 느껴졌다. 일본인은 죽일 듯한 눈빛으로 칼을 휘둘러댔다. 당황했지만, 천천히 막아냈고 뒤로 물러섰다. 손쉽게 피한 것 치고는 무서웠다. 매일 칼을 봐서 그런지 그리 위협적이지는 않았지만, 칼을 든 사람을 상대하는 건 처음이라 긴장할 수밖에 없었다. 조금만 늦게 반응해도 저 칼이 내 살을 파고들게 뻔했다. 그때 이놈이 흥분했는지 동작이 커졌다. 나는 그 새를 파고들어 이놈의 배를 차 넘어트렸다. 그가 맥없이 넘어지자 나는 여자의 손을 잡고 냅다 뛰었다. 처음엔 갈피를 못 잡더니 이내 내 속도에 맞춰 뛰었다. 체력이라면 자신 있었는데, 나를 잘 따라오는 그녀를 신기해할 찰나 뒤에서 일본인 무리가 소리를 지르는 통에 다시 달리기에 집중했다. 한동안 시내를 뛰어다니다 그녀와 난 사람들이 오지 않을 만한 외진 곳에 숨어 호흡을 가다듬었다.

"감사합니다."
"아닙니다. 못 본 척할 수 없으니 말이에요. 왜 그런 것이래요?"
"길을 가다 부딪쳤을 뿐입니다."

뾰로통한 얼굴의 그녀에게서 꽃향기가 났다. 사람에게서 이런 향기가 나다니 일본인을 상대했을 때보다 더 긴장되는 것만 같았다.

"추.. 출신 때문에 그러겠죠."

난 머뭇거리며 말했지만, 그녀는 아무렇지도 않아 보였다. 나하곤 다르게 강한 여성이구나. 그녀의 누더기 옷을 바라봤다. 꼬질한 옷이 참으로 가여워 보였다. 그런데도 이렇게 향기로울 수 있을까? 의아해 하고 있을 때, 그녀가 자신의 손수건으로 내 이마를 닦아주었다. 피가 새어 나오는 듯싶었다. 놀래서 시선을 피했지만, 눈은 자꾸만 그녀의 얼굴로 향했다. 뽀얀 피부에 적당히 찢어진 둥근 눈, 오똑한 코와 오밀조밀한 입까지, 피를 닦아내던 그녀의 숨결이 느껴졌다.

"이제 가봐야겠어요. 유모가 찾을라."

그녀는 손수건을 건네며 햇빛보다 눈 부신 미소를 보였다. 그녀와 헤어지고 백정 마을로 다시 돌아왔다. 아버지의 시신은 소나무 밑에 고이 묻어뒀다. 혼자 들기 버거워 질질 끌고 갔지만, 묻어 놓으니 마음이 편해졌다. 집에 앉아 한동안 생각에 빠졌다. 귀뚜라미 소리나 밤 뻐꾸기 소리가 들려오고 시린 밤공기가 내 몸을 훑고 지나갔다. 이어서 따라오는 것은 외로움이었다. 천한 인생이라고 해도 외로움은 느낄 수 있나 보다. 눈물을 참기 위해 두 눈을 질끈 감고 입술을 꽉 깨물어 봤지만, 소용없었다. 쓰러지듯 바닥에 누워 하늘을 바라보았다. 아무것도 보이지 않는 저 어둠, 얼굴을 타고 내려가는 눈물, 배고프다고 아우성치는 배. 천민으로서 갖춰야 할 건 다 갖춰진 듯싶었다.

내 주위를 둘러싼 모든 공간이 어둠으로 뒤덮이고 무언가 내 몸을 끌어당겨 더 깊은 심연으로 빠져드는 것만 같았다. 처음에는 허우적대기도 했지만, 그럴수록 더 깊이 빠져들 뿐이었다. 이젠 어둠이 나에게 스며들어 내 몸 전체를 둘러싸고 있었다. 아무것도 보이지 않는 깊은 암흑, 손을 뻗어도 어디에도 도달할 수 없었다. 이 어둠에 내 몸이 잠식당하자 오히려 편안해졌다. 아늑하고 따뜻하게 느껴져 나를 위로하고 있는 느낌을 받았다. 이대로 영원할 수 있다면, 눈이 서서히 감겼고 어머니의 품처럼 점점 따뜻해졌다. 이제 끝이었으면 좋겠다. 하지만 언제나 내 바람대로 되지 않는다. 얕은 호흡을 내쉬며 감겼던 눈이 살며시 떠졌다. 미세한 빛이 보여 자세히 보니 그녀의 손수건이었다. 피로 물들어 노래진 손수건. 그녀의 향기가 느껴지는 것만 같았다.

  해가 떠오르고, 언덕 위 정자에 양반들이 모여 담뱃대를 뻐금뻐금 피우며 술을 먹고 있다. 이곳에서는 하늘과 성내 모습을 한눈에 볼 수 있는 명당이었다. 이 경치에 취한 건지 대낮부터 비틀거리며 쓸데없는 소리만 늘어놓고 있었다. 그중 가장 얼굴이 빨간 양반, 점박이었다. 유서 깊은 양반 집 자제인데 과거 폐지 후 허구한 날 술이나 퍼마시는 중이었다. 점박이는 자리에서 일어나 옆에 대기하고 있던 인력거에 올라탔다. 삿갓을 쓴 인력거꾼은 점박이를 확인하고는 출발했고. 점박이는 편안했는지 몸을 기대어 잠을 청했다.

  짝- 짝- 살과 살이 부딪히는 굉음이 어두운 숲속에 널리 울려 퍼졌다. 아직 해가 지지 않아 완전한 암흑은 아니지만, 울창한 나무숲 아래에 있으니 으스스한 분위기에 야밤이라고 해도 믿을 정도였다. 점박이는 양 볼이 빨개져 금방이라도 피가 터져 나올 것 같이 부어져 있었다. 너무 아파 잠에서 깬 듯 천천히 눈을 떠 고개를 들었다. 자신을 바라보는 사람은 삿갓을 쓴 인력거꾼이었다. 기생들과 술판을 벌이다가 눈을 떠보니 상상도 못 할 상황에 바늘에 걸린 물고기처럼 파닥거렸다.

"누구냐?"

점박이는 겁에 질려 도망가려 했지만, 손이 묶여 균형이 잡히지 않아 몸을 뒹굴기만 했다. 빠르게 다가가 점박이의 발을 밟았다. 발을 밟히자 점박이는 비명을 질러댔다.

"내가 왜 진작 이러지 못했을까. 어차피 천한 목숨일 뿐인데."

벌벌 떠는 점박이의 눈동자를 보고 삿갓을 벗어 던졌다. 얼굴을 보자 점박이는 굶주린 새끼강아지에서 투견이 된 듯 길길이 뛰었다.

"너! 백정놈! 네가 감히! 이게 무슨 짓이냐!"

점박이의 뺨을 후려치자 그대로 고꾸라졌다.

"내 이름은 중필이다. 중필이. 백정 놈이 아니라. 묻는 말에 대답만 하면 살려주겠다."

가지고 있던 단검을 점박이의 목에 갖다 대었다. 점박이는 눈을 땅에 처박고 여러 번 고개를 끄덕였다. 천한 것들을 내쫓는다는 연유를 물었다. 모른다고 잡아떼던 점박이는 검이 살을 파고들자 사실이라고 불었다.

"지.. 진 영감 마님! 또다시 이상한 조짐이 보이니 애초에 싹을 잘라 놓으려 했다더군. 관리직에 있다가 농민 봉기로 자리에서 밀려났대. 나 같아도 속이 터지지"
"그래서 죄 없는 사람들을 죽였다?"
"그 변태 늙은이가 천한 것들 죽는 거에 눈이라도 깜빡하는 줄 아냐? 까고 말해서 천한 것들이 나라를 어지럽게 하니 이 모양 이 꼴이 지 되지 않았느냐 먹고 살게라도 해줬으면 감사하게 살아야지."

이놈이 명을 재촉하나, 점박이 팔이 꼼지락대는 게 보여 다가가니, 묶인 손을 어떻게 풀었는지 날 밀치고 도망갔다. 죽여야겠다는 생각에 따라갔지만, 발이 꽤 빨랐다. 한참을 달려 저잣거리까지 들어오게 되었다. 점박이는 눈에 보이는 사람들을 밀치며 고함을 쳐댔지만 자기 속도를 주체하지 못한 탓에 반대로 걸어오던 지게꾼과 부딪혀 땅에 엎어졌다. 점박이 위로 여러 오물이 쏟아져 내렸다. 그러다 숨을 깊게 참은 듯한 파열음을 내뱉으며 점박이가 고개를 들었다. 머리부터 흘러내리는 오물에 물에 빠진 생쥐 꼴이었다.

"군졸! 군졸! 군졸...! 아무나 불러!"

점박이의 애절한 목소리에 지나가던 사람들이 쳐다보며 걸음을 멈추었다. 한사람이 멈추자 옆 사람도 또 그 옆 사람도 계속해서 멈췄다. 어느새 점박이를 중심으로 사람들이 원을 그리듯 둘러쌌다. 점박이는 나를 보며 계속해서 고함을 쳐댔다.

"이 빌어먹을 놈들 대체 뭘 하느냐!"

사람들은 웅성거리기만 했다. 그가 오물을 뒤집어쓰니 알아볼 리 없었다. 내가 다가가니 뒤로 나자빠지며 괴성을 뱉어냈다. 점박이는 눈물까지 글썽이며 살려달라고 빌어댔다. 오물을 뒤집어쓰니 점박이는 영락없이 천한 것이었다.

"입을 조심하며 살아야 할 것이다. 어디서든 널 지켜보겠다."

상대할 가치조차 느끼지 못해 짧게 말하고는 도심을 빠져나왔다. 며칠 뒤, 점박이가 말한 진 영감 집을 알아냈다. 사내놈들은 출가했고 내 또래의 딸 하나를 키우고 있었다. 칼을 갈고 날을 정했다. 야심한 밤, 거리는 조용하고 간간이 보이는 사람들을 피해 단숨에 진 영감 집까지 갔다. 슬쩍 고개를 들어 담장 안을 쳐다보니 안은 조용했다. 담장 틈새에 발을 딛고 한 번에 뛰어올랐다.

심장이 입 밖으로 튀어나올 만큼 쿵쾅거렸다. 가져온 단검을 가지고 진 영감이 있는 방으로 향했다. 끼익-거리는 가냘픈 문소리에 소름이 돋았다. 침상으로 다가가니 산짐승만 한 사람이 누워있었다. 마른 침을 삼키고 단도를 꺼내 들었다. 칼의 날은 정확히 목을 노렸다. 이제 찌르기만 하면 끝이다. 원하는 것은 그저 진 영감의 목이었다.

"누구냐?"

간담이 서늘했다. 진 영감이 눈을 떠 나와 눈이 마주쳤다. 얼어붙은 팔을 움직이려 노력했지만, 그는 내 손을 잡아냈다. 엄청난 악력이었다.

"누가 보냈느냐?"

복면을 썼기 때문에 얼굴은 볼 수 없지만 아마 자신을 귀찮아하는 세력이 보낸 자객이라고 생각했을 것이다. 항상 저 멀리서 지켜볼 뿐이었는데, 진 영감을 이렇게 가까이 본 것은 처음이다. 호랑이같이 용맹하게 생겼으면서도 능구렁이같이 야비함이 배겨있는 얼굴이다. 온 힘을 다해 단검을 찔러 넣었지만, 오히려 내 손이 꺾여 들어갔다. 살짝 밀쳐내니 진 영감의 손이 내 얼굴을 스쳐 지나갔다. 내 복면을 벗긴 것이었다. 어차피 상관없다. 저놈을 죽이고 나도 죽을 참이었으니까.

"어딘가 낯이 익구나. 내가 한 번 본 사람을 잘 잊지 않아서 말이다."

진 영감이 눈을 부라리며 말했다. 그의 눈은 깊고 어두워 깊은 우물 같았다. 마치 사람이 빠져 죽어도 아무도 모를 그런 우물 말이다. 그때, 그의 얼굴이 달빛에 스치니 기억의 파편들이 머릿속에 나열됐다. 몇 해 전 우리 집에서 헐레벌떡 뛰어 내려가던 양반 놈 얼굴과 겹쳐 보였다. 분노가 치밀어 올라 뛰어들었지만, 그의 힘에 속수무책이었다. 업어치기 한 번에 마당까지 날아갔다. 이렇게 된 거 죽기 살기로 뛰어들자는 마음에 움직이려는 찰나 어디선가 비명이 들렸다. 돌아보니 진 영감의 딸처럼 보이는 한 여자가 보였다.

"당신이… 왜 여기에.."

반응이 이상했다. 그녀를 유심히 보니 손에 힘이 빠져 단검을 놓쳐버렸다. 얼마 전 일본인에게 죽을 뻔한 여자였다.

"아버님, 지금 무슨 상황인지 모르겠습니다만, 이 분은 절 구해주신 분입니다."

그녀가 말했다. 아버님? 의아해하며 그녀를 보자. 진 영감은 천둥 같은 목소리로 말했다.

"저놈은 날 죽이려는 자다. 그러게 내가 무어라 했느냐! 집에 얌전히 있으라 하지 않았느냐. 몰래 분장까지 하고 나가더니 저런 놈하고 엮이는 게 아니더냐!"

그녀는 고개를 숙여 답했다. 헛웃음이 났다.

"가만 보자... 이놈 이거 백정 놈이구나."

그의 말이 화살촉이 되어 심장에 박혔다.

"반응을 보아하니 맞는가 보구나. 이 일대 백정놈들은 쫓아내라고 했더니. 그래서 날 죽이려 했던 것이냐? 천한 놈 주제에 명줄이 길구나."

그녀는 어느샌가 나를 보던 시선이 경멸에 가까운 표정으로 바뀌어 있었다. 내가 지아비를 죽이는 살인범보다 천한 것이라는 사실이 더 증오스러운 사실인 듯 보였다. 이때, 종놈들 3명이 뛰어 들어왔다.

"내 목을 노린 자다. 잡아라!"

진 영감의 말에 종놈들은 일제히 나를 둘러쌌다. 그들의 행동 따위는 안중에도 없었다. 오로지 그녀에게만 시선이 갔다. 역시나 변함없는 표정으로 나를 쳐다보고 있었다. 만약 천한 것이 아니었다면 어땠을까?

"..고마웠소. 그대 때문에 잠시라도 빛을 볼 수 있었소."

나의 말에 그녀는 고개를 돌렸다. 평범한 사람이었으면 신경도 쓰지 못할 가느다랗고 얕은 빛이 그렇게 끊겨버렸다. 종놈들이 나를 둘러싸고 살금살금 다가왔다. 종놈들이 나를 덮치려 하자 몸을 피해 그대로 담장 쪽으로 뛰었다. 진 영감은 고개를 저으며 혀를 찰 뿐이었고 그녀는 놀라 토끼 눈으로 쳐다보았다. 담장의 틈을 밟고 뛰어올라 그대로 산으로 향해 뛰었다. 종놈들의 소리가 점점 멀어져갔다. 그래도 뛰고 또 뛰었다. 이곳에 있으면 금세 붙잡힐 게 뻔하니 계속해서 달려야 했다. 언제나 죽겠다고 마음먹었지만, 사실 그 누구보다 살고 싶었다. 그렇게 살고 싶어서 자신을 어둠 속으로 몰아넣었나 보다. 팽배한 어둠은 한 줄기 빛으로라도 그 의미가 달라지니까. 어쩌면 내 어둠을 걷어 줄 빛을 찾아서 나는 달리고 또 달렸다. 내 나이 14살, 그렇게 조선을 떠났다.

"그래서 조선에 와 그자들을 죽였나?"

신문사 사무실, 석진이 말했다. 뿌연 담배 연기가 몽글몽글 피어올라 햇빛에 부서져 스산히 흩어졌다. 테이블을 중간에 두고 헌병대 대장과 석진이 마주 보고 앉아있다. 대장은 다리를 꼬고 서류를 보았고 석진은 애써 피하지 않고 자연스럽게 헌병대 대장을 응시하고 있었다. 모자를 눈썹 위까지 써 눈빛이 제대로 보이지 않지만 묵직하고 날카로운 기운이 예전에 보던 헌병 대장과는 다른 사람 임을 단번에 알 수 있었다.

"그 여자, 독립군이더군."

헌병 대장이 테이블 위에 서류를 내려놓고 꼬고 있던 다리를 풀었다.

"기독교인은 나라 정치에 관여하는 걸 금기시한다고 들었소."
"그자들을 죽였냐고 물었디."

헌병 대장은 소리 내어 웃었다.

"죽이진 않고 잡아들였지. 그와 관련된 수가 여럿인 듯해서. 그녀의 아버지는 오랫동안 의병 군에 자금을 댄 사람이기도 하더군."
"어찌 같은 조선인끼리 그럴 수가 있소?"

헌병 대장은 눈썹까지 내려쓴 모자를 벗었다. 그 속엔 넓고 길게 패인 찢어진 흉터가 있었다. 그의 상처로 인해 교활한 기운이 더 심해진 듯했다. 저 흉터의 원인을 생각하니 석진은 자신도 모르게 미간에 주름이 생겼다.

"조선에서 내 이름은 중필이었소."
"…?"
"부모가 여의고 똥물을 뒤집어써도 내 이름은 중필이었소. 백정 자식놈 주제에 멋진 이름이지… 그런데 날 천한 것이라 부르더이다. 그들과 같은 몸, 같은 생각을 가지고 있으면서도 난 그들과 같은 인간이 될 수 없었소. 내 신분이 천했기 때문이오. 그쪽도 알지 않나. 그런데 어찌 같은 조선인이라 말할 수 있는 것이오? 우린 고작 그 신분 때문에 개만도 못한 인생을 살았는데. 이 억울한 마음을 당신은 알긴 아시오?"

정적 속, 자신의 생명력을 내어주며 기꺼이 환락을 가져다주는 담배가 테이블 끄트머리에서 홀로 연기를 내뿜고 있었다. 헌병 대장은 그 담배를 주워들어 깊게 빨아들였다. 엉금엉금 타던 담배가 한순간에 절반 이상이 태워졌다. 그것의 열성이 헌병 대장의 입 밖으로 뿜어져 내뱉어졌다. 담배 연기는 오랫동안 머물렀고 사무실 공기를 탁하게 만들었다.

"그건 나도 동감하디."

헌병 대장이 석진의 말을 듣고 눈썹을 꿈틀거렸다.

"당신은 양반 출신 아니었소? 어찌 나를 동감한단 말이야."
"신분 따윈 다 무의미하기 때문이디. 학문을 배웠다고 해서 인재가 되는 것이 아니고, 노비라고 해서 온정이 없는 것도 아이야. 그렇다고 양반이라고 해서 인정이 꼭 그렇게 많은 것도 아니구레. 우린 이때까지 무의미에 허우적대고 있었을 뿐이라우."

헌병 대장은 테이블을 내리쳤다.

"거짓말하지 마시오. 그럼 왜 이걸 숨긴 거요? 동감한다면 다시 조선으로 가기 싫었을 것이오."

널브러진 서류를 가리켰다. 그러자 석진이 말했다.

"독립하기 위해서디."
"지금 나랑 말장난하는 게요?"

헌병 대장이 역정을 낼수록 이마의 주름으로 상처가 꿈틀거리는 것처럼 보였다. 석진은 아랑곳하지 않고 말했다.

"계급을 나누고 귀천을 나누는 이유는 온전히 독립하지 못했기 때문이야. 인간은 평등하고 모든 인간은 하느님의 사랑을 받을 자격이 있어."

"조선을 되찾고자 하는 거 아니요?"

석진은 물을 마시고 목을 축였다.

"내가 말하는 독립은 다르디. 독립하면 주님과 인간, 인간과 인간의 합일을 해 평등을 찾을 수 있어. 외세에 힘을 뺏기면 하나가 되지 않아 또 계층을 나누고 갈등과 마찰이 끊기지 않을 거이디. 그렇게 되면 그대가 과거에 느꼈던 것처럼 신분 차이는 영영 바뀌지 않아."

헌병 대장의 손에 들려있는 담배가 생명을 다하고 있었다.

"내가 생각하는 독립은 조선보다 그대 같은 인간을 위한 거이야."

석진의 말에 헌병 대장은 옛 과거라도 떠올랐는지 눈의 초점이 멀어져갔다. 그러자 복도에서 군홧발 소리가 들렸다. 사무실 문이 열리고 헌병이 들어왔다.

"全部終わりました! (다 끝났습니다!)"

헌병 대장은 그를 보더니 앉은 채로 손을 까딱거렸다. 그러자 헌병은 군기가 바짝 든 상태로 다시 문을 열고 나갔다. 그는 자리에서 일어나 성냥을 꺼내 들어 성냥갑에 긁으니 타닥거리는 마찰음과 함께 불이 붙었다. 그리고는 테이블에 놓여있는 서류를 불에 갖다 댔다. 서류들은 금세 검은 재로 변하며 타들어갔다.

"그쪽이 꿈꾸는 세상, 난 오지 않을 거라 믿소."

불타는 서류를 쓰레기통에 버리고는 헌병 대장은 돌아섰다. 그리고는 주머니에서 손수건을 꺼내 이마를 닦아냈다. 손수건은 얼룩지고 찌들어 오래되어 보였지만 그는 상당히 아끼는 것인지 고이 접어 다시 주머니에 넣었다.

"...부디 잘해보시오."

그는 짧게 말하고는 사무실을 나갔다. 석진은 등받이에 기대어 한숨을 크게 쉬었다. 노을빛이 사무실 창가로 들어와 종이 타는 연기를 비추어 몽환적인 분위기를 만들어 주었다.

며칠 후, 석진은 하얀 한복으로 정갈하게 입고 길을 나섰다. 저 멀리서부터 소리가 들려 뒤돌아보니 이량이 뛰어오고 있었다.

"형님, 그 말이 사실입네까?"

숨을 헐떡이며 이량이 말했다. 무엇을 의미하는 말인지 알고 있어 석진은 쉽게 대답하지 않았다.

"쪽바리 새끼들은 심심하면 지랄이오? 형님, 몸은 괜찮소?"

석진은 고개를 끄덕였다. 하지만 이량의 흥분은 가라앉지 않았다.

"그래도 무신 놈들이 압수수색을 두 번씩이나 하는 게 말이 됩네까? 그래서 짤린게요?"

석진은 발걸음을 멈추고 이량을 쳐다봤다.

"잘린 게 아니고 내가 나온 거라우!"
"양대인들 너무 한 거 아닙니까? 형님이 얼마나 열심히 했는데 자르다니"
"어허~ 내가 나온 거래도!"

석진은 빠르게 걸어나갔다. 석진은 조선인이고 교인이란 이유로 예수 교회보 신문사를 두 번씩이나 압수 수색을 당했고 이에 선교사들은 심각하게 생각했다. 이대로 둬서는 안 될게 뻔했다. 어쩔 수 없이 한석진의 퇴진을 꺼내 들었고 선교사 게일이 신문사를 맡았다. 한참을 걸어나가다가 이량이 불러 뒤를 돌아보니 그는 따라오지 않고 가만히 서 있었다.

"형님한테 많이 배웠습니다. 사실 이 말 하러 왔습네다."

석진이 발걸음을 멈추고 이량에게 다가갔다.

"평양에 돌아가 여관업을 다시 시작하려고 합니다. 교회를 저버리겠다는 말이 아니라요. 평양에 가서도 꾸준히 기독교인 생활을 할 것입네다. 사실... 자식들이 늘어나서 지금 수준으로 살지 못할 거 같소. 평양에 남아있는 재산을 가지고 다시 시작하려고 합니다. 평양 일대를 내 여관으로 쫙 깔아둘끼니 두고 보시라요."

이량의 말에 석진은 가벼운 웃음으로 대답을 대신했다.

"해지기 전에 평양으로 떠날 것 같습니다. 이때까지 고마웠습니다. 형님, 내 걱정돼서 말합니다. 몸조심 좀 하시라요. 내 언젠간 놀러 오겠소."

석진은 가볍게 끄덕거리고 이량은 허리 숙여 인사하고 돌아섰다. 이량의 뒷모습을 보고 있자니 그와의 추억들이 피어올랐다. 이량이 고맙다고 했던가, 어쩌면 석진도 이량이 없었으면 지금까지 오지 못했을 것이다. 여관방에 붙은 성경 벽지를 보고, 이렇게나 인연이 이어질 줄 상상도 못 한 그때를 생각하며 피식 웃음이 새어 나왔다. 이게 다 주님의 뜻이겠지. 독립협회의 실패도, 신문사 사장 퇴진도 이 모든 실패로서 오는 심적 고통은 주님의 섭리이고, 그에 응답하고자 석진은 목회로서 풀어야겠다고 마음먹으며 힘차게 발걸음을 떼었다.

안동교회

안동교회 안, 반원 모양의 창을 통해 햇빛이 들어와 밝게 비춰줬다. 넓고 쾌적하지만 가로지르는 거대한 휘장이 처져있어 답답해 보였다. 그 휘장 사이로 남녀가 따로 나뉘어 앉아있다. 새로운 담임목사가 온다는 소식에 교인들은 대부분 참석하여 앉아있었다. 소문으로만 듣던 한 목사가 온다는 소식은 양반들의 흥밋거리가 되기에 충분했기에 웅성거림과 잦은 웃음은 끊이지 않고 들려왔다. 남자 쪽이나 여자 쪽이나 상황은 똑같았다. 이때, 교인들 앞으로 석진이 걸어들어왔다. 웅성거림과 웃음소리는 일제히 끊겼고 석진에게 집중됐다. 양반들만 모여 있는 교회라고 소문은 듣긴 했지만, 그에 걸맞는 엄숙한 분위기를 뿜어댔다.

"기다리고 있었소."

중년의 교인이 석진에게 말을 건넸다. 석진은 눈을 가늘게 뜬 채 눈썹을 찡그리고 있다가 천천히 입을 열었다.

"이 안동교회를 부임하게 된 임시 목사 한석진입니다."

"말씀 많이 들었소. 대한 기독교에 핵심적인 인물이라고 하던데. 우리 전통적인 양반 교회에 걸맞는 분입니다!"
"이제야 교회답습니다."

교인들이 당당하게 말했다. 하지만 석진은 이들의 말에 반응하지 않고 휘장 사이로 교인들의 모습을 유심히 보기만 했다. 이후 간단히 인사만 나누고 석진은 교회 직원들을 따로 불러모으니 교회 잡업을 담당하는 직원 4명이 모였다.

"한 가지 건의 드릴 게 있디요."

석진이 입을 떼자 직원들은 말을 받아적기 위해 수첩을 꺼내 들었다.

"저 흉물스러운 휘장을 철폐하기 바랍니다."

직원들은 필기를 멈추고 놀람을 넘어 믿지 못하는 반응을 보였다.

"그게 무슨 말씀이십니까?"
"저 흉물은 교리에 맞지 않습니다."
"목사님 그건.."
"어찌 남녀가 함께 모이겠습니까? 휘장이라도 있어야 교인분들이 나오실 텐데요. 특히나 안동교회는 양반 계급에 속하는 분들이라..”

"그래서 그러는 거이다. 세상은 이렇게 변하는데, 조선은 아직도 변하지 않는 게 마땅하갓어? 양반이나 백정이나 똑같은 주님 아래 한 가족이고, 형제자매이다. 그렇게 생각하지 않고는 어찌 기독교를 믿는 거이야?”

석진의 말에 직원들은 꿀 먹은 벙어리가 되었다. 석진은 그 자리에서 자신의 중심사상인 합일을 가르쳤다. 차별을 없애야 하는 이유를 설명하자 직원들은 고개를 끄덕이며 수첩에 받아적기도 했다.

"다음 예배일부터 휘장이 없었으면 좋겠습니다.”

석진은 마지막 당부를 하고 직원들을 해산시키고 퇴근했다. 주일이 다가오자 아침 일찍부터 안동교회 내부는 북적이는 소리에 시끄러웠다. 사람들이 오기 전에 직원들이 휘장을 철거하고 있는 거였다. 처음에는 의문을 가졌지만, 석진의 진보적 성격과 사상이 주입되어 아침 일찍부터 일을 치르고 있었.

"뭐합니까?”

빼곡히 세워놓은 휘장 뒤로 말소리가 들렸다. 교인들이었다. 직원들은 괜히 헛기침하며 교인들의 눈을 피했다.

"이보시오. 지금 뭐 하는 거냐고 묻지 않소."
"...한 목사님 제안에 따라 휘장을 철거하는 중입니다."
"이.. 이.. 이.. 무슨! 당장 멈추시오. 어디서 감히 유학의 전통을 어기려고 그래?"

중년 교인이 직원의 팔을 낚아채며 말했다. 그러자 나머지 교인들이 달려들어 직원들을 통제했다. 교인이나 직원들이 몸이 엉켜 휘장과 함께 쓰러지기도 했다. 휘장 하나가 넘어가니 연결된 휘장들이 차례대로 넘어가 먼지가 사방으로 흩날렸다. 내부는 한순간에 아수라장이 되어 사람들의 신음만 들렸고 이 모습을 가만히 서서 지켜보던 한 남자가 있었다.

"이게 뭐 하는 짓입니까?"

중저음으로 낮게 깔리는 목소리지만 귀에 쏙쏙 박히는 목소리였다. 그 목소리의 정체는 안동교회 초대 장로 박승봉이었다. 교인, 직원 너나 할 것 없이 자리에서 일어나 인사했다.

"지금 뭐 하는 짓인지 내 물었네."
"휘.. 휘장을 철거하고 있었습니다."

직원 한 명이 쭈뼛쭈뼛 대답했다.

"박 장로님, 이게 말이 됩니까? 남녀가 유별하거늘 어찌 휘장을 철폐한다는 겁니까? 예?"

중년 교인이 박승봉의 팔을 잡고 말하자 그의 표정은 일그러지고 고개를 저었다. 박승봉의 반응을 보자 교인들이 미소짓기 시작했다.

"한 목사님이 제안한 일이 아닌가? 그런데 그걸 왜 저지하고 있나?"

박승봉이 팔을 뿌리치며 말했고 기대는 금세 경황망조로 바뀌었다. 교인들은 서로 눈치만 볼 뿐이었다.

"어서 휘장을 철거시켜주게."

박승봉이 말하자 직원들은 넘어진 휘장들을 철거시켰다. 고위층 양반 출신이자 안동교회 장로인 박승봉의 말에 교인들은 더이상 설칠 수 없었다. 그저 그의 눈을 피해 바닥만 보고 있었지만, 얼굴색은 봉선화로 물들인 소녀의 손톱처럼 불그스름해져 입술을 씰룩거리고만 있었다.

이렇게 안동교회는 휘장을 철거한 최초의 교회가 되었다. 선교사 사이에도 소문이 퍼졌고 박승봉이 행한 소문은 양반들에게 급속도로 퍼졌다. 고위층 양반 출신의 행동으로 한석진을 못마땅하게 보던 양반들도 어느 정도 받아들이게 되었지만 반대의 경우도 있었다. 오히려 반대파 교인들은 끝까지 보수적인 입장을 고수하며 석진의 행동을 못마땅하게 여겼다. 이로써 양반 교회인 안동교회는 석진의 사상에 대한 온건파와 강경파로 나뉘게 되었다. 장로와 목사가 개화된 모습을 보이니 강경파 양반들은 쉽사리 나서지 못했지만, 아니꼽게 볼 수밖에 없었다. 석진은 이 사실을 알았을 때 한동안 슬픔에 빠졌다.

사실 내적으로 고난을 겪고 있는 사람은 교인들도 아니고 선교사들도 아닌 석진이었다. 전통 양반 교회로 안동교회가 성립되었고 이 교회의 출발은 양반 중심의 '대한 사람 교회' 성격이 뚜렷했다. 주체성 강하고 독립적인 성격을 지닌 안동교회에 석진은 희망을 걸었다. 임시 목사라 하여도 이 교회를 발판으로 교회의 독립을 이루리라. 그러나 막상 와보니 주체성 강한 교회가 아닌 허례허식이 가득 찬 과거에서 벗어나지 못한 교회일 뿐이었다.

이렇게 둬서는 안 됐다. 반상의 차별은 하나님이 주신 인간의 기본권을 무시하는 일이었다. 교인들의 각성이 필요했다. 휘장 철폐는 적응하는 중이라지만 결과적으로 갈등만 부추길 뿐이었다. 무언가 보여줘야 했다. 말로만 떠든다면 자신이 가장 증오하는 모습과 다를 게 없었다. 끊임없는 고민 끝에 석진은 모두가 충격받을 일을 하게 된다.

휘장 없는 교회는 넓고 탁 트인 본래의 모습을 되찾았다. 그와 반대로 교인들은 적응하지 못해 어색한 감이 없잖아 있었다. 휘장이 없어도 남녀가 나뉘어 앉았고 앞뒤로도 나뉘었다. 같은 양반끼리도 급을 나눴던 것이었다. 안동교회는 양반 교회라고 소문이 났지만, 양반이라고 다 똑같은 양반은 아니었다. 박승봉처럼 고위층 출신도 있었고 몰락한 양반으로 출신만 양반인 사람도 있었다. 조선이 망하고 몰락한 양반은 수도 없이 많았지만, 교회 안 양반들은 그들을 달갑게 여기지 않았다.

　　양반 출신인 장덕창은 과거 폐지로 벼슬길이 막히게 되자 먹고 살기가 힘들어졌다. 대대로 유학을 공부한 집안의 자손이었지만, 세상이 변하니 그의 노력은 한 줌의 재가 되어버렸다. 글의 재주가 있던 그는 소설을 적어보기도 하고, 그림을 그려보기도 했지만, 생활이 좀처럼 나아지지 않았다. 신분을 벗어던지고 옷감을 만들어 파는 상업에 종사해봤지만, 평생 장사해온 장사아치를 이길 수는 없었다. 장덕창은 늘 자신의 삶을 비관했다, 지금은 아무 소용 없게 되었지만, 자신이 평생 바쳐온 공부를 쉽게 놓을 수도 없었다. 달빛에 의존해 책을 보려고 해봤지만, 노쇠한 아버지를 대신해 아침 일찍 돈을 벌어야 하니 마음을 접고 침상에 누워야만 했다. 이런 인생이 무슨 의미가 있을까? 방 안에는 달빛조차 들어오지 않고 음습한 어둠만이 반겨줄 뿐이었다. 끝없는 나락으로 자신을 몰아넣을 때, 길거리에서 전도하고 있는 선교사를 만나게 되었다. 장덕창은 여유를 찾고자 기독교에 발을 들이게 되었고 양반이라는 출신 덕분에 안동교회로 들어올 수 있었다. 잠시나마 양반이라는 이름을 지킬 수 있어 죽어가던 얼굴엔 생기가 생겼다. 하지만 그뿐 양반만 모여있는 자리에서 장덕창은 양반의 체통을 지키지 못한다고 업신 당하고 무시당하기 일쑤였다. 교회 덕분에 절벽에서 동아줄을 간신히 잡을 수 있었지만, 교회가 현실적인 문제까지 덮어줄 수 없는 노릇이었다. 안동교회에 새로운 목사가 부임한다는 소식이 들렸지만, 그건 장덕창의 삶과 전혀 상관없는 부분이었다. 물론 그렇게 생각했다. 그런데 목사가 교회를 바꾸려고 하자 희망이라는 단맛을 조금이라도 느낄 수 있었다. 그러던 어느 날, 장덕창은 교회에 얼굴을 비추지 않기 시작했다.

"경제적으로 부하지 못하여도 하느님이 주시는 영적은 가난을 부요함으로 지배토록하시니 기쁨과 소망을 천상에 흘려보내는 부자로 살 수 있을 겁니다. 아멘."
"아멘"

복음 설교 끝으로 석진의 기도에 맞춰 각자 짐을 챙겼다. 석진은 넓어진 교회를 보더니 상쾌한 목소리로 말했다.

"그런데 항상 구석에 앉던 장덕창 교인은 요즘 들어 안 보이는 거 같디요."
"장덕창이요? 장덕창이 누구요?"

교인들이 의아해하며 물었다. 석진은 장덕창이 항상 앉던 자리로 걸어갔다.

"여기 끝에 항상 앉던 조용한 교인분 있지 않았디? 아무도 기억나지 않습니까?"

대답이 없었다. 그저 눈알만 굴릴 뿐이었다. 그러다 누군가 소리쳤다.

"아~ 생각났소. 그 왜 있잖소. 양반이라는 사람이 장사꾼처럼 물건이나 다루던 사람."

교인 중 한 명이 한참 동안 풀리지 않던 매듭을 푼 사람 마냥 자랑스러운 표정을 지었다. 장덕창의 신원을 알게 되자 여기저기서 탄성이 튀어나오기도 하고 혀를 차는 사람도 있었다.

"쯧.. 양반이라는 사람이 체통도 못 지키고."
"그가 무슨 일을 하든 모두 하느님의 자식이오."

석진이 말하자 혀를 차던 교인은 석진의 눈을 피하고 제 갈 길을 바삐 나섰다. 잠시후 텅 빈 교회 안, 석진은 한동안 생각에 잠겼다. 장덕창의 믿음은 다른 교인들하고 다르게 느껴졌다. 언제나 구석에 앉아

있었지만, 석진은 그의 간절함을 느낄 수 있었다. 물론 몰락한 양반이란 사실도 알고 있었다. 그러기에 더 눈길이 갔었을 수도 있다. 혹시라도 잘 못 됐다는 생각에 석진은 결심이라도 한 듯 바삐 교회를 나섰다.

　석진은 지나가던 사람에게 물어, 물어 장덕창의 집을 찾아 나섰다. 그 끝은 어마하게 큰 대문 앞이었다. 열린 대문으로 주인을 부르니, 집주인은 석진을 알아보고 자신을 소개하며 반갑게 맞이했다. 이 집을 찾아온 이유를 자초지종 설명하니 그는 자신을 따라오라고 말했다. 그를 따라가니 넓은 대문의 바로 옆, 옛날 노비가 살았던 행랑으로 인도했다. 석진은 혹시나 하는 마음에 되물었지만, 집주인은 행랑만 가리킬 뿐이었다. 그가 장덕창을 불러봤지만, 대답은 들리지 않았다.

　"아마 상 중이라 몰골이 말이 아닐 겁니다."
　"지금 그게 무슨 말입니까? 장례를 치르고 있는 거이야?"

　뜬금없는 말에 석진은 놀라며 물었다. 집주인은 고개를 저으며 한숨을 내뱉었다.

　"지아비가 오랜 지병을 앓았답니다. 장례는 무슨.. 지금 여기 겨우 행랑 한 간을 빌어먹고 사는 형편인데 장례 치를 겨를이 있겠습니까? 쯧.. 어쨌든 여기 방에 있는지 모르겠습니다."

그때 행랑 문이 천천히 열렸다. 악취인 듯 아닌 듯 꿉꿉한 냄새가 풍겨 나오며 장덕창의 모습이 보였다.

"오! 집에 있었구만. 몸은 괜찮고?"

　집주인이 반기며 말했다. 장덕창의 얼굴엔 그늘이 진 것처럼 어둡고 생기가 없어 보였다. 눈 밑은 깊게 패어 그늘을 만들었고 갈라진 입술은 피가 나서 딱지가 앉아있었다. 그는 초점 없는 눈으로 석진과 집주인을 보았다. 석진은 행랑으로 다가가 문을 활짝 열었다. 꿉꿉했던 냄새는 썩은 냄새로 바뀌어 석진의 코를 강렬하게 찔러댔고, 윙윙거리는 파리들의 날갯짓 소리는 귀를 간지럽혔다. 석진은 코를 막고 유심히 보니 장덕창의 앞에는 한 노인이 누워있었다. 그의 모습은 불에 탄 심지처럼 앙상해 보였고 누가 봐도 생명이 다한 모습이었다.

"…뭐 하는 거이야?"

　놀란 마음을 다잡고 물었다. 장덕창의 희미한 초점은 석진에게 천천히 이동했고 갈라진 입술이 파르르 떨리는 게 보였다.

"지금 뭐 하는 짓이냐고 묻지 않았니? 부모에게 어찌 이런 불효막심한 짓을 저지르는 중이니?"

석진은 장덕창의 사정을 알았지만, 그의 어리석은 모습에 분노를 감출 수가 없었다. 석진의 분노는 화승에 붙은 불처럼 빠르게 타들어갔다. 타들어가던 불은 귀약을 폭발시키듯 장창덕에게 폭발시켰다. 초점 없던 눈이 돌아왔고 나무라는 석진을 보자 한없이 눈물을 흘렸다. 그는 비참하고 착잡한 심정을 폭포수처럼 흐르는 눈물에 태워 흘려보내는 것만 같았다.

　다음날 안동교회 안 사무실, 한석진과 장로 박승봉, 교회 직원 두 명이 앉아있고 다른 직원 한 명이 차를 가지고 들어와 나눠주었다. 컵에는 김이 모락모락 피어오르고 코끝을 자극했다. 석진은 진지한 표정을 자아냈다.

"그렇게 된 거이디."
"어찌하면 좋겠습니까?"

　석진의 말에 박승봉도 표정을 찡그리며 심각한 표정을 자아냈다.

"형편이 안되어 장례를 치를 수 없다하니 얼마나 참담한 일입니까. 우리 안동교회에서 돕기로 해야디. 장로님 생각은 어떻습니까?"
"도와야지요. 그럼 비용은 어떻게..."

　박승봉의 말을 끝으로, 시간은 흘러 안동교회 예배당.

"그러니까, 우리의 헌금으로 그 장창.. 아니, 그.. 장덕창 교인의 아버님 장례를 치르겠다는 말이오?"

자칭 강경파 교인들이 둘러앉자 하나같이 심각한 표정 짓고 있었다.

"그.. 양... 양반 같지도 않은 놈 때문에 우리 돈을 쓴다고?"
"네, 제가 들은 얘기론 정확합니다."

강경파 실세인 중년 교인은 너무 당황해서 말도 제대로 나오지 않는 상태였다.

"우리가 교회의 발전을 위해 헌금을 한 것이지. 그 교인 때문이 아니란 말이오."
"임시 목사 주제에 왜 이렇게 설치는 것이냐. 이건 정확히 말해야 합니다. 아무리 박 장로님이 동의하셨다 해도 그냥 넘길 수 없는 일입니다. 교인들을 대표하여 우리가 말합시다."

강경파 교인들끼리 주거니 받거니 맞장구를 쳐주며 대화를 이어갔다. 이들의 대화가 화목하게 무르익을 때쯤 석진이 문을 열고 들어왔다. 조금 전만 해도 화기애애한 분위기는 석진의 등장으로 가위에 잘린 실타래처럼 축 처져 버렸다. 석진은 교인들 사이에 앉아 교인들을 둘러보았다.

"날 찾으셨다 들었디. 무슨 일입니까?"

직접 석진을 대면하자 교인들은 우물쭈물 대며 눈치 보기 바빴다. 이때 제일 연배가 깊은 늙은 교인이 입을 열었다.

"우리가 모은 헌금으로 장 교인 장례를 치른다는 얘기를 들었소."
"그.. 그러게나 말입니다. 우리 교인들은 동의하지 못하오."
"교회의 발전을 위해 모은 헌금을 개인 생활로 사용되는 것은 반대하는 의견입니다. 한 목사님도 이를 알아주시길 바랍니다."

늙은 교인의 말로 인해 교인들의 주장들이 쏟아져 나왔다. 석진은 이들의 주장을 가만히 듣다가 입을 열었다.

"맞소. 헌금은 교회의 운영을 위한 거이다."

교인들의 얼굴에 미소가 번졌다. 그러자 석진이 다시 입을 열었다.

"하지만 형편 안되는 이웃에게 나누어 주는 것이 더 값진 일이오. 그게 하느님이 말한 포용이고 사랑입니다."

초롱초롱했던 눈은 목숨 다한 반딧불이처럼 생기를 잃었고 다시 눈치를 보기 시작했다. 누군가 석진의 말에 반박이라도 해줬으면 하는 바람이었을 것이다.

"하.. 하느님도 이를 이해하실 겁니다. 교회를 위한 것이지 개인을 위한 게 아닙니다. 우린 땅 파서 돈이 나오는 게 아니잖습니까."

이번엔 중년 교인이 입을 열었다. 한참을 용기 낸 듯 보였다.

"장 교인은 몰락한 양반에 출신도 불분명한 거 같소. 애초에 그런 자를 이 교회에 받으면 안 되는 거였어~."
"옳소. 체통 없는 양반은 양반도 아니지요."
"그러니 빌어먹고 살지."
"이참에 두 번 다시 안동교회로 오지 못하게 하는 건 어떻습니까?"

또다시 시작된 이들만의 맞장구에 석진은 역겨운 냄새를 맡은 표정으로 자리를 박차고 일어났다.

"그만! 그만 좀 하라!"

석진은 역겨운 웃음을 단숨에 잘라내고 정적을 만들어냈다.

"정녕 그대들이 기독교의 교리를 따르는 기독교인들이네? 내가 보기엔 그대들은 신앙이 아니라 무엇하나 얻어먹으려 교회를 찾은 거처럼 보이디. 박 장로가 필요해도 이런 반응을 보일거이야? 좋다. 돈 때문이지요? 내 이 교회의 헌금을 건드리지 않고 장례를 치르겠시요."

석진은 울분을 토하고 교회를 나서자 예배당은 정적만이 어울리는 분위기였다.

"이거.. 사비라도 쓰려나 봅니다. 아니면 직접 장례라도 치르던가."

중년 교인이 말하자 언제 그랬냐는 듯이 웃음을 터트렸다. 웃음은 둘쭉날쭉하며 일정하지 않지만, 끊기지 않고 길게 이어졌다.

홀로 피워진 촛불만이 방안의 답답함과 어둠을 잠시나마 달래줬다. 쨍쨍한 햇빛 한 줌조차 허락하지 않는 이방은 저 촛불이 마지막 숨구멍이었다. 박승봉은 지금 이 감옥 같은 방에서 당황을 금치 못하고 있었다. 바로 눈앞에 시체 때문이었다. 하지만 같이 있던 석진은 아랑곳하지 않고 천을 향나무에 우린 물에 적셔 시체를 닦기 시작했다. 향나무 냄새와 아직 부패하지 않은 시체 냄새가 섞여 오묘한 향이 코를 찔러대어 마비시키고 있었다. 박승봉도 석진을 따라 천을 적시고 시체에 가져다 대었다. 하지만 이렇게 가까이서 송장을 보는 것은 처음이라 손의 떨림은 멈출 수 없었다. 그래도 능숙하게 하는 석진을 따라 구석구석 몸을 닦아내었다.

"이렇게 따라와 주어서 고맙디요."

석진의 말에 박승봉이 석진을 쳐다봤다.

"모두 주님의 자식이고 우리의 형제입니다. 형제의 아픔을 모른척할 수는 없지요."

시체를 앞두고 온정 담긴 말을 나눴다. 강경파 교인과 만남 이후 석진은 어떻게 할지 골머리를 앓았다. 물론 자신의 사비로 장례를 치를 수는 있지만, 그러면 근본적인 문제를 해결할 수는 없었다. 그가 생각한 문제는 교인들이 가진 반상의 차별이었다. 모두가 평등해야 할 교인들이 차별을 가지니 헌금 따위로 시시비비를 따지는 게 아닌가. 석진은 한참 고민하다가 예로부터 천민들만 하던 시체 염습을 직접 하기로 마음먹었다. 위기를 기회로 바꿀 생각이었다.

"대한 교인들이 모두 같은 생각이어야 할 텐데 말이디요."

석진의 이마엔 땀이 송글송글 맺혔다. 이때, 문에 그림자가 드리우고 소리가 들렸다.

"집주인 댁 민경호입니다. 갈아 넣을 물을 가지고 왔습니다."
"들어오시게"

 천천히 문이 열렸다. 들어오는 바람으로 숨구멍 같던 촛불이 꺼지고 강렬한 빛들이 문을 통해 들어왔다. 한석진과 박승봉은 눈을 가늘게 뜨고 문 쪽을 바라보았다. 장덕창이 물이 담긴 대야를 들고 있고 그 뒤로 집주인 민경호가 행랑방 안을 살펴보았다. 강렬하게 내리쬐는 햇볕 때문에 장덕창의 얼굴에 그림자가 드리워졌지만, 그의 표정은 선명하게 보였다. 놀람, 그리고 자신을 옭아매는 고리를 끊어낼 수 있다는 슬픔, 자신의 처지에 대한 증오 등등 딱 하나의 감정을 정해 말할 수 없는 복잡다단한 감정들이 그의 표정을 그려냈다.

 대야 속 출렁이는 물이 혹시나 넘칠까 봐 천천히 바닥에 놓고 장덕창이 방안으로 들어왔다. 민경호는 밖에 서서 그저 믿기지 않는다는 표정으로 한동안 바라보았다. 나름 이름있는 양반들의 모습에 두 눈을 의심할 수밖에 없었다. 무엇보다 놀라운 점은 시체를 염습하는 한석진과 박승봉의 행동이 전혀 개의치 않고 자연스럽다는 것이다. 아무리 세상이 변했다 해도 믿지 못할 광경에 민경호는 헛웃음까지 내뱉었다.

 다른 의미로 복잡다단한 표정을 지어내는 민경호를 뒤로하고 석진과 박승봉이 빛에 적응하자 행랑방 앞에 몰려든 사람들이 보였다. 아무래도 신분을 초월한 이들의 행동에 몰려들었으리라. 석진은 아무렇지 않다는 듯 구경꾼들을 살펴보았다. 강경파 교인들이 보였다. 그들은 입을 가리며 흘러나오는 탄식을 숨기기도 하고 못 볼 것이라도 본 것처럼 시선을 피했다. 물론 이 무리 외의 사람들도 같은 반응이었다. 평민, 양반 할 것 없이 한석진과 박승봉의 행동은 획기적인 사건이었다. 이 사건으로 인해 받았던 충격은 이내 감동으로 밀려들었고 한동안 대중들의 입에 오르내렸다.

1912년 12월 1일, 살갗을 찢어버릴 듯한 찬바람은 귀신 곡소리를 만들어내며 불어댔다. 혹한의 추위 속에 안동교회 한석진 목사의 위임식이 거행되었다. 이때까지 석진은 임시 목사로서 안동교회에 있어 권한이 제한 됐지만, 빛을 발한 그의 행동에 담임 목사로 위임받을 수 있었다. 이 위임식에 참여한 인물은 눈여겨 볼만했다. 평양에 있던 선교사 마펫이 손수 달려와 권면과 성례를 집전하였고 신학교 동창 길선주 목사도 보였다. 지금 교회 안에는 대한 교회에 중요 인물들이 대거 모여있었다. 그중 감리교 목사도 몇 있었다. 석진의 합일론은 감리교까지 소문이 났던 거였다. 담임 목사가 되어 안동교회 행정업무까지 담당하게 되자 석진은 미뤄왔던 고민을 해결하기로 마음먹었다. 바로 새로운 예배당 건축이었다. 옹기종기 붙어있는 교인들을 보며 늘 마음 쓰였지만, 임시 목사로서 어찌할 수 없었다. 사실 그 누구라도 담임 목사로 위임받았다고 해서 예배당 건축을 함부로 하진 않겠지만, 석진은 예배당 건축 경험이 여러 번 있었고 자신 있었다. 예전에 지었던 예배당처럼 쉽게 풀리면 좋으련만, 안동교회 예배당 건축은 이때까지와는 다른 막대한 자금이 필요로 했다. 위치도 위치지만, 석진의 명성에 양반뿐 아니라 평민들도 안동교회에 입교하길 원해 막대한 공간이 필요했다. 강경파 교인들의 만류에도 석진은 시원하게 무시하고 받아들였다. 이런 상황에서도 석진은 선교사들에게 손을 벌리지 않았다. 대한의 손으로 순수 대한 교인들의 힘으로 예배당을 짓기 위해 석진은 밤, 낮 가리지 않고 계획을 세우기 시작했다.

안동교회 사무실 안, 수북이 쌓인 문서와 지폐 사이, 사이에 앉은 석진과 박승봉, 교회 직원이 문서들과 지폐를 대조해보며 수기로 빼곡히 적어놓고 있다. 그러다 교회 직원이 입을 찢어지게 하품을 하며 기지개를 켜다가 그만 쌓인 문서를 무너뜨리고 말았다. 문서들이 모래사장 바닷물처럼 사무실 바닥에 퍼져나갔다.

"쉬다 해라."

석진은 연필을 내려놓고 미소를 보이며 말했다.

"아닙니다 이제 얼추 끝났습니다. 하하.."

직원은 손가락으로 두 눈을 안마하듯 꾹꾹 눌라댔다. 그리고는 고개를 털고 다시 손을 움직였다. 몇 시간 뒤, 직원의 동공은 풀려있고 석진은 머리를 손에 기댄 채 고민에 빠져있다. 박승봉은 수기로 적은 글을 빠르게 훑어보고 있었다. 널브러진 종이처럼 사무실 안은 생기라고는 찾아볼 수 없을 정도로 나른하고 건조했다. 침묵을 이어가던 중, 박승봉이 감탄을 자아내며 건조한 분위기에 수분을 보충해주었다.

"윤치오, 민준호 두 교인은 각 1천 원을 헌금했습니다."

말라 비틀어져 가는 꽃이 수분을 먹어 생생해지듯 직원의 눈이 초롱초롱해졌다.

"1..1천 원 말입니까? 어찌 그런 큰돈을?!"
"황기연 교인은 계동에 있는 자신의 집을 팔아 내놓았습니다."

석진도 종이를 보며 말했다.

"그럼 예배당 건축은 충분하겠습니다!"

말이 끝나기 무섭게 직원은 생기발랄한 모습으로 문서들을 정리했다.

"아니다. 이 정도 가격이면 300평대를 살 정도야."
"그.. 그렇게 큰 대지가 필요합니까?"

직원은 의심 가득한 눈으로 석진을 바라보며 물었다. 석진은 가소롭다는 듯 가볍게 웃었다.

"300평도 부족할 거요."
"허허... 이젠 건축비가 문제인데, 어찌하면 될까요."
"그럼 건축비는 얼마 정도 듭니까?"

박승봉의 한탄에 갓 20살 된 직원이 호기롭게 물었다.

"1만 원 정도 들 거야."
"예?! 1.. 1만 원이요? 어찌... 이거 정말 예배당을 만들 수 있는 겁니까?"
"만들어야디. 하느님의 집을 교인들이 못 만들면 누가 만드나?"

석진은 확신에 찬 대답으로 이들을 안심시켰다.

"헌금으로 겨우 모은 게 몇천 원입니다. 이것도 적은 금액이 아닌데... 그런데 만 원을 어떻게.. 그냥 선교사 선생님들에게 말씀하시지.."

직원의 마지막 말은 기어들어 가는 소리로 말했지만, 자신도 모르게 꽤 큰소리로 나온 거 같아 석진과 박승봉의 분위기를 살폈다. 아니나 다를까 한석진과 박승봉은 동시에 직원을 쳐다보았다.

"아.. 그.. 그러니까 말입니다. 선교사 선생님들은 나라도 잘 산다고 하니까.. 여기 아무것도 없는 이곳에 병원도 지어대고 학교도 짓는데, 안동교회 예배당을 못 지어주겠습니까."

어색한 침묵이 흐르자 직원은 시선을 피하고 머리를 긁으며 딴청을 피워댔다.

"우리나라 교회이니, 우리나라 교인이 지어야디."
"하지만.. 교인들 수가 늘어나 대문 밖에서 예배를 드려야 될 판입니다."

직원이 기어들어가는 목소리로 말하자 석진은 마른 세수하며 자리에서 일어났다.

"마냥 기다릴 수는 없디."
"어쩌시려고요?"
"방법을 찾아야디"

석진은 짧은 말을 남기고는 사무실을 나갔다. 박승봉은 종이 문서만 쌓여있는 석진의 빈 공간을 허무하게 쳐다보다가 따라 나갔다.

"장로님! 장로님은 어디 가십니까?"

직원은 종이 숲속에서 외로이 외치었다. 머리도 쥐어 뜯어보고 입술을 씹어댔지만, 풀리지 않는 문제에 직원도 벌떡 일어나며 외쳤다.

"가.. 같이 가요!"

얼마 뒤, 정동 거리. 한석진과 박승봉은 이 거리에서 눈에 띄게 호화스러운 건물 앞에 멈춰섰다.

"한 목사님, 어쩌시려고요?"
"여기가 어딘지 아시요?"

석진은 건물을 가리키며 말했다. 박승봉은 고개를 저을 뿐 그렇다 할 답을 내놓지 못했다.

"따라오시요. 여긴 건축업자 집이디."

석진은 황금색과 붉은색으로 멋들어지게 도배된 대문으로 향했다. 박승봉은 말을 이해하지 못하고 미간만 찡그렸다. 몇 초 뒤, 박승봉은 무언가 잘 못 된 것을 느낀 듯 석진의 앞을 가로막았다.

"한 목사님, 여.. 여긴 왜?"

"응? 의뢰해야디."

"그러니까 무슨?"

"건축업자에게 무슨 의뢰긴? 건축 의뢰디요. 예배당 건축."

석진은 자신을 가로막는 박승봉을 지나 대문을 두드렸다. 으리으리한 대문이 열리고 이 건물의 집사 정도로 보이는 여성이 안으로 들어오라고 말했다. 한석진과 박승봉은 그녀의 안내에 집에 들어가 보니 입을 다물 수가 없었다. 겉에만 호화스럽게 꾸며놓은 줄 알았더니, 집안에는 여러 동물이 새겨진 항아리가 전시되어 있고 목재 가구에는 빛이 날 정도로 코팅이 되어있어 부드러워 보였다. 창문들을 막으로 가려놔 빛이 들어오지 않고 보석이 박혀있는 듯한 전등에서 은은한 빛이 나와 어둡지도 밝지도 않은 편안한 분위기를 만들어냈다. 목적도 잊은 채 이 공간을 감상할 수밖에 없었다.

응접실에 들어서자 식구 대여섯 명은 능히 살만한 집만 한 공간에 홀로 앉아 담배를 꼬나물고 석진과 박승봉을 쳐다보는 한 사내가 앉아있었다.

"朝鮮佬的烟不好吃 (조선 놈들 담배는 맛이 없어.)"

사내는 담배를 깊게 빨고 내뱉고는 떫은 감을 먹었을 때나 지을 표정으로 말했다. 담배를 재떨이에 짓이겨 끄고는 박승봉과 한석진을 보자 일그러진 표정이 순식간에 풀리면서 해맑은 미소와 함께 앉으라고 손짓했다. 석진과 박승봉은 사내 앞에 나란히 앉았다. 가까이 앉아서 보니 첫인상이 주었던 강한 인상은 더 강렬하게 느껴졌다. 사내는 집사를 시켜 차를 가져오라고 시켰고 앞에 앉은 둘에게 시선을 고정했다.

"일을 의뢰하시겠다고? 신용이 곧 생명이다. 화진 상사에 오신 걸 환영합니다."

사내는 손뼉을 마주치고 환영하듯이 두 손을 내밀었다.

"예배당을 건축해본 중국인 건축업자라고 들었디."
"혹시 교인입니까?"

사내는 석진의 말에 미소 지으며 물었다. 최대한 친절히 말하는 듯했지만, 저 미소를 걷어내면 독기가 흘러넘칠 것만 같았다. 박승봉은 아무 말 없이 눈치 볼 뿐이었다.

"제가 부임하고 있는 교회는 안동교회라고 합니다. 안동교회는 양반 교회라고 소문이 났던 교회이디."

갑자기 안동교회를 설명하자 사내는 의아한 표정으로 노려봤다.

"하지만 양반들의 권위의식이나 차별의식을 철저히 배격했시요."
"하고 싶은 말이 뭐요?"

사내는 불쾌한 기색을 보이며 자세를 고쳐앉았다.

"그러니 변하더이다. 이젠 반상의 차별 없이 출신에 관여하지 않고 안동교회를 드나들고 있디."
"아~ 그래서 뭐? 나보고 어쩌란 거야? 어?"

사내는 중국말로 욕을 짧게 내뱉고 다리를 꼬고는 중국제 담배를 꺼내 피워댔다.

"그러니 교인 수가 늘어나 예배당을 건설해야겠시요."
"진작에 말씀하시지. 내가 중국인이라 조선말이 서툴러요. 그래서 말이 세게 나간 겁니다. 하하하.."

사내는 담배를 짓이기고는 다리를 풀어 미소를 지었다.

"내 이름은 모문서요. 그냥 편하게 모 사장이라 부르쇼. 자 그런 견적을 한 번 짜볼까요?"

석진은 들고 온 서류들을 펼쳐 보였다. 사내는 눈만 간신히 들어갈 크기의 동그란 안경을 껴 자세히 살펴보았다.

"에배당을 건설하기에 앞서 헌금을 모았디. 그.. 얼마였디요?"
"아! 네.. 한 4~5천 원 모였습니다."

석진의 묻자 박승봉이 풀렸던 정신을 되찾고 말했다.

"기래. 5천 원. 그 헌금은 300평 대지를 구입했디. 그래서 지금 돈이 없어."

사내는 서류를 보던 눈을 치켜세워 석진을 노려보았다. 대충 상황 파악이 끝난 듯 깊은숨을 들이마시며 등받이에 기대었다. 짜증 섞인 눈빛은 사내의 마음을 대변하기에 충분해 보였다.

"하지만 준공 후에 모두 지불하겠디. 아! 물론 전도금은 바로 지불할꺼디."

박승봉은 이해하기를 포기하고 입 벌린 채 석진을 바라보았다. 사내는 즐거워서 웃는 게 아닌 허탈해서 웃는 인위적인 웃음을 뱉었고 석진과 박승봉도 어색하게 따라 웃었다.

"내가 뭘 믿고?"

사내의 웃음이 툭 끊기자 살얼음을 걷는 분위기가 만들어졌다.

"걱정하지 말라. 꼭 드릴거이야."
"내가 사람을 잘 안 믿어. 믿어봤자 내 손해거든.. 骗子们幼崽 (사기꾼 새끼들)..."

사내는 중국말로 욕을 하며 과거를 회상하듯 시야가 멀어졌고 얼굴은 붉어졌다.

"어찌하면 믿갓어? 기독교인의 이름으로 맹세하디. 그리고! 준공이 끝나면 계약금의 1할을 더 얹어주겠어."

박승봉은 금방이라도 눈알이 튀어나올 정도로 석진을 쳐다봤다.

"나 모문서는 신용 없는 거래는 하지 않소."
"기니까 내가 거짓말을 한다면, 조선야소교장로회 독노회에서 이한석진을 찾으라우!"

석진이 이름을 걸고 맹세하니 정적이 흘렀다. 중국인 사내는 미간을 찡그리고 질문을 던졌다.

"뭐라 하셨소?"

"조선야소교장로회…"

"아니, 아니.. 한석진이라 했소? 당신이 한 목사요?"

석진이 고개를 끄덕거리자 사내는 일어나 악수를 청했다.

"이야~! 내가 한 목사님 같은 유명인을 다 보다니. 이거 영광이요."

얼떨결에 석진은 사내의 손을 맞잡았다.

"목사님 명성은 익히 들었습니다. 선교사 선생들에게 신용이 좋으시던데. 그럼 말 다 했지요. 내가 검은 머리 인간들은 잘 안 믿는데. 저~기 배 타고 넘어온 노란 머리 인간들은 믿기 시작했소. 좋소. 거래 하시지요. 완공 후 1할 더."

사내는 적당한 크기의 종이를 찾아 꺼내 간이 계약서를 만들고 석진에게 들이밀었다. 자신의 눈앞에 있는 저 종이 위에 이름만 적어넣으면 가시 돋친 가슴의 문젯거리가 해결될 수 있다. 그런데 석진은 이름도 적어넣지 않고 뜸을 들었다.

"내 하나만 묻겠디. 나에 대한 신용이니? 아니면 선교사들에 대한 신용이야?"

석진의 질문에 사내는 인위적으로 툭툭 끊으며 웃어댔다.

"아~ 아~ 이거 내가 실수했군요. 물론 한 목사님의 신용이지요. 노여움을 푸시지요."

사내는 이가 다 보일 정도로 미소짓고 안경을 고쳐 썼다. 그제야 석진은 볼펜을 들어 계약서 위에 서명했다. 허름한 건물들 사이에서 불을 토하는 것 같은 빨간 대문을 뒤로하고 안동교회로 향하는 길. 석진의 걸음걸이는 빨랐고 박승봉은 실실 웃으며 석진을 쳐다봤다.

"대.. 대단하십니다. 이럴 줄 알았던 겁니까?"
"무슨 말이시요? 일단 부딪혀 본 거이다. 우리가 행하는 일이 옳은 일이라면 주님이 도우셨을 것이고 아니었다면 벌을 내렸을 거이다."

석진이 대답하자 박승봉의 눈이 살짝 커졌다.

"그럼 돈을 마련할 계획도…?"
"이제 생각해야디요"
"…? 아.. 아니.. 저!.."

석진은 대수롭지 않다는 듯 짧게 말하고 걸어나갔고 박승봉은 멈춰서 멀어져가는 석진의 뒷모습을 하염없이 바라볼 뿐이었다.

"아따~ 이 씨부럴놈 아니여~"

다리 밑 청계천, 허름하다 못해 낡아 찢어진 옷을 입고 피부색도 예측할 수 없을 정도로 꺼뭇꺼뭇한 사내가 누런 이를 내보이며 욕을 지껄이고 있다. 그러자 거지처럼 보이는 사람들이 서서히 모여들었다.

"잡초 형님, 이 무신 일입니꺼?"
"글쎄 이 빌어먹을 놈이 여기서 동냥을 하잖어~ 에라이, 퉷! 여긴 우리 구역이란 말이여~"
"어허! 이 사람아, 거지 바닥에도 법도가 있는 것이야. 옷차림을 보니 거지는 아니고, 어디서 굴러먹던 놈이야?"

거지들은 먹잇감을 사냥하는 성난 들개처럼 점점 쪼여오면서 짖어 댔다. 흥분되어 소리치다 보니 개 짖는 소리와 흡사했다. 이 들개 떼가 날카로운 이빨을 들이밀며 먹잇감으로 달려드는 순간, 먹잇감이 소리쳤다.

"그게 아니디! 자리를 뺏은 게 아니라."

석진이었다. 먹잇감이 된 석진은 자신을 증명하기 위해 소리쳤다. 하지만 석진의 말은 저들의 이빨을 더 날카롭게 할 뿐이었다.

"내가 네 말을 어찌 믿냐? 계속 어슬렁거리며 돈 구걸 했잖여~"
"돈을 구걸한 게 아니다. 주님에게 드릴 헌금을 거두는 거이야."
"주님? 주님은 어디 구역이여? 내가 이 일대를 꽉 잡고 있는데, 어디서 사기를 치는 거여?"

잡초의 허무맹랑한 말에 석진은 순간 생각이 멈췄다가 다시 정신줄을 잡고 설명했다.

"... 난 안동교회 부임 목사이다. 현재 안동교회 예배당을 짓기 위해.. 아니디, 같이 교회로 가서 예수님을 믿어..."
"교회? 신을 믿는다는 그 뭐시기 종교 아니여? 에라이! 재수 옴 붙는다. 가자!"

잡초가 소리치자 거지들은 눈살을 찌푸리며 돌아섰다.

"이보시오. 내래 잠시!.."

석진은 거지들에게 하소연하듯 다가갔다. 잡초는 따라오지 말라며 실랑이를 벌이기도 했다. 소란스러운 이들의 모습을 멀리서 지켜보는 이들이 있었으니, 안동교회 강경파 교인들이었다.

안동교회 안, 숨이 넘어갈 듯 웃음소리가 들렸고 웃음이 멈추지 않아 배를 부여잡기도 하고 눈물을 닦아내기도 했다. 교회 안으로 석진이 들어오자 억지로 웃음을 참았다.

"한 목사님, 그게 사실입니까? 건축 대금을 외상 한 것도 모자라, 그 비용을 마련하기 위해 거지들과 싸움을 벌였다고요?"

중년 교인이 묻자 석진은 대답하지 않고 목격한 교인들만 고개를 끄덕였다.

"허허~ 양반이면 체면을 지키셔야지요. 그렇게 체통을 지키지 못할 바에는 양대인들에게 지원을 받으시지."
"그러게나 말입니다. 양반 체면을 떨어트려야 속이 시원한가 봅니다!"

교인들은 비웃었고 거지들처럼 들개 떼가 되어 사냥하는 눈으로 석진을 쳐다봤다. 석진은 표정 변화 없이 이들을 바라봤다.

"어찌 그대들은 체통을 그렇게 중시하시오?"

석진은 금방이라도 뿜어져 나올듯한 화를 삼키며 말했다. 교인들은 그걸 질문이라고 하냐는 듯한 표정으로 석진을 노려봤다.

"우리는 상류 신분인 양반이고 나라에 없어서는 안 될 존귀한 계급이란 말이오. 우리의 체통이 지켜지지 않으면 나라의 격이 떨어진단 말입니다. 내 말뜻을 모르겠소?"

늙은 교인이 연설하듯 일어서서 대답했다. 말하는 내내 온몸의 떨림이 미세하게 느껴질 정도로 답답함과 짜증이 소용돌이치는 게 보였다. 교인들도 수긍하며 긍정적인 반응을 보였다.

"그렇다면 내 한마디 물어보갔시외다. 대한의 교회를, 대한 사람이 아닌 양대인의 힘을 빌리는 것은 체통을 지키는 거이다?"

약간의 정적이 찾아오고 교인들은 뒤통수라도 맞은 듯한 표정을 지어댔다. 석진의 말에 뭐라도 말해야 하지만 석진을 당황 시킬 적당한 말을 찾지 못한 듯 입만 우물쭈물 거렸다.

"그.. 그거야! 다른 문제지요. 거지들하고 싸움은 그.. 양반으로서 절대 있을 수 없는 일이오!"
"난 싸움을 한 게 아니다. 주님의 말씀을 전하려고 했던 거이야."

한 교인이 흥분한 채로 더듬거리며 말했다.

"거지들에게 주님의 말씀을 뭣하러 전해.."

"외국 선교사의 힘을!!"

석진은 꼬투리 잡는 교인의 말을 잘라내고 큰 소리로 말했다. 분위기는 금세 조용해졌고 긴장감이 감돌았다.

"빌리는 게 체통을 지키는 것이냐고 물었시요."

한 마리의 호랑이가 되어 포효하니 들개들은 꼬리와 눈을 내리깔 수밖에 없었다.

"히.. 힘들면 뭐.. 빌리는 것도 좋지 않겠소. 양대인들이야 그럴 목적으로 여길 왔으니…"

교인이 조용히 중얼거리자 석진은 혀를 차며 답답한 마음에 한숨 쉬었다.

"조선의 양반들이란 사람들이 그렇게 당해놓고, 과거를 잊어 독립하지 않으려 하니.. 사무치도록 개탄스럽디. 그렇지 않간?"

교인들이 꿈틀거리는 게 느껴졌다. 권위와 명성을 중요시하는 양반들이라, 석진의 말에 당장 반박하지 못하고 입꼬리만 씰룩거렸다.

"그.. 그럼 어쩌겠소? 기약 없이 거지들과 싸워가며 돈을 모을 겁니까? 예배당 건축은 착수될 것이고 그에 따른 비용을 마련해야 할 텐데요."

"그.. 그렇소."

"아니~ 실리를 따져보자는 거지요."

"누군들 외세의 힘을 빌리고 싶겠습니까?"

중년의 교인을 시작으로 또다시 입을 열었다. 웬만한 교인들은 석진이 말하면 그러려니 하겠지만, 강경파 교인들은 무조건적인 석진의 반대 세력이었다. 이를 석진도 알고 있었다. 하지만 이들도 교인이기에 석진은 포기할 수 없었다. 강경파 교인들을 교화시키려면 장덕창 아버지의 장례를 치른 것처럼 결단력 있는 행동을 보여야 했다.

"... 좋다. 열흘, 열흘 안에 건축 비용을 마련하겠디. 만약 그러지 못한다면 이 안동교회에서 사임하겠디요. 반대로 비용을 마련한다면, 양반이건, 평민이건, 천민이건! 신분을 막론하고 평등하게 지내야 하기요."

교인들의 눈이 일제히 커지고 입꼬리를 움찔거렸다. 석진은 주워 담을 수 없는 조건을 걸고 자리를 박차고 나가버렸다.

"지금 사임한다고 했소?"

"그렇습니다. 내 분명히 들었소."
"저도 들었습니다."
"설마 열흘 안에 만 원을 어떻게 모으겠습니까?"
"뭐.. 거지들의 구역이라도 뺏을 건가?"

여기저기서 웃음이 터져 나왔다. 이 소문은 삽시간에 퍼져 안동지역 일대까지 기독교인이 아닌 일반 민중들 귀에도 들어가게 되었다. 강경파 교인들은 더할 나위 없는 호재였다. 열흘 뒤면 한 목사가 제 발로 나가게 된다고 굳게 믿고 있었다. 하지만 이 소문에 난색을 표하는 자들이 있었으니, 바로 석진의 명성으로 오게 된 평민 출신 교인들이었다. 계층 간의 차별이 더 심해졌고 강경파 교인들은 대놓고 눈치를 주기 시작했다. 이런 뻔한 텃세에 교인들 간에 싸움이 일어날 뻔했지만, 자신들을 보호해줄 석진이 떠난다는 생각에 일반 교인들은 함부로 행동할 수 없었다. 하다못해 평민 출신 교인 중에서 석진을 욕하는 자들도 있었다.

"합일론이라..."

다리 밑 청계천, 잡초가 얼굴을 벅벅 긁어대며 석진에게 말했다.

"내가 아무리 배움이 없어도 머리 하나는 좋았거든유? 근디유 이해가 잘 되지 않슈. 그 예수라는 양반은 왜 그래신 거래요?"

잡초의 말에 석진이 피식 웃었다.

"교회에 나오면 내 모두 알려주겠디."
"참나, 그놈의 교회는 무슨.. 금덩어리라도 있는 거유?"
"금보다 더 값진 것이 있어."

석진의 얼토당토않는 말에 잡초는 헛웃음을 지으며 고개를 돌렸다. 바닥을 뒤적거리다 주먹만한 돌을 주워 하천에 던지니 물결이 하천 전체에 퍼지기 시작했다.

"한 목사님 같은 사람은 처음 봐유. 우리 같은 거지 새끼들한테 눈길조차 주지 않는데 말이유."
"그저 같은 주님의 자식이고 다 같은 형제일 뿐이야."

하천에 물결은 사라졌고 언제 그랬냐는 듯이 평온해졌다. 이때, 다리 위에서 석진을 찾는 소리가 들렸다. 다리 위를 보니 박승봉 장로였다.

"한 목사님! 거기서 뭐 하십니까?"

석진을 발견한 박승봉은 다리 밑으로 내려갈 길을 찾으려고 이리저리 뛰어다녔다. 하천을 잇는 짧은 다리였지만, 박승봉도 다리가 짧아

헥헥거리는 소리가 다리 밑까지 들렸다. 석진은 입을 다문 채 웃어댔다. 그러다 박승봉은 다리 위에서 고개를 내밀고 벽을 유심히 보더니, 달려가 짧은 다리를 하나씩 뻗어 벽의 틈새를 밟고 내려왔다.

"한 목사님, 괜찮으십니까?"
"뭘 말이디?"

그의 얼굴에는 땀으로 범벅이 되어있었다. 석진은 의아해하며 위, 아래로 훑어봤다.

"호.. 혹시 나쁜 마음으로 여길 내려온 건 아닌지..?"
"하하, 전도 중인데 뭘 그렇게 걱정하시구레?."

석진은 박승봉의 말의 의도를 알고 소리 내어 웃으며 위로해주었다. 석진이 벽에 기대앉은 잡초를 가리키니 박승봉은 눈을 가늘게 뜨고 잡초를 훔쳐봤다.

"지.. 지금 이럴 때가 아닙니다. 한 목사님, 안동교회를 사임한다면서요?"
"당장은 아니디. 예배당 건축 비용을 마련 못할시 내래 스스로 나간다고 했디요."
"그런데 지금 여기서 뭐하고 계십니까? 이러고 있을 때가 아니지 않습니까!"
"기독교인으로서 복음을 전하는 것보다 중한 일이 있시요?"

박승봉은 흥분한 듯 볼살이 부르르 떨며 입술을 깨물었다. 석진은 안쓰러워 상냥한 미소로 답할 뿐이었다.

"무슨 일이에유?"

잡초가 냇물에 돌을 던져대며 말했다. 박승봉은 잡초를 보고는 미간을 찌푸렸다.

"한 목사님, 일단 돌아가셔서 방안을 마련해보시죠."
"여기 사람 있어유~ 너무 없는 사람 취급하는 거 아니에유?"

석진과 박승봉이 수군대자 잡초가 오히려 역정을 내며 말했다. 박승봉은 깨문 입술 사이로 한숨을 내쉬었다.

"알 거 없다. 교회 일이니."
"교회?"

잡초는 땅을 짚고 낑낑거리며 일어났다.

"아유~ 내가 이러니 죽은 사람 취급당했네."

잡초는 하늘이 닿을 정도로 기지개를 켜고 길고 늘어지게 찐한 하품을 해댔다. 그의 몰골을 보니 입에서도 악취가 나올 것만 같아 박승봉은 인상을 구기며 고개를 돌렸다.

"이제 저도유~ 한 목사님 덕분에 교회를 나가보려 하는데유. 교회일이 뭐에유? 혹시 알아유? 내가 도와줄지? 한 목사님이 우리를 사람 취급해줬으니까 내 힘이 닿는 데까지 도와드릴게."

잡초는 머리를 벅벅 긁어대며 말했다.

"한 목사님, 얼른 가시지요. 지금 이러고 있을 때가 아닙니다. 지금이라도 양대인들에게 말하든 하지요."

박승봉은 다급하게 말하고는 벽으로 다가가 올라갈 틈새를 찾았다.

"...예배당 지을 돈이 부족하디."
"한 목사님!"

석진이 말하자 박승봉은 뒤돌아 애타게 불렀고 잡초는 턱을 괴고 갸우뚱거렸다. 석진은 덤덤히 말을 꺼냈다. 안동교회에 오기 전 자신이 했었던 일들, 안동교회에서 있었던 일들, 어느 하나 평탄하지 않고 고난의 연속이었던 과거의 날들을 감정 따위를 섞지 않고 말해주었다. 얘기를 듣는 잡초는 뭐에 홀린 듯 입도 다물지 못한 채 경청했고 박승봉은 초조하게 기다릴 수밖에 없었다. 잡초는 하천 쪽으로 다가가 팔짱을 끼고 가만히 물의 흐름을 보았다.

"그러니까 그~ 예배당이라는 것을 짓기 위해 돈이 있어야 하는데.. 시원찮다?"
"어허! 시원찮다니, 교인들도 어려운 살림을 보탠 거다! 그런 말은 삼가시게."

박승봉의 훈계에 잡초는 고개를 절레절레 흔들며 돌을 주워 연신 하천에 던져댔다.

"그러니까 문제 해결이 안 되지유. 현실적으로 생각하셔야지. 돈이 없는 사람한테 돈을 달라니까, 돈이 없는 거 아니에유? 그리고 돈이 많다 해도 많은 돈을 내겠어유?"

잡초가 정곡을 찌르자 박승봉은 헛기침하며 시선을 피했다.

"돈 많고 돈 낼 사람한테 가야지유~ 응? 어디 보자, 제가 이래봬도 경성 정보통이에유. 경성에 이런 말이 있슈. 경성의 소문은 다리 밑을 지나간다. 아! 그놈이면 되겠네. 이리 와보쇼. 빨리!"

잡초가 흥분하며 손짓하자 석진과 박승봉은 짚푸라기라도 잡는 심정으로 모여들었고 물결의 잔잔한 파동이 하천 전체에 퍼지고 있었다.

그로부터 며칠 뒤, 안동교회에서는 톱질 소리와 망치질 소리가 끊임없이 들렸고 인부들이 재단된 목재들을 안으로 들고 날랐다. 지나가는 사람마다 무슨 일이 있는 건가 싶어 한참을 보기도 하고 담장 너머 구경하는 사람도 있었다. 강경파 교인들은 정승 마냥 뒷짐 지고 공사 현장을 지켜보고 있었다.

"허허! 이것 참 좋은 일이 아닐 수가 없구나."
"그러게나 말입니다. 예배당은 넓어지고 한 목사는 사임하고."

교인들은 통쾌하게 웃었댔다. 공사 현장을 구경하다가 교인들이 웃어대는 모습을 보고 미친놈인가 싶어 자리를 떠나는 사람도 있었다.

"그거 들었습니까? 한 목사가 다리 밑에서 거지 놈과 있었다고 합니다."
"이거 안쓰러워 죽겠소. 왜 자꾸 거지들을 만나는지."
"뭐가 그리 웃기시요? 같이 웃으시구레."

석진이 이들 사이를 파고 들어와 말하자 교인들은 대낮에 귀신이라도 본 것처럼 팔짝 뛰어 놀라며 석진에게 멀어졌다.

"여.. 여긴 웬일이오? 아직 다리 밑에 있는 줄 알았습니다."
"웬일이라니? 공사 현장 감독하러 왔시요."
"감독할 시간이 있습니까? 얼른 짐 챙겨서 떠나야 할 텐데 말입니다."
"그러게나 말입니다. 시간이 돈 아니겠습니까?"
"...? 오늘 공사 대금을 지불하려고 말이디요."

웃음소리는 잦아지고 일순간에 정적이 찾아왔다. 교인들은 믿기지 않아 눈알만 굴려댔다. 이때, 안동교회 대문 안에서 누군가 한 목사를 부르는 소리가 들렸다. 그는 중국인 건축업자 모문서였다. 모문서는 석진에게 다가가 가볍게 묵례를 하고 공사 현장을 안내했다. 뼈대만 세워져 있는 예배당을 가리키며 모문서의 얼굴에는 흐뭇하고 자랑스러운 표정이 가득했다.

"입구는 하나로 만들었습니다. 다른 교회는 남자, 여자 입구 각각을 만들었는데, 처음에 도면을 보고 잘 못 봤나 싶었죠."
"더이상 대한의 교회는 남녀를 나누지 않을 거이야."

석진의 굳은 말에 모문서는 공사 계획이나 건물 크기 따위를 설명해주었다. 교인들은 제 발 저린 강도 마냥 대문을 사이에 두고 둘의 모습을 염탐하듯 쳐다봤다.

"한 목사가 한 말이 사실인가?"
"설마 그러겠습니까? 어찌 그리 큰 돈을.."
"거짓말할 인물은 아니잖나."

교인들이 쑥덕거리고 있을 때, 석진이 모문서에게 종인 한 장을 건넸다. 교인들이 또 한 번 놀라 돌 맞은 개구리 마냥 팔짝 뛰며 대문에 기대어 자세히 보려고 애썼다.

"저.. 저거 어음 아니냐?"

중년 교인이 말하자 늙은 교인은 다리에 힘이 풀려 털썩 주저앉았다.

"아이고, 아이고 이게 대체 어떻게 된 일이냐!?"

울부짖는 소리가 안동교회 대문 앞에 울렸고 나머지 강경파 교인들은 패잔병들처럼 얼굴을 들지 못해 땅만 쳐다볼 뿐이었다.

"이게 대체 어떻게 된 거냐고!"

"을사오적 박제순"

양반들의 울부짖는 소리와 과거 잡초의 말이 이어서 나왔다. 석진은 잡초의 말에 인상을 찡그렸다. 을사오적 중 한 사람이고 나라를 팔아먹은 경술국적인 그는 친일반민족행위자로 비판받고 있었다.

"나라가 어떻게 되든 내 상관은 아닌데유, 그 높으신 나리가, 나라가 이렇게 되니까 집에 들어박혀 은둔 생활만 한다는 거 있쥬? 왠지는 모르겠다만, 아마 맞아 죽을까 봐 그런 거 아닐까유?"

턱을 괴고는 대단한 답이라도 찾은 양 거만한 표정을 지으며 잡초가 말했다.

"일본 나리들이 말이에유. 평생 아무 걱정 없이 살 수 있는 돈을 줬대유. 그.. 일본의 왕이 돈을 내려줬다는데 그게 무려 10만 원이 넘는데유 10만 원.. 그런데 그 돈을 받고는 집에 틀어박혀 안 나온다는 거 있쥬?."

박승봉은 조용히 고개를 끄덕였다. 대한 교회의 자주성을 외치고 독립의 중요성을 아는 석진에게는 치욕적이고 수치스러운 이름이었지만 그의 재산을 듣자 그런 걸 따질 수 없었다.

"하지만 그하고는 아무 연이 없다. 내가 찾아간다고 만날 수나 있을지 모르겠어."

"사실... 저의 먼 친척입니다."

박승봉이 쑥스럽게 말했다. 석진과 잡초가 동시에 그를 쳐다보며 흘러나오는 미소를 감출 수 없었다. 잡초가 하천에 돌을 던지자 풍당거리는 소리와 함께 일렁이는 파동이 하천 전체로 퍼져나갔다.

잡초의 말을 듣고 석진은 곧바로 계획에 옮겼다. 박승봉을 통해 박제순과 만남을 약조하고 한석진과 박승봉은 그의 집 앞으로 갔다. 집 대문은 과거 중국 건축업자 모문서가 생각날 정도로 으리으리했지만, 외국적이진 않고 조선의 향수가 느껴지는 모습이었다. 문을 두드리니 기름칠 덜 된 쇳소리와 함께 문이 열렸다. 문이 열리자 넓게 펼쳐진 마당과 이 층으로 된 본채를 보니 입을 다물 수가 없었다. 나라를 판 대가는 상상을 초월하는구나. 석진은 씁쓸한 미소로 나지막이 중얼거렸다. 하지만 넓고 아름답게 꾸며졌지만, 사람의 생기는 느낄 수 없었다. 집은 화려한데 구석에 피어난 꽃들은 말라 비틀어져 색을 잃었고 우리를 안내하는 이 관리인도 줄에 묶인 인형처럼 느껴졌다. 접견실에 다다르자 이들은 박제순을 마주 보고 앉았다. 마당에서부터 느껴졌던 이질감은 이 사람이 만들어냈음을 단번에 알 수 있었다. 박제순은 혼이라도 빠진 것처럼 눈엔 초점이 없었고 어깨도 축 처진 채 멍하니 앉아있었다. 마당 구석에 핀 꽃처럼 이 공간에선 색은 사치인 것처럼 어둡고 칙칙했다. 눈앞에 보이는 하얀 찻잔마저도 삐뚤어지게 놓인 금색 포크도 말이다.

"...승봉이의 부탁에 내방을 받았네만, 무슨 일이요?"

쩍쩍 갈라진 입술 사이로 비릿한 냄새를 풍기며 말했다. 오랫동안 공복 상태를 유지했을 때 나오는 냄새였다. 석진은 먼저 자신을 소개하니 박제순은 석진의 이름을 많이 들어봤다고 했다. 박제순이 자신을 알아봐 주니 지체하지 않고 도움을 받기 위해 왔다고까지 말했다. 그러자 약간의 정적이 찾아왔다.

"나 같은 놈, 힘이 필요할 때가 다 있습니까?"
"나라가 강제 병합된 뒤, 은둔 생활을 하고 있다고 들었시요."

박제순은 석진의 말에 시선을 내리깔고 허공을 바라보았다.

"현재 나라의 국운은 기울고 온 백성들은 혼란에 빠져있시요. 저들은 혼란에 빠진 백성들을 탄압하고 국권을 수탈한 뒤 자신들의 입맛대로 이 나라를 가지고 놀고 있시요."

박제순의 갈라진 입술들이 파르르 떨렸다.

"하지만 이런 상황에서도 만백성을 하나로 모을 기회가 있습니다. 들어보갓시요?"

"그게.. 무엇이요?"

석진은 자리를 고쳐 앉았다.

"예수 그리스도의 복음을 전하는 겁니다. 그리고 더 많은 백성들에게 전하기 위해 예배당을 건설해야 합니다."

"... 내가 어찌 하면 되는 거요?"

박제순은 처박혀 있던 머리를 천천히 들어 석진을 바라보았다.

"안동교회 예배당 건축 기금을 보태주시디요. 많은 교인들이, 많은 민중들이 이를 기다리고 있습니다."

내지르긴 했지만 이내 정적이 찾아왔다. 정적이 길어질수록 석진은 마른 침을 삼키고 박제순을 쳐다보았다. 옆에 있던 박승봉도 입술에 침만 묻힐 뿐이었다.

"...좋소. 내 있는 힘을 다해 도와드리지요."

석진은 이 집을 봤을 때보다, 모문서에게 건축 사업을 맡겼을 때보다 더 벅찬 표정을 지었다. 민중에게 지탄받는 을사오적 중 한 사람인 박제순은 자신의 죄책감을 조금이나마 덜어내고자 무려 8천 원을 건축 기금으로 내놓았다. 연보하여 자신의 죄를 덜어냈는지 모르겠지만, 박제순이 거금을 기부했기에 모문서와의 건축 계약금을 마련할 수 있었다.

 석진은 박제순과 만남을 회상하며 대문 앞에 엎어져 있는 강경파 교인들을 보면서 환한 미소를 지었다. 1913년 9월, 불가능으로 생각했던 일을 석진의 행동력으로 안동교회 예배당이 건축되었다. 2층 벽돌집으로 마치 요새 같기도 하고 웅장하기까지도 했다. 이 일은 선교사를 통해 전국 각지에 퍼졌다. 무엇보다 선교부의 도움을 받지 않고 교회 일을 무리 없이 진행했기에 대한 교인들에게 더욱이 지지를 받게 되었다. 이후 석진은 자신의 의지가 그대로 투영된 안동교회를 바탕으로 전도부인까지 채용해 여성들을 집중적으로 전도했고 그 결과 북촌 명문가 양반집 부녀자들도 교회에 나오기도 했다. 석진의 승리였다. 그의 이념은 계급을 막론하고 누구든 끌어들였고 안동교회는 전통 양반 교회라는 이름이 무색할 정도로 석진의 진취적인 이념으로 빛을 발하기 시작했다.

 교회 안의 허례허식과 전통은 개혁이란 바람으로 날려 보낼 무렵 석진의 아들 민재는 인사동에 병원을 차려 가족의 생활비를 전담했고 장녀와 막내가 일본 유학을 떠났다. 모든 게 순조롭게 흘러가던 중 변화의 바람은 석진에게도 불어오고 있었다.

"뭐라고?"

안동교회 예배당 건축 후, 예배당 의자에 걸터앉은 한 교인이 놀라듯 말했다. 강경파 교인으로서 석진의 행동 하나하나에 딴지를 걸었던 늙은 교인이었다.

"아~ 글쎄 제가 똑똑히 들었다니까요? 교회 직원들 얘기를 들었는데, 글쎄 천것들을 여기 예배당 안에 들인답니다."
"그게 말이 돼? 이 예배당을 누구 돈으로 지었는데! 우리 양반 교인들이 조금씩 모아서 지은 거 아니냐?"

늙은 교인은 시뻘게진 얼굴로 침을 튀어대며 소리쳤다. 한껏 상기된 분위기가 조성되고 너도나도 얼굴이 달아올랐다. 이때, 어디선가 흘러나오는 비웃음 소리. 달아오른 분위기가 한순간에 싸늘한 정적으로 뒤바뀌었다.

"누구야?"

강경파 교인이 웃음소리를 따라 아득바득 고개를 돌려댔다.

"어이가 없어서 말이유~"

예배당 구석에서 비아냥거리며 잡초가 일어났다. 교인들은 잡초의 행색을 보자 말문이 막힌 듯 보였다.

"내가 이곳을 완공할 때부터 지금까지 여기 사정을 다~ 아는데유. 어찌 그리 뻔뻔히 거짓말을 하셔유?"
"거짓말이라니? 이게 어찌 거짓말이냐? 우리가 없었으면 이 안동교회는 있을 수가 없었다~ 이 말이야. 가만 보자. 내 어디서 너를 봤는데."
"나를 아세유? 내가 좀 유명하쥬. 전쟁으로 부모를 잃은 고아들을 돌보고도 있구 경성의 정보를 꿰뚫고 있슈. 원래 이름이 있었는데 기억이 안 나가지고 잡초라고 부릅디다."

잡초의 위풍당당한 모습에 순간 교인들은 말을 잃었다. 아니, 잡초가 누구였는지 머릿속을 열심히 두드리고 있었을 것이다. 혹시나 힘 있는 집안사람일지도 모르니 말이다. 그러자 강경파 교인 한 명이 의심스러운 눈빛으로 잡초에게 다가갔다.

"너! 잡초! 너! 다리 밑에 거지 새끼 맞지?"
"거지였는데, 이제 교인이라고 부르세유."
"어.. 어떻게 니.. 니.. 니 까짓게 여길 들어올 수 있냐 말이다!"

"왜 그렇게 더듬어유? 내가 여길 못 들어올 이유가 뭐가 있슈? 제가 이 예배당 건축에 큰~ 보탬을 했단 이 말이에유. 양반 나으리들 보다 말이여~"

잡초의 여유로움이 강경파 교인들 자신들을 무시한다고 느껴졌을 것이다. 그러니 버럭버럭 소리를 지르며 잡초를 몰아붙였다.

"네 놈이 여기가 어디라고 거짓말을 하느냐! 여긴 신성한 교회란 말이다. 너 같은 거짓말이나 해대는 거지 놈이 올 곳이 아니다! 당장 나가라!"
"거짓말이 아닌데.."

교인이 멱살까지 잡고 위협하자 잡초는 어쩔 수 없이 모든 일의 전말을 다 말해주었다. 교인들은 처음에는 당혹했다가 잡초의 설명이 길어질수록 점점 표정이 걷잡을 수 없이 일그러지고 있었다.

"그.. 그래서 그렇게 된 거에유. 하.. 한 목사님은 아무런 잘못이 없지유."

잡초의 말이 끝나자 강경파 교인들은 비열하게 웃어댔다. 그 웃음은 예배당 안 모두에게 옮겨붙었고 잡초는 침묵을 지키며 교인들의 눈치를 보았다.

"그럼, 저 거지 놈의 도움을 받았다는 게 사실이잖아."

"어허~ 한 목사가 급하긴 급했나 봅니다? 어찌 이런 불경스러운 일이 다 있을 수 있겠습니까?!"

"그것도 그렇고. 나라를 팔아먹은 경술국적에게 돈을 받을 수가 있단 말입니까?"

"한 목사에게 참으로 실망입니다. 이러면 가만히 있을 수 없지요."

교인들이 합심해서 한 목사에게 따지러 가자며 소리쳤다. 이젠 강경파 교인뿐만 아니라 중립적인 입장을 가진 교인들도 선동되기 시작했고 날카로운 화살촉이 되어 석진에게 날아들었다.

안동교회 사무실, 책상을 어지럽히는 종이 문서들 사이에서 석진은 노회 심사 결과를 읽어내려가자 미간이 점점 좁혀지고 주름을 만들어냈다.

'한 목사의 헌의는 아직 모든 그리스도교회가 다 연합한 것이 아니기에 조선 장로교회에서 조선 기독교교회라고 명칭을 변경하는 것은 불합하다고...'

석진은 보고서를 읽다가 밀려오는 화를 주체하지 못하고 책상을 내리쳤다. 책상 위에 있던 문서들이 펄럭이며 책상 밑으로 떨어졌고 석진은 고개를 저으며 혀를 찼다. 그때 더 강력하게 말할걸. 머리를 움켜쥐며 자신을 책망하던 석진의 눈동자에는 과거가 비쳤다.

"노회장으로서 할 말이 있디요."

과거 경기, 충청노회, 대한 사람으로 첫 노회장이 된 석진이 모두를 집중시켰다. 노회 자리는 엄중한 분위기는 아니나, 누구 하나 선 듯 말하지 않고 침묵만을 낳았고 그저 형식적인 방식으로 흘러가며 모임에 의의를 두었다. 물론 갖가지 교회에 대한 사소한 문제들이 있었지만, 선교사들의 본토 방식으로 해결해 그다지 큰 문제가 아니었다. 하지만 석진이 노회장이 된 후 분위기를 바꿔보려고 노력했다.

"조선 장로교회 명칭을 조선기독교회라 변경함을 헌의합니다."

그의 진보적인 성격을 다들 알고 있지만, 석진의 말이 끝나기 무섭게 선교사들의 눈과 입이 벌어졌다. 노회 전도위원장 박승봉도 실소를 금치 못하고 석진을 쳐다보았다. 정사 위원장 밀러가 입을 열었다.

"그게 무슨 말이에요?"
"여기는 대한이지요. 대한 땅이고 대한 사람이 살고 있시요. 이 대한 교회가 오히려 장로교 법으로 전통이 무너지는 거이디. 그리고…"

밀러는 석진의 말을 받아적더니 고민하는 석진의 얼굴을 쳐다보았다.

"장로교회 법이 오히려 선교에 방해가 되고 있습니다."

석진의 날카로운 지적에 각 지역 교회 대표들이 선교사들의 눈치를 보았다.

"선교사들의 장로교회 전통이 우리 민중이 보기엔 외국 교회로 비치고 있시요. 복음이 이 한국 땅에 온 이상, 한국인의 종교가 되어야 하지 않갓습니까?"
"그.. 그건 너무 이르지 않습니까?"
"그.. 그래요. 그.. 조선이나 서국이나 뭐,, 뭐가 중요합니까? 하하... 기독교인이 똑같지."

밀러가 아닌 경기 지방 교회 대한인 목사였다. 그로 인해 침묵만 지키던 사람들이 하나, 둘씩 입을 모았다. 선교사의 눈치를 보고 있는 모습이었다. 석진은 화를 참고 곱씹으며 말했다.

"하나 더 있습니다. 이런 방식이 오히려 장로교회의 분열을 일으키고 있시요. 장로교의 선교부는 총 네 개로 나누지 않았습네까? 이마저도 소속을 따져가며 경쟁과 내분마저 일으키고 있다. 이를 모르시진 않을 겁네다. 이런 상황을 타파하고자 헌의를 하는 겁니다."
"그건 너무 속된 판단 같습니다!"

밀러가 인위적인 헛기침을 하자 눈치 보던 대한인 대표 중 한 명이 들고 일어났다.

"그만 좀 하시구레! 언제까지 선교사들 눈추나 볼꺼시요!"

석진의 말이 도화선이 되었고 노회에 참여한 대한 교인들이 발끈하며 일어났다.
"한 목사님, 말이 심하십니다!"
"눈치라뇨!?"
"양대인들도 힘든 걸 알기에 우리가 잘 따르는 거지요!"

석진은 이들의 격분에도 물러서지 않고 의견을 내놓았다.

"이보라우! 대한인의 손에 의한 대한인의 교회를 만드는 것이 우리의 사명이오!"

박승봉이 사람들을 말리려 해봤지만, 소용이 없었다. 분위기가 과열되자 밀리는 필기록을 덮고 조용히 일어나 회의장을 나갔다. 석진의 외로움 외침에도 그의 의견은 받아들여지지 않았고 오히려 같은 대한인에게도 견제받고 있었다. 장내는 점점 거칠어지고 호전적인 분위기로 고조되고 있을 때, 기억 속 거침없는 투쟁은 사무실 복도에서 소란스러운 소리가 들려오자 점점 흐릿해졌다. 석진은 과거에서 돌아와 사무실 문을 바라보았다. 소란스러운 소리는 점점 뚜렷해졌고 자세하게 들리기 시작했다.

"진정들 하십시오! 왜 이러십니까?"

교회 직원이 누군가를 막고 있는 듯했다. 사무실 문이 부서질 듯하게 열렸고 자신을 찾는 소리에 쳐다보니 교인들이었다. 이들은 말리는 직원을 뿌리치고 들어와 석진의 앞에 나란히 섰다. 씩씩대는 게 또 트집을 잡으려나 싶었다.

"한 목사님 지금 이게 어떻게 된 일입니까?"
"뭘 말입네까?"

흥분한 교인의 모습을 어리둥절하게 쳐다보는 석진. 그러자 늙은 교인도 나서며 소리를 높였다.

"지금 예배당 안에 잡초.. 아니 거지새끼가 들어와 있습니다! 알고 있는 거요?"
"잡초 선생 말하는 거시요? 그게 어떻다는 거시구레? 그와의 연이 있디. 제가 전도했디요."

활활 타오르던 화롯불이 물에 빠진 것처럼 흥분돼 있던 교인들의 얼굴들이 순식간에 차가워졌다. 분위기는 순식간에 얼어붙었고 이들을 말리는 직원도 바뀐 분위기에 말리는 것을 멈췄다.

"어찌 하늘의 복음을 전하는 자가 천박하고 불경스러운 자와 친분이 있으신 게요."
"저와 약속하지 않았네? 예배당을 건축하면 평등하게 지낸다고."
"그렇다고 나라를 저버린 자의 돈을 받았습니까?"

늙은 교인의 말에 석진은 헛웃음이 나왔다. 어이가 없는 억지 주장이었다.

"그러게나 말입니다. 그리고 양반 출신 교인들이 한두 푼씩은 모았지만, 저 천한 것들이 한 푼이라도 보탰습니까? 평등은 둘째치고 예배당은 출신을 따져 사용하기로 합시다."
"세상이 변해도 신분마저 저버리면 이 나라가 어떻게 되겠습니까?"
"맞습니다. 이참에 휘장도 다시 세워 남녀유별을 하시지요."
"그게 좋겠소! 여자와 얼굴을 맞대고 앉아있으니, 거북하여 하느님 말도 들을 수조차 없었습니다."

교인들은 석진이 입도 떼기 전에 자기들끼리 말을 주고받으며 웃어댔다. 웃음소리는 거칠었고 귀에 가시가 돋치는 것만 같았다. 책상 위에 노회 보고서가 보였다. 눈을 질끈 감고 얼굴을 찌푸렸다. 떠드는 소리가 점점 역겹게 느껴졌고 이들이 나라를 판 저치보다 못한 게 뭘까 싶었다. 의중과는 상관없이 주먹이 쥐어졌고 파고드는 손톱에도 고통이 느껴지지 않았다. 석진은 자리에서 벌떡 일어나자 교인들은 갑작스러운 행동에 놀라 움찔거렸다. 약간의 침묵이 흐르고 석진은 사무실 문으로 향했다.

"한 목사님, 어디 가십니까?"
"아! 그 거지새끼 내쫓으러 가나 봅니다."
"듣다 보니 우리 말이 맞지요?"

석진은 문 앞에 멈춰서 교인들에게 말했다.

"자기 생각과 성미를 버리고 당신들 뜻에 따라 일할 사람을 원한다면, 하느님께 그런 사람을 내려주시기를 기도하시오."

최대한 곱씹으며 분노를 표출했지만, 교인들은 느끼지 못하는 것만 같았다. 석진은 밖으로 나가 바람이라도 쐴 겸 거닐었다. 뒤에서 부르는 소리가 들려 돌아보니 잡초였다.

"어디 가세유?"
"날이 맑아 머리를 식혀야겠다."
"같이 가시지유."

숨을 내쉴 때마다 하얀 입김이 뿜어졌고 길목의 끝까지 하얀 눈들이 덮여 있었다. 안동교회에서 시내까지 다녀간 사람들이 적어 걸을 때마다 눈 밟히는 소리가 선명하게 들렸다. 코까지 빨개진 잡초는 석진의 뒤를 졸졸 따라다니며 괜히 눈치를 보고 있었다.

"죄송해유.., 내가 괜한 말을 했나봐유. 저 같은 게 괜히 교회를 와서 일을 이 지경으로 만들었내유. 하하.. 전 다리 밑이 어울리나 봐유."
"님재가 죄송할게 뭐 있나? 내가 미안하디."

잡초는 쑥스러운지 석진을 제대로 쳐다보지 못했다.

"교회는 사람을 따지지 않아. 우리 모두 하느님의 자식이요. 모두 같은 인간일 뿐이야. 섭리대로 모두가 평등한 날이 올 거이디."
"허허.. 그런 날이 올까유? 암만 지나도 지금하고 똑같을 거 같은데유. 어쨌든 한 목사님은 너무 염려하지 마슈. 교회는 굳이 안 나와도 되고 뭐.. 다리 밑이나 지키고 있지유. 애초에 교회는 나랑 안 맞는 거 같아서 말이에유"

잡초는 땅만 보고 말했다. 석진이 멈추자 잡초도 멈춰 눈 밟히는 소리가 사라졌다.

"내 염려 때문이라면 그럴 필요없디. 난 이제 떠날 기야."
"그게 무슨 말이에유? 떠난다니요?"
"오래전부터 생각한 거이야."

잡초는 고개를 갸웃거리고 석진은 씁쓸한 미소를 보이고는 거닐었다. 알 수 없는 말만 던지고 갈 길 가는 석진과 그를 따라가는 잡초. 이들이 걸어가는 발자국에는 뒤늦은 눈송이만 흩날렸다. 석진은 이후 경충노회에 사면 요청을 했다. 사면 요청의 대면적인 이유는 휴식이었다. 처음 사면 요청이 반려되어 잠시 고민했지만, 노회에서 일어난 조선기독교회 개명 건이 불가하다고 판정되자 안동교회에만 머물면 안 된다고 판단했다. 휴식과 안동교회 교인들의 비판적인 시선, 한국 교회의 독립 등 여러 가지 일들이 겹치자 자신이 키워 놓은 안동교회를 미련 없이 떠나고자 마음먹었다.

석진의 사면 요청이 받아들여지고 1월 추운 아침, 석진은 짐을 싸매고 안동교회를 나섰다. 안동교회 교인들뿐 아니라 감리교 교인들도 석진의 마지막을 배웅해줬다. 그의 모습에 모두 눈빛으로만 위로해주었고 모인 사람들 뒤쪽에는 강경파 교인들도 보였지만, 그들은 그렇게 좋은 것도 아닌 그렇다고 안 좋은 것도 아닌 시원섭섭한 표정만 내비칠 뿐이었다. 대문 밖으로 누군가 나왔다. 김백원 목사였다. 석진의 뒤를 이어 안동교회를 담임하게 될 사람이었다. 김백원 역시 아무 말 없이 석진에게 가볍게 묵례하고는 석진의 뒷모습을 지켜주었다.

석진이 길을 나서자 모여있던 사람들이 양옆으로 나뉘어 길을 터주었다. 안동교회 내에서 강경파 교인들의 모습에 실망도 컸지만, 잘 따라와 준 교인들 덕분에 지금까지 버틸 수 있었다. 자신의 뒷모습을 끝까지 지켜봐 준 사람 중에는 언젠간 지도자적 인물로 두각을 나타낼 사람도 있을 것이다. 끝까지 챙겨주지 못한 미안함과 새로운 일을 개척한다는 흥분으로 복잡미묘한 표정을 만들어냈다. 청명한 하늘을 보며 씁쓸한 마음을 위로하고 있을 때, 이번엔 안동교회 장로 박승봉이 석진의 앞에 나타나 악수를 청하였다. 박승봉의 모습에 석진은 어린 아이 같은 미소를 보이며 손을 붙잡았다. 박승봉과 일부 교인들은 말려볼 수 있었으나 그러지 않았다. 그의 의중을 감히 예측할 수도 없었고 그의 선택을 존중하는 마음이었기 때문이었다. 석진은 길을 떠나며 뒤돌아보지 않고 그저 이곳에 와서 무슨 일을 했는지 천천히 음미할 뿐이었다. 시체 염습 따위의 일도 있었고 자신의 신념으로 외로운 싸움을 해왔지만, 지나 생각하니 한 줌의 추억이고 자신을 성장시키는 영양분이었다.

경성역에서 아내와 함께 기차에 올라타 선교부에서 준 종이 문서를 펼쳐보았다. 거기엔 석진의 다음 목적지가 적혀있었다. 석진은 종이를 접어 자신의 가방에 넣고선 창문 밖을 바라보았다. 이내 기차 기적 소리와 함께 서서히 움직였다. 아내는 석진에게 기대어 잠들었고 점점 빠르게 지나가는 경성의 모습들이 보였다. 석진은 짧으면 짧고 길면 긴 경성에서의 생활을 마음속에 묻어 놓고 홀연히 떠났다.

마산교회

"아따, 저것들이 미쳤나. 우리 구역을 넘보고 있노."
"뭐가 늬들 구역이고 여긴 우리 구역이지!"
"뭐라카노 눈까리가 삐었나. 잘 봐라 늬들은 원래 성호동, 우리는 묏동골!"
"그건 옛날이고 지금은 아이지!"
"뭐가 아이고! 늬들 선교사가 그리했잖아!"

두 청년이 말다툼하다 서로의 멱살을 잡았다. 몸싸움까지 일어나자 지켜보던 사람들이 나서서 말리기 시작했다. 아니, 말리는 척하며 서로를 부추기고 있다. 우리 쪽 사람이 이기라는 듯이 말이다. 놀랍게도 이들이 싸우는 공간 벽에는 십자가가 걸려있고 책상에는 성경책이 놓여있어 교회로 보였다. 싸우는 소리는 건물 밖에까지 들렸고 이들의 소리에 누군가 뛰어들어왔다. 오스트레일리아 선교사 아담슨이었다.

"지금 교회 안에서 뭐 하는 거예요?"

아담슨이 꾸짖자 서로의 멱살을 잡던 청년들이 손을 놓았다. 이때,

또 누군가가 뛰어들어왔다. 아담슨의 동사목사로 있는 전훈석이었다.

"죄송합니다. 서로의 전도 구역을 두고 싸움이 일어난 거 같습니다."

전훈석이 아담슨에게 말하자 내키지 않는다는 표정으로 혀를 찼다.

"제가 구역을 나누지 않았나요? 왜 자꾸 싸우는 겁니까?"
"아, 글쎄 이놈이요. 선교사님이 나눠준 구역을 두고 자기 구역이라고 우기는 거 아닙니까?"

멱살 잡던 한 청년이 나서서 아담슨에게 말했다. 그러자 또 다른 청년도 나서며 말했다.

"선교사님, 원래 통합되기 전부터 있던 우리 구역이었다 아입니까?"

말이 끝나기 무섭게 이 둘은 또 서로를 노려보며 화를 냈다. 그러자 이번엔 전훈석이 나서서 이 둘을 말렸다.

"뭐 하는 겁니까. 선교사님 앞에서! 죄송하다 하세요!"

그제야 이 둘은 화를 삼키고 선교사에게 고개를 숙였다. 아담슨이 한 청년에게 다가갔다.

  "제가 나눈 구역이 불만이신가요?"
  "아.. 아뇨. 설마요. 그게 아니라.. 원래.."
  "더이상 반문은 듣지 않겠어요. 제가 나눈 대로 하세요."
  "잠시만..!"

  청년이 말을 더 이어나가려 했지만, 아담슨의 눈빛이 사나워지고 검지를 세워 입에 갖다 대니 청년은 입을 틀어막고 고개를 숙였다. 아담슨이 짧게 웃고는 휙 돌아 나갔다. 자신의 구역을 지킨 청년과 패거리는 패자들을 보며 비웃었고 패자들은 차마 욕은 못한 채 입만 씰룩거렸다. 전훈석은 이들의 분위기를 살폈다.

  "하하.. 그.. 전도하는 건 좋은 일이니까요. 너무 그렇게 싸우지들 마시죠."

  전훈석의 애매한 위로로 패자들의 가증스러운 눈빛이 전훈석에게 쏠렸다.

  "이게 맞는 깁니까? 방식도 다르고 이건 뭐.. 목사님도 알잖습니까? 목사님이 저, 저 선교사 선생님한테 말 좀 해보세요."

청년의 말에 동조하며 패자들의 무리가 전훈석을 둘러쌓고 점점 압박해오자 전훈석은 당황해하며 뒷걸음질 쳤다.

"그.. 그건 일단 선교사님 말씀이니까. 드.. 들어야죠. 하하.."

전훈석의 말에 승자들의 웃음소리가 터져 나왔다. 참고 참다가 터져 나온 웃음에 패자들은 발작하며 달려들었다. 승자건 패자건 마치 광견병에 걸린 개처럼 길길이 날뛰었고 만약의 불상사를 막기 위해 전훈석은 중간에 서서 이들을 말릴 수밖에 없었다.

"웃어? 이것들이 미칫나!?"
"선교사님 말을 잘 들어야지. 어디서 감히 선교사님 말을 거역할라 하노? 니야 말로 미칫나?"
"거역하는 게 아니라! 확실하게 하자는 기지!"
"그게 거역이 아니면 뭐고? 이거 교회에서 내쫓아야것네!"
"네 놈이나 내쫓아야지!"

전훈석은 이들의 침까지 덮어쓰며 막아섰지만, 여러 사람들이 뒤엉켜 전훈석을 구석에 몰린 쥐처럼 압박해왔다. 전훈석의 얼굴은 점점 빨개져 터질 것만 같았고 하늘에 대고 소리쳤다.

"그만 좀 하라고!"

널리 퍼졌어야 할 이 외침은 투견들의 소리에 묻혀 조용히 사라졌다.

귀를 청아하게 만드는 새소리들과 쨍쨍한 햇빛 속 홀로 서 있는 나무는 목적지까지 갈 수 있게 해주는 버팀목이 되어줬다. 바람은 차갑지도 않고 선선하니 몸을 가볍게 만들어줬고 눅눅하고 잔잔한 풀 내음은 걸음걸이를 상쾌하게 만들어줬다. 석진이 도착한 이곳은 겨울에도 북쪽의 봄 날씨 같은 마산이다. 옛부터 휴양지로 알려져 있고 지쳐 있는 석진에게 선교부에서 추천해준 곳이었다. 상쾌한 바람에 머리카락이 휘날리는 이곳에 온 이유는 단순한 휴양이었다. 분명히 휴양이었지만, 기분 좋은 날씨와는 무관하게 석진의 걸음은 천근만근이나 무거웠다.

석진의 무거운 걸음이 멈춰선 곳은 마산교회였다. 어떻게 알았는지 석진이 도착하자 마산교회 장로 이승규가 석진을 맞아주었다. 이승규는 최대한 사투리를 자제하려는 말투로 석진에게 마산교회 내부를 소개하며 교회 사무실로 인도했다. 사무실에 들어와 이승규와 한석진이 마주 보고 앉았다.

"한 목사님, 감사합니다. 우리 마산교회에 오신 걸 참말로 감사합니다."

이승규는 앉은 상태에서 고개를 숙여 예를 갖추며 말했다. 석진은 최대한 인자한 표정으로 그를 맞아주었다.

"아닙니다. 굳이 저를 마산교회 목사로 청빙했다고 들었시요."

석진은 말이 끝나고 씁쓸한 표정을 지었다. 분명히 선교부의 휴양지 추천으로 마산으로 내려오게 됐는데, 내려오자마자 마산교회에서 담임 목사로 청빙을 한 것이다. 피곤에 찌들었지만, 자신을 필요로 하는 교회를 못 본 척할 수 없어 흔쾌히 승낙하고 장로와의 상담을 위해 마산교회를 찾아온 것이었다. 이 둘의 대화가 길게 이어질 때쯤이었다.

"우리가 이제까지 예수를 헛믿었나 봅니다."

이승규가 허탈한 표정을 내지으며 한숨 쉬듯 말했다. 석진은 순간 잘 못 들었나 싶어 눈썹을 찡그리고 되물었다.

"조선 때부터 우리 조상들은 남 노예 짓이나 하지 않았습니까. 참 비통합니다. 예? 피는 못 속인다고 예수를 믿는 일에도 외국 선교사에게 의존해야 하지요."

이승규가 하는 말이 무슨 말인지 확실히 알아차리고는 석진은 진지한 표정을 내비쳤다. 이승규는 지금까지 마산교회의 행태를 낱낱이 말해주었다. 사실 마산교회는 두 교회가 합쳐져 있었다. 미국 북장로회 선교부 소속 로스에게 지도를 받은 묏동골 지역, 오스트레일리아 선교사 아담슨의 지도를 받은 성호동 지역이 있었다. 소속이 달라 이들은 합치지 못한 채 지냈지만, 오스트레일리아 선교부 선교사들이 예배당을 지어 줘 두 지역이 합쳐질 수 있었다. 하지만 오랫동안 각기 다른 소속 선교사에게 지도를 받아온지라 화합은 커녕 분쟁만 늘어났다. 이런 상황에서 예배당을 지어준 선교사의 위치는 나날이 높아져갔고 교회의 모든 권한은 선교사에게 있었다.

아담슨은 문화도 다르고 말도 잘 통하지 않으니 이 두 집단 간의 다툼을 이해하지 못했고 이해하려고도 안 했다. 이승규 장로의 자초지종을 들으니 석진은 고개를 끄덕였다. 이제 모든 의문점이 풀리기 시작했다. 자신의 휴양지가 마산으로 정해진 것, 이 마산교회에 담임 목사로 청빙된 것. 석진은 피할 수 없었다. 자신의 신념과 이 교회는 다르게 가고 있으니 바로 잡아야 했다.

"학교도 관리하고 있다고 들었습니다."

석진의 말에 이승규는 쑥스러워하는 표정을 지었다.

"아.. 하하, 네.. 조그맣게 학생들을 모아 가르친 게 학교가 됐습니다. 학교 이름을 창신학교라고 부릅니다. 여기 이 건물에 학교와 교회를 같이 운영하죠. 선교사님이 건물을 마련해주었습니다. 그게 아니었으면 꿈도 꾸지 못했을 겁니다. 하하...”

"학교는 어떻게 관리를 하시구레?”

"음.. 어려움이 많았습니다. 그런데 여기저기서 도움을 줘 지금까지 지속할 수 있었죠. 구한국 때 관직에 있던 양반들이 한일합방이 되니까 관직을 사퇴해갔고, 창신학교에 경제적으로 도움을 많이 줬습니다. 그분들이 일본을 멀리하고 민족주의 성향을 가지니까 이 학교도 그렇게 발전했십니다.”

이승규는 자신 앞에 놓여있는 차를 사뭇 진지한 표정으로 바라보며 말했다.

"그런께 이런 일도 있었십니다. 몇 년 전에 일본 놈들이 천황 즉위 축하식이 있다면서 학생들을 데려가 만세를 시켰는데, 학생들이 만세도 부르지 않고 일본 경찰을 구타했습니다. 뭐.. 그때부터였죠. 일경들이 눈이 빠지게 창신학교를 감시하고 있습니다.”

이승규는 웃지 못할 씁쓸한 현실을 말했고 이들은 밖으로 나가 교회 주위를 둘러보았다. 교회 담 뒤쪽으로는 큰 산이 버티고 있고 그 옆으로 뻗어 나가는 나무숲이 인상적이었다. 시선을 조금만 돌리면 사람들이 몰려있지만, 경성에 비하면 한적했다. 가히 한국 최고 휴양지라고 할 만하구나. 보고만 있노라면 마음이 안정되었다. 이승규는 교회 밖으로 나와서도 석진을 따라다니며 설명을 이어나갔다. 마치 구원자의 손길이 필요한 사람처럼 그의 말에는 절실함이 묻어나왔다. 하지만 평화로운 마산 풍경과는 다르게 그의 소리를 듣고 있으니 점점 마음이 불편해졌다.

"참 신기하면서 이상하디."

이승규의 발걸음이 멈췄다. 잠잠히 말만 듣던 석진이 알 수 없는 말을 꺼내며 그를 바라보았다.

"이렇게 열성적이고 민족주의적 사람들이 모였는데, 어찌 선교사들에게서 독립하지 못했습니까?"
"그.. 그건.."

이승규는 고개를 숙이고 말을 이어나가지 못했다. 아니, 차마 부끄러워서 말하지 못 하는 듯 보였다. 이승규의 멈춰진 발걸음 때문에 석진과 이승규와의 거리가 생겼다. 그러자 석진이 다시 거리를 좁혀가며 최대한 부드럽게 질문을 던졌다.

"뭐가 문제이디?"
"그.. 그거야. 이 교회도 양대인들이 마련해줬고 모든 예산을 선교사 선생들이 관리를 하니까..”

"대한인도 다 할 수 있어.”

석진은 이승규가 간신히 들릴 듯 말 듯 한 소리로 속삭였다. 바닥만 바라보고 있는 이승규를 뒤로 한 채 석진은 예배당으로 다가가 벽을 주먹으로 툭툭 쳐댔다. 이 건물이 튼튼한가 아닌가를 알아보기 위한 손길이었지만, 전문가의 손길이 아니라 투박하기 그지없었다. 그의 투박함에 이승규는 아무 말 할 수 없었고 약간의 정적이 찾아왔다. 죄 없는 땅만 하염없이 바라보는 눈동자는 정적에 이끌려 석진을 쳐다보자 석진은 이승규에게 가볍게 미소 띠며 말했다.

"장로님. 교회에 관련된 인원들을 모아주시구레. 제게 큰 묘안이 있습네다.”

놀라는 이승규와 하늘을 보는 석진. 하늘에 넓게 퍼져있는 구름은 우리가 지나치는 것인가 저들이 나아가는 것인지 모를 정도로 스산히 움직이고 있었다.

시간이 꽤 흐르고, 마산교회 경남노회 중

"김길창 파조사 신청서를 제출하는 바요.”

기동교회의 원로 안영수가 목을 가다듬고 근엄한 표정으로 말하며 노회 임사부에 종이 문서를 제출했다. 임사부 측은 문서를 한동안 보다가 원로인 안영수를 따라 하듯 근엄한 표정으로 문서를 테이블 위에 올려놓았다. 고개를 두세 차례 끄덕이자 안영수는 만족이라도 한 듯 자리로 되돌아갔다.

"무슨 일입네까?"

석진이었다. 안영수가 돌아보며 별 것 아니라는 표정으로 웃어 보였다.

"암것도 아닙니다. 젊은 놈이 주제도 모르고 날뛰니까 운영을 할 수가 없어서 그런깁니다."

석진은 김길창이란 이름을 몇 번 들어본 적이 있었더랬다. 유심히 기억을 되돌려 머릿속의 단서들을 조합해 보니 단서를 찾을 수 있었다. 그는 경남 고성 출신으로서 선교부 서기로 발탁될 정도로 유능한 젊은 지도자였다. 그러자 석진은 이해할 수 없는 표정으로 되물었다.

"김 조사는 젊은 인재라고 들었습니다. 대체 무슨 잘못을 저질렀길래 그러시요?"

안영수는 자리를 박차며 일어났다.

"아니~! 젊은 놈이요! 이 동방예의지국에 남녀가 유별하거늘 글쎄 휘장을 걷었다아입니까."

그의 거칠어진 호흡과는 달리 석진은 헛웃음을 내뱉었다.

"노회 임사부는 안영수 원로측 의견을 받아들이는 바입니다. 김길창의 조사 시무를 중지시키겠습니다."

어수선한 분위기에 석진은 벌떡 일어나 안영수에게 성큼성큼 다가가 앞에 섰다.

"아, 깜짝이야. 뭔 일입니꺼?"
"김길창 조사는 지금 어디 있시요?"

화난 건 아니지만, 다급한 모습을 보이자 안영수는 기백에 놀라 우물쭈물대다가 입을 열었다.

마산 추산동, 많은 인력들이 무학산 골짜기에서부터 돌을 실어 나르고 있었다. 저 멀리 둔치에서 그들을 지켜보고 있는 석진과 한 남자. 내리쬐는 햇볕에 인상을 찡그리며 석진 옆에 있던 남자가 입을 열었다.

"뭐한다꼬 절 불렀습니까?"

젊은 청년인 그는 김길창이었다. 석진의 부름에 몇 번을 거절했지만, 계속되는 부탁에 마지못해 마산까지 찾아온 거였다.

"저기 저곳에서 뭘 짓고 있는지 알고 있니?"

김길창은 눈 위에 손 그늘을 만들어 자세히 보려고 애를 썼다. 그의 찡그린 표정은 좀처럼 펴지지 않았다.

"무슨 건물을 짓고 있나 보죠. 한 목사님 얘기는 많이 들었습니다. 그런데 절 이곳에 불러가 뭔 얘기를 할라고 그랍니까"
"지금 저곳에 예배당 건물을 짓는 중이야. 웅장한 석조 건물을 계획하고 있어."

김길창은 멋쩍은 웃음을 지으며 고개를 돌렸다.

"내가 님재를 부른 이유는 마산교회 조사로 청빙하기 위해서디."

이런 석진의 행동은 노회에 대한 도전이고 보수적인 원로들에 대한 반발이었다. 김길창도 그걸 모를 리 없었다.

"예?.. 아유~ 됐습니다..."
"휘장을 걷어내다가 파면을 당했다지?"

석진은 김길창의 말을 끊고는 멀리 보이는 공사 현장을 손가락으로 가리켰다.

"저기 보이는 대다수가 마산교회 교인이다. 건축 비용도 헌금을 모아 시작했고, 선교사들의 영향에서 벗어나, 이제 진정한 대한 교회 교인으로서 새로운 출발을 시작하고 있어."

건축 현장에 여성 교인들의 모습도 보였다.

"몇 달 전엔 여성 교인들을 중심으로 부인회를 조직했다."
"여자들이 뭘 한답니까?"
"아주 중요한 일을 하지 여성들을 교회로 전도하는 거이야. 또 청년들도 청년공려회를 조직해 활동 중이야. 서로 파를 갈라 싸운 교인들이 이제는 하나가 되어 교회를 발전시키고 있어."

석진의 말처럼 마산교회는 석진이 담임하고 나서 많은 변화를 겪었다. 석진의 자주적인 성격에 영향을 받아 교인 스스로 생각하고 능동적 참여를 하게 되었고 교회 내의 질서가 조금씩 잡혀갔다. 교인 대부분이 보수적 집단인 경남 쪽에는 엄청난 발전이었다.

"이들의 변화는 지도자가 잘 이끌고 보듬어 주어야디. 그래서 님재를 부른거라우."

김길창은 아무 말 없이 석진을 쳐다보았다. 햇빛으로 찡그린 표정은 어느새 풀려있었다.

"저.. 저 말입니까? 한 목사님이 직접 하시면 되지 않습니까?"
"나도 그러고 싶네만, 난 따로 할 일이 생겨서 말이디."

김길창도 선뜻 대답할 수 없어서 약간의 정적이 찾아왔다. 정적을 깬 건 석진이었다.

"님재가 교회의 휘장을 걷었잖어. 마산교회는 아직 휘장이 교인들을 나누고 있어. 많은 변화를 받아들였지만, 아직 할 수 없었어. 님재가 해보라우."

김길창은 조용히 고개를 끄덕였다. 이후 석진은 주일 대예배 후 교인들을 남게 한 뒤 김길창 조사를 소개함과 동시에 휘장 철거를 역설하였다. 그리고 기동교회 휘장을 직접 철거한 김길창의 의견을 들으며 휘장의 불필요성을 알렸다. 젊은 청년의 말에 담긴 진정성은 누구나 쉽게 느낄 수 있었다. 거수로 찬부를 물으니 대부분이 지지해주었다. 그 자리에서 휘장을 철거하니 안동교회에서 느꼈던 시원함을 다시 느낄 수 있었다. 휘장 철거의 공을 이룬 김길창은 석진의 지원으로 평양 신학교를 진학하고 목사가 될 수 있었고 김길창뿐만 아니라 이후 청년 인재들을 뽑아 이끌어 주었다.

마산교회를 시작으로 선교사의 말만 따르는 경남 교회들을 돌아다니며 자립, 자주적인 의지를 심어주었고 특히 목사의 수가 적음을 알리고 목사 증원을 위해 애썼다. 재정적 어려움이 있는 교회는 직접 순방하고 설교하며 오로지 한국 교회의 발전에만 힘썼다. 이 여파로 석진은 경남 노회 노회장으로 선출되었고, 석진의 등장으로 경남 지역 교인들이나 목사들은 더이상 선교사들의 눈치를 보지 않았다. 경성에 이어 경남에서도 정신적 지주가 된 석진은 그렇게 장로회 총회장이 될 수 있었다.

총회장이 된 석진은 두 가지를 내걸며 해결하기에 힘썼다. 하나는 대한교인들의 외국 선교였고 또 하나는 장로교, 감리교 연합협의회 조직이었다. 외국 선교는 한국 교회의 자립 능력과 자주적인 힘을 보일 기회였고 조선예수교 연합협의회 창설은 이 나라의 하나가 된 교회를 만들 기회였다. 비록 교파 구별 없는 교회를 이루지 못했지만, 앞으로 나아갈 한국 교회의 미래를 다지기에는 더없이 충분했다. 석진의 발걸음은 한국 교회의 진취적인 방향으로 이끌었다. 그런데 예상치 못한 일이 석진의 마음을 파고들었다.

"내래 조선 땅에서 날이 이렇게 좋은 건 처음봤디."

석진은 온화한 날씨와 푸르른 하늘을 보며 혼자 중얼거렸다. 자연의 존재는 세상을 붉게 물들였고 주위 지방 전도는 순풍을 타듯 잘 풀려 집으로 돌아가는 중이었다. 마산교회를 부임하면서 교회 측에서 거처를 마련해줘 두 칸 딸린 집을 구할 수 있었다. 아내와 살기에 부족함 없는 공간이었고 산새가 훤히 보이는 곳이라 휴양하기에 더할 나위 없이 좋았다. 자연스럽게 집 문 앞에 서자 이상한 기운이 감돌았다. 지방을 너무 열심히 돌아다녀 체력이 떨어졌나 싶기도 하고 이 형용할 수 없는 기분을 느낀 채 집 안으로 들어갔다. 어두웠다. 이 세상에서 독립적인 공간처럼 이질적이게 느껴졌고 오늘따라 조용했다. 이 기분을 충분히 설명할 수 없기에 방문을 열고 들어갔다. 언제나 해맑은 얼굴로 반겨주던 아내는 자고 있었고 이제야 이 이질적인 기분을 설명할 수 있었다. 석진은 평소대로 옷을 갈아입었고 간단히 소품들을 정리했다.

"많이 피곤하디요."

석진이 말했지만, 대답은 돌아오지 않았다. 허공에다 말하는 느낌.

"마산으로 내려오길 참 잘한 거 같아. 날씨도 좋고, 건강도 좋아지는 느낌이디. 이 모든 게 주님의…"

싸한 느낌에 석진은 행동을 멈추고 뒤를 돌아보니 아내는 여전히 조용했다. 다가가 아내를 깨우니 여전히 반응은 없었다. 이때부터 심장이 조여오는 통증이 느껴졌다. 석진은 아내를 다급하게 깨워봤지만, 아내는 대답 없는 대답만 되뇌었고 예전처럼 석진을 바라보는 따뜻한 눈빛은 온데간데없었다.

"이.. 이보라우. 부, 부인!"

석진은 아내를 억지로 일으켜 안았지만, 그녀의 손은 힘없이 떨어질 뿐이었다. 아니겠지, 아니겠지. 아니라는 말만 속으로 되뇌고 아내의 얼굴을 쓸어내렸다. 목회자 삶에 말없이 힘이 되어주고 믿어준 하나밖에 없는 나의 거목이자, 나의 세상이여. 어찌 널 떠나보내느냐. 이 현실을 부정하는 뜨거운 눈물이 아내의 얼굴에 떨어졌다.

비틀거리는 발걸음으로 밖을 나가보니, 하늘은 여전히 새파랬다. 기독교를 처음 접했을 때 공기의 상쾌함, 오로지 이 순간을 위해 살아온 자연의 섭리처럼, 새로운 길이 내 몸을 이끌어 줬을 때처럼, 그때의 그 하늘처럼 파랬다. 하지만 저 우주로 치솟은 하늘 외엔 모든 게 반대로 느껴졌다. 몸에 들어오는 공기는 역해 숨을 토해내었고 하느님이 정해주신 이 순간을 부정하고 싶었다. 지금 걷는 이 길이 어떤 의미도 느껴지지 않을 정도로 앞을 볼 수 없었다. 아내의 장례를 치르고 석진은 방에 틀어박혀 한동안 나오지 않았다. 아니 나오지 못했다. 그녀의 죽음은 목회자 삶을 부정하게 만들었다. 묵묵히 나 자신을 믿고 기다려준 부인은 지금이라도 이 어두운 골방에 찾아와 다독여줄 것만 같았다. 헛된 바람은 점점 피폐하게 만들었고 몸과 정신을 이어주는 가느다란 실이 끊어져 나간 것만 같았다.

독립운동

 밤 도깨비가 날아다닐 것만 같은 어두컴컴한 밤. 창신학교 숙직실 가운데 테이블을 놓고 사람들이 둘러 앉아있다. 누구는 갑갑한 듯 창문 앞에서 담배를 물었고 몇 명의 사람들은 소리 없이 팔짱을 낀 채 가만히 고민에 빠진 듯 보였다. 창가에 있던 사람이 담배를 끄고는 테이블에 와 앉았다.

 "마산의 만세는 창신학교가 중심이 되는 게 좋겠습니다."

 전국적으로 3.1 운동을 주도하기 위해 마산에 내려온 이갑성이 먼저 입을 열었다.

 "맞는 말입니다. 하지만 내 마음에 걸리는 게 하나 있습니다."
 "그게 뭡니까?"

 이번엔 이승규의 걱정 어린 말투에 이갑성이 되물었다.

 "내 목숨은 나라를 위해 바쳐도 아무 상관 없으나, 어리고 약한 학생이나 학교가 피해를 입으면 다시는 일어나지 못할 일인데.. 그게 자꾸 마음에 걸립니다."
"마음 잘 알겠소. 이승규 선생의 학교 사랑이야말로 바로 독립의 길입니다."

이승규의 마음은 알겠으나, 이렇다 할 해결책은 제시할 수 없었다.

"그럼 이렇게 합시다."

이때, 옆에 있던 이상소가 나섰다.

"이승규 선생은 학교를 지키고, 내가 앞에 나서겠소."
"괜찮겠소?"
"나 또한, 나라를 위해 목숨 바칠 준비는 늘 되어있소."

이상소는 호탕하게 웃으며 말했다. 그로부터 며칠 뒤 3월 2일, 독립선언서가 이상소 앞으로 전달되었다. 경성에는 벌써 거사가 치러졌다고 소문이 자자했다. 마산에선 3월 3일 고종황제 장례식에 맞춰 만세 시위를 준비했지만, 발전하지 못했다. 오히려 일본의 눈 밖에 나버렸고 일주일 후 이상소와 모의를 한 사람들이 체포되는 일이 벌어졌다. 아무래도 체계적인 계획이 필요했다.

"한 목사님, 몸은 어떠세요?"

문밖에서 석진을 찾는 소리가 들렸다. 문을 열어보니 선교사 클라크였다. 석진은 뺨을 긁으며 안으로 들어오라고 손짓했다.

"어쩐 일이디?"

피폐해진 얼굴에 갈라진 목소리로 석진이 말했다. 그러자 클라크는 인자한 웃음을 지으며 말했다.

"걱정되어 왔습니다. 별일 없으시죠?"
"없디. 일단은.."

인자한 웃음은 사라지고 클라크의 얼굴에 그늘이 드리웠다.

"요즘 조선 분위기가 심상치 않습니다."

클라크는 자신의 가방에서 종이 묶음을 꺼내 펼쳤고 거기엔 '조선독립신문'이라고 큼직하게 적혀있었다. 석진은 아무 말 없이 신문을 읽어내려가니 3.1운동 현장의 진행 상황이 세세하게 적혀있었다.

"경성 쪽에서 보내왔습니다. 교인들이 가지고 있었다고 해요. 비밀리에 움직이는 거 같은데, 교인들이 가지고 있었다니..”
"내래 모르는 일이디요.”

클라크가 말도 끝나기 전에 석진은 자신의 결백함을 밝혔다. 전과는 있었다지만, 이번에는 정말 모르는 일이었다.

"마산에서도 소동이 있었다고 들었습니다.”
"예, 들었습니다. 약간의 소란은 있었지만, 그곳엔 교인은 없었다고 들었시요.”

클라크는 의심 가득한 표정으로 펼쳤던 신문을 다시 주섬주섬 가방에 넣었다.

"한 목사님, 선교부에서 강력한 지침이 내려왔어요. 만약 다시 한번 과거의 과오를 저지른다면 목회 활동을 중지시킬 수밖에 없어요. 부디 교인들을 잘 보살피길 바라요.”

클라크는 자리에서 일어나 나갈 채비를 했다.

"무슨 말인지 아시겠죠? 그럼 몸조심하세요.”

석진은 아무 대꾸도 없이 앉아 클라크의 뒷모습만 바라봤다. 클라크는 그런 석진을 보고 어깨를 으쓱이더니 밖으로 향했다. 클라크의 말에 석진은 가만히 생각에 빠졌다. 마음도 심란한데 선교사들의 도 넘는 행동, 교인들이 혹시나 자신도 모르게 무언가 일을 꾸밀지 모른다는 두려움, 언제나 강직한 마음을 소유한 석진이었지만 아내와의 이별로 마음이 약해지니 걱정이 앞설 뿐이었다.

창신학교 교실, 삐걱거리는 마룻바닥에 질서정연하게 나열된 책상들 앞쪽 정 한가운데에는 교단과 교탁, 흑판 위에는 태극기가 걸려있다. 정적이 이어지다가 바깥에서 삐걱거리는 소리가 점점 가까워지고 문이 열리더니 10명 남짓한 사람들이 들어와 교실을 채웠다.

"모두 앉아 보세요. 나눠줄 게 있습니다."

이승규 장로 아들 이은상이었다. 이어서 한태익, 이정기, 이일래가 교실 문을 열고 들어와 종이 묶음을 교탁 위에 턱 하니 올려놓았다.

"이분들과 함께 독립선언서와 태극기를 만들었습니다. 이건 우리의 독립운동의 시작을 알리는 첫걸음이 될 겁니다."

자리에 앉아있던 사람들이 두 입술을 모으며 눈이 초롱초롱해졌다.

"모두 선언문과 태극기를 받아가시지요. 회의 끝에 거사 일을 잡았습니다."

 교탁 맨 앞줄부터 일어나 한 명씩 받아갔다. 받고서는 태극기를 하늘을 향해 펼쳐보기도, 감동 어린 눈으로 감상에 젖기도, 선언문을 읽어내려가며 벅차오르는 가슴을 짓누르기도 했다. 또 누구는 불안한 눈빛과 의심 가득한 표정을 짓기도 했다.

 "지금 상황이 어떤지 잘 알고 계실 겁니다. 헌병 놈들 경비가 더 삼엄해지기도 했고 잡혀 들어간 사람들은 어떻게 됐는지 소문을 알 수 없습니다."

 이은상이 결의에 찬 말투로 말하자 사람들의 표정이 제각각 달라졌다.

 "모두들 알다시피 여기에 계신 분들로 시작해서 마산에 만세 운동을 일으킬 겁니다."
 "질문이 있소."

 이은상의 말에 앉아있던 사람 중 한 명이 손을 들고 말했다.

 "지금 이 인원으로 되겠습니까? 저기 위쪽에선 우리보다 훨씬 많은 사람으로 했는데도 힘들었다고 하던데."

"그러니까 말입니다. 저 일본 놈들이 눈 하나 깜빡하겠으요?"

의지는 충분했지만, 거사를 치르기 전 약간의 두려움이 찾아와 목소리를 떨리게 만들었다. 부정적인 말을 꺼내니 분위기가 뒤숭숭해졌다.

"우리뿐만 아니라 의신 여학교에서도 만반의 준비를 하고 있습니다. 수가 작을지언정 우리가 움직이면 사람들도 따라 움직일 겁니다."
"여자들이 뭘 한다꼬... 결국엔 아무 계획이 없다는 거 아닙니까? 이런 종이 쪼가리 나눠준다고 뭐가 되겠십니까? 예? 저놈들을 밟아 죽여뿌야지! 이 정도 인원 가지고 뭘 해봐야~ 저 쪽바리 놈들 눈 밖에 나는 것밖에 더 되겠어요?"

약간의 정적이 찾아왔다.

"저분 말이 맞습니다. 전면적인 만세 운동으로 이끌어갈 수가 적어서 걱정입니다."

옆에서 한태익이 거들었다.

"그럼 손 놓고 보고만 있을 겁니까? 예? 우리 교인들이라도 나서야 사람들이 모일 거 아닙니까?"
"그럼 교인들을 다 데리고 오시지, 우리 가지고 뭘 합니까?"

"그건.."

이은상은 말끝을 흐리며 제대로 대답하지 못했다. 그의 행동은 분위기를 더 가열시킬 뿐이었다.

"양대인들이 현 시국에 대한 정치 활동을 금하라 하셨다아입니까."

마산교회 장로 이승규의 아들이라 교회 사정을 여기 누구보다 잘 알고 있었다. 이은상도 답답한 듯 한숨을 푹 내리 쉬었다.

"마산교회가 지금까지 어떻게 왔는지 아실 겁니다. 선교사 선생들이 하지 말라고 하니까.. 그리고 한 목사님 아시면 어쩔 겁니까? 거.. 들어보니까 한 목사님이 총회장까지 되셨다는데, 잘못되면 교회와 학교에 큰 피해가 갈 겁니다. 피해를 최소화하기 위해선 소수 인원으로 움직여야 합니다."

분위기는 급속도로 얼어붙었다. 지금에서야 유해졌지만, 마산교회 교인들로서는 선교사의 말은 나라 법과도 같았다. 한 목사의 노력에도 머릿속에 뿌리 깊이 박혀있는 건 뽑아낼 수 없었다.

"어허~ 이것 참... 호랑이 아가리에 맨몸으로 뛰어들자니.. 선교사까지 반대하는데 꼭 해야되겠십니까?"

그의 말로 각자의 머릿속에 숨겨놓았던 최악의 이야기를 상기시켜 줬다. 오로지 이들은 나라를 지켜야 한다는 사명감으로 덮을 수밖에 없었다.

"말했잖습니까. 우리부터 나서야 한다고요!"
"현실적으로 생각하자니까요."
"그러면 저 쪽바리놈들이 그냥 물러간답니까?"
"이렇게 뜻이 안 맞아서야, 난 못하겠습니다. 이 인원으로 이런 쪼가리들고 해봐야 뭐가 되겠십니까?"

　부정적이게 말하던 사람이 자리에서 일어나 나가려 하자 이은상이 다가가 붙잡았다.

"선생, 어디 가십니까? 한 사람, 한 사람이 급합니다. 나라를 지키려면, 우리 대한을, 우리 조선을 되찾으려면 다 같이 힘을 합쳐야 합니다."
"이거 놓으시오. 안될 싸움에 승부 보기 싫습니다."
"다.. 다들 왜 이러십니까?"

　어수선한 분위기에 앉아있던 사람들도 하나, 둘씩 자리에서 일어났다. 상황은 고조됐고 뒤도 돌아보지 않고 나가려 하자 갑자기 교실 문이 열렸다. 교실 안에 있던 사람들은 일제히 행동을 멈추었고 소름 끼치는 정적이 온몸을 타고 올라왔다. 교실 문을 연 사람은 매우 수척해진 석진이었다.

"...여기서 뭐하시요?"

석진은 교실 안으로 들어와 사람들을 둘러보았다.

"...한 목사님이 여긴 어.. 어쩐 일이십니까?"
"교회도 조용하고 사람도 텅 비은지라, 학교도 둘러볼 겸 왔다. 여기서 뭘 하고 있었시요?"
"하하.. 아무 것도 아닙니다."

자신도 모르게 거짓말부터 나온 이은상은 말을 내뱉고도 당황한 기색이 여력 했다. 석진은 책상 위에 독립선언문을 들어 한참이나 읽어보았다. 그의 얼굴은 초췌해져 당최 무슨 감정인지 알 수 없었고 그저 조용히 지나가길 바랐다.

"아.. 한 목사님, 그... 그건 말입니다. 그게 뭐냐면요.."
"모두 대예배일 날 보시지요."

석진은 나지막이 말하고 독립선언문을 하나 가지고 교실 밖으로 나가버렸다. 사람들은 자신을 조여오던 포승줄이라도 풀린 것처럼 긴장이 풀려 자리에 주저앉는 사람도 있었다.

　며칠이 지나도 마산교회는 잠잠했다. 그러니 만세 운동을 주도하던 사람들은 살얼음을 걷는 것처럼 천천히 계획을 준비했다. 그새 사람들이 더 줄어들었다. 의신 여학교도 상황은 똑같았다. 하지만 이들은 희망의 끈을 놓지 않았다. 일제의 탄압과 통제는 이들의 의지를 꺾을 수 없었고 전국적으로 퍼진 만세 소리는 자기희생을 준비하게 해줬다. 이들의 심리적 압박감이 고조되었을 때, 석진은 대예배일 날 연설과 강의를 한다는 목적으로 교회에 관련된 사람들을 마산교회로 불러모았다. 이번 연설은 마산교회를 넘어 경남 일대 교회까지도 소문이 돌아 지방 곳곳에서도 사람들이 찾아왔다.

　대예배일 날, 마산교회 예배당에 백여 명의 교인들이 모였다. 좌석이 부족해 서 있는 사람도 많고 밖에서 대기하는 사람도 보였다. 석진의 영향을 받은 지방 교회 관련자들도 모두 모인 듯싶었다. 물론 교파 구분 없이 그저 석진의 소문만 듣고 온 사람도 다수였다. 서로를 맞이하고 환영해주는 분위기 속에 좁은 예배당 안은 후끈한 열기로 가득 메웠다.

　"한 목사님이 왜 갑자기 경남 일대 교인들을 불러모았을까요?"

　이은상이었다. 그 옆에는 임학찬을 비롯해 만세 운동을 준비하던 사람들이 있었다.

"혹시 경남 일대 만세 운동 때문에 불러모은 거 아입니까? 원래 기독교인은 정치 활동을 금한다 했다 아입니까?"
"그럼 우리 우째야 됩니까? 지금도 사람이 없는데.."

임학찬이 그럴듯한 추리를 하자 불안감에 휩싸였다. 그때, 예배당 밖에서부터 웅성거리는 소리가 들렸고 그 웅성거림은 점점 커져 안에 있는 사람도 집중케 만들었다. 잠시 후 부서질 듯한 기세로 예배당 문이 열렸다. 모두 문을 향해 고개를 돌렸지만, 문 사이로 강렬한 빛이 들어와 처음엔 누구인지 구분할 수 없었다. 당연히 한 목사이겠거니 생각한 사람들은 일어나 그를 맞이해주려 했지만, 빛에 적응하니 모두들 숨을 죽일 수밖에 없었다. 문을 열고 들어온 사람들은 황토색 군복을 입은 일본 헌병들이었다. 헌병 4명이 들어와 약속이라도 한 듯 예배당 뒤쪽에 나뉘어 섰다. 아무 말 없는 것 보니 현 시국에 이토록 많은 사람이 모였고 석진의 영향력을 익히 들어 감시할 목적으로 온 듯싶었다.

'혹시 한 목사님이..'

이은상과 사람들은 헌병을 보자 눈동자가 흔들리고 최악의 상황까지 생각하게 되었다. 최대한 고개를 숙이고 침묵을 지켰다. 곧바로 예배당 앞쪽에서 석진이 걸어 나왔고 여전히 이별의 슬픔으로 초췌한 모습이지만, 당당하게 걸어들어와 교단 가운데에 섰다.

"안녕하시요. 이렇게 모여주어서 참으로 감사할 일이디요."

석진은 인사하면서 뒤숭숭한 분위기를 느꼈다. 분위기는 적잖은 웅성거림으로 바뀌었고 여기저기서 탄성이 흘러나왔다. 속으로만 하던 헌병에 대한 불만이 석진을 보자 바깥으로 표출한 것만 같았다. 그러자 누군가가 말했다.

"이 신성한 교회에 초대받지 못한 손님이 온 듯합니다."

석진도 충분히 느끼고 있었다. 그렇게 넓지 않은 공간에 눈에 띄게 서 있는 황토색 군복, 일본이 보내는 무언의 압박일 것이다. 하지만 석진은 주눅 들지 않았다.

"주님의 말씀을 전하는데, 누구든 상관없습니다."

아니, 오히려 상관하지 않았다. 석진은 헌병들도 한 명의 기독교 교인처럼 대하려는 모습을 보였다. 석진은 교인들을 둘러보다 중간쯤에 앉은 이은상과 눈이 마주쳤고 이은상은 도둑질하다 걸린 사람처럼 일부러 눈을 내리깔았다. 석진은 덤덤하게 연설을 시작했다.

"우리는 어떤 사람이건 믿음으로 이 자리에 왔고, 주님 앞에서는 어느 자리에 있든 하나 된 인간입니다."

여느 때와 다름없는 연설이었지만, 빈약한 노인이 뿜어내는 힘은 교인들을 압도하기에 충분했다. 시간은 흐르고 연설이 끝나갈 무렵 뜬금없는 질문을 던졌다.

"기독교는 뭐라고 생각하십니까?"

석진은 이 한마디로 자연스럽게 분위기를 바꿨고 교인들은 고개를 돌려가며 눈치를 살폈다. 교인이라면 쉽게 말할 수 있는 질문일 수 있겠지만, 반대로 쉬운 대답은 그 의미를 퇴색시킬 수 있으니, 누구도 나서지 않았다.

"그럼 이 땅에 있는 대한 기독교는 뭐라고 생각하십니까?"

누구도 대답이 없자 석진은 질문을 바꿔 물었다. 청중들은 이번에도 눈치만 보다 누군가 말했다.

"음... 조선인이 있는 기독교 아니겠습니까?"

여기저기서 웃음소리가 들렸다. 석진도 미소를 머금었다.

"네, 그것도 맞디요. 제가 생각하는 조선의 기독교는 하나 된 기독교이고 기독교의 근본은 하나 됨이라고 봅니다. 제가 안동교회부터 휘장을 걷어낸 이유도 남녀도 곧 하나의 인간이기 때문입네다. 신분 차별도 마찬가지구레."

석진은 말을 멈추고 마른 침을 삼키자 교회 내는 고요해졌다.

"우리 조선은 부자유친, 부부유별, 군신유의, 장유유서, 붕우유신 이 윤리를 덕목으로 일삼고 평생을 살아왔습니다. 기독교 윤리관하고 많이 다르디요. 선교사 선생들은 이를 이해하지 못했습니다. 그저 우리의 전통을 배제하고 끊임없이 자신들의 기독교를 우리에게 주입 시켰시요. 이 땅에 기독교가 뿌리내리기에 선교사 선생들이 노력했다는 건 누구도 부정할 수 없습니다. 하지만 그 방법이 잘못되었디. 그러기에 저는 한국 문화와 전통을 기독교와 융합시켜, 하나 된 기독교를 만들려고 했습네다. 선교사 선생들은 이를 용납하지 않았디요. 오히려 방해했습니다. 대체 이 땅에서 이 나라의 교회를 만드는 것인데 왜 자신들의 영향력 안에 우리를 가둬두는지 도저히 이해할 수가 없습네다!"

석진이 흥분하며 목소리가 커지자 사람들의 눈이 동그래지고 덩달아 헌병들도 놀란 듯 움찔하는 게 보였다.

"우리는 어떻게 해야 하겠습니까? 기독교의 진리가 중요한 만큼 우리 전통문화도 소중한 겁니다. 제가 전통이라고 다 옹호하는 게 아닙니다. 악습이라 여겨지는 것은 없애는 것이 맞는 일이고 기독교의 진리와 합일을 해 대한 교회는 우리 대한인의 손으로 나아가는 게 맞다고 생각합니다."

교인들은 절로 고개를 끄덕일 수밖에 없었다. 한번 커진 석진의 목소리는 좀처럼 가라앉지 않았고 그의 목소리는 단순한 주장이 아닌 진정성으로 다가왔다.

"이 교회의 주인은 우리이고 이 나라의 주인은 우리입니다. 이를 누가 부정하겠습니까? 형제, 자매 여러분 일어나십시오. 그들의 강탈에 가만히 있지 마십시오. 우리는 우리나라를 이끌 수 있고 우리 교회, 대한인의 교회를 이끌 수 있습니다. 그러기 위해선 우리는 독립할 수 있는 힘을 길러야 합니다. 그러려면 하나가 되어야 합니다. 하나가 되어야만! 우리는 대한의 기독교로 충분히 독립할 수 있습니다! 누군가 탄압하고 구속한다고 우리 대한인의 의지를 꺾지 마시요."

조그맣게 박수 소리가 들렸다. 실오라기 같은 박수 소리는 예배당 전체에 퍼졌고 마치 약한 물결이 전 냇가를 일렁이듯 그의 목소리는 전 교인들의 마음에 불을 지폈다. 과거 선교사의 말을 곧 법으로 따랐던 경남 지역이라 어쩌면 당연한 반응일 수도 있었다. 뒤에 있던 헌병들도 눈치를 살폈다. 독립이라는 단어가 상당히 거슬리지만, 종교활동으로 그의 목적성이 애매해 함부로 제재할 순 없었다.

 석진이 이렇게 대놓고 교인들에게 말한 적은 처음이었다. 그는 자신의 의견을 오로지 행동으로만 보여주고 그 뜻을 확고히 했는데, 이번만큼은 달랐다. 그는 교인들의 각성을 바랐을까. 하지만 이 이후로 몸이 아프다는 이유로 교회에 잘 나오질 않았다.

 며칠 후, 창신학교 교실. 이은상, 한태익, 이정기, 이일래 등이 모여 만세 운동 계획 중이었다. 회의 중이긴 하나 전보다 더 줄어든 인원으로 어느 때보다 분위기는 무거웠다.

 "21일이 적당하다고 생각합니다."

 이은상이 말했지만, 누구도 대답하지 않았다.

 "우리 이러다 김 선생처럼 되는 거 아니오?"

 턱을 괴고 있던 한태익이 불안감과 걱정이 섞인 말투로 말했다. 그의 불안감은 교실 내에 있던 사람들에게 옮겨붙었다. 과거 3월 3일 홀로 독립 만세를 외치다 일본 경찰에 연행되어 대구로 압송된 이가 머릿속에 떠올랐다. 분위기는 더 무거워졌다.

"그래도 부딪혀야죠. 하는 데 의의가 있습니다. 우리가 주동해서 일어나면 민중들도 같이 일어날껍니다."
"인원이 더 줄었잖아요.."

이은상이 애써 불안감을 떨쳐보려 했지만, 계속해서 현실에 부딪혔다.

"그때 연설 때처럼 경남 일대 사람들을 싸그리 모아가지고 해야 간에 기별이라도 갈낀데.. 한 목사님한테 부탁드리는 게 낫지 않겠습니까?"
"한 목사님은 병가라고 하셨습니다. 몸이 많이 안 좋으신가 봅니다."
"어허.."
"사람을 더 구해보시지예."
"더이상 지체되면 안 됩니다. 우리나라를 지켜야 하지 않겠습니까?"
"지키는 것도 지키는 건데 이런다고 지켜지겠습니까?"
"그럼 보고만 있자고요? 우린 만반의 준비가 됐잖습니까. 부딪혀 봅시다. 부딪히기 전에 아무도 모릅니다."
"그러다 죽으면 개죽음 아닌교!?"

불안감은 어느새 분노로 바뀌고 있었다. 이걸 누굴 탓할 수도 없으니 서로 언성만 높일 뿐이었다. 이때, 교실 문이 부서지듯 열렸다. 문이 부딪히는 격렬한 마찰음에 높아진 언성은 그새 사그라들었고 모두 문 쪽을 쳐다보았다. 만세 운동을 준비하다 못하겠다고 빠졌던 교인들이었다.

"여긴 무슨 일이십니까?"

이은상이 질문을 던졌지만, 그들은 아랑곳하지 않고 교실 안으로 들어왔다. 그러자 그들을 뒤따라 수십 명의 교인들이 교실로 들어왔다. 교인들이 계속해서 들어와 교실을 꽉 채우니 문밖에서 대기하는 교인들도 있었다.

"이게 다 무슨..."

금세 교실은 북적북적해졌고 이은상과 더불어 기존에 있던 사람들은 무슨 일인지 주위를 살펴보기만 할 뿐이었다.

"계획에 다시 참여할 수 있나 해서 찾아온 거요."

뜬금없는 말에 이은상의 의심 가득한 눈빛으로 물었다.

"갑자기 왜 그러시오?"

"부끄럽습니다만, 한 목사님 말을 듣고 느꼈습니다. 잡혀 죽나, 나라를 뺏겨서 죽나. 한 번 부딪혀 봐야 하는 거 아니겠습니까? 여기 다른 교인들도 같은 생각입니다."

어처구니없는 계획이라 도망갔지만, 지금 이 자의 눈빛은 충분히 진정성을 시인했다.

"같은 교인끼리 너무한 거 아니오? 어찌 그대들만 이런 중대한 사안을 계획하고 있단 말입니까?"
"그러게나 말입니다. 이런 일에 같은 조선인이 빠지면 쓰나?"

이번에는 뒤따라온 교인들이 한마디씩 내뱉었다. 할 수 없이 이은상은 이들을 달래고 자리에 앉혔다. 자리가 부족해 창문에 걸터앉거나 바닥에 앉는 사람도 있었다.

"교회에 피해가 갈까 봐 함부로 얘기할 수 없었습니다. 양대인들이 말하길, 교인들은 정치 행동을 금하라고 하셨잖습니까. 선생들이 이 사실을 알면 잘잘못을 추궁해, 한 목사님에게도 피해가 가지 않을까 싶었습니다. 그래서 그랬습니다."

이은상은 교탁 앞에서 최대한 부드러운 어조로 말했다. 모두 납득하는 반응이었지만, 그러지 못한 자도 있었다.

"나라가 뺏기면 이 교회가 뭔 상관이 있겠십니까?"
"그렇지. 족바리한테 뺏길 바에는 우리가 먼저 나서서 지키는 게 순리지 않겠습니까? 여러분 안 그렇습니까?"

 교인 모두 격한 반응을 보였다.

"여러분 일단 진정 좀 하시고예. 교인들이 대거로 나서면 어찌 되겠습니까? 이라믄 교회나 학교나 큰일 납니다. 이건 저희들끼리 하겠습니다. 그만 돌아가시지요."

 이은상이 말했지만 그들의 반응은 피어오르는 불꽃처럼 좀처럼 사그라지지 않았다.

"저한테 좋은 방법이 있습니다."

 이때, 교실 뒤 창문에 걸터앉은 교인이 말하니 그를 향해 모두 뒤돌아봤다.

"그게 뭔데요? 빨리 말해 보이소."
"교회에 피해가 갈까 봐 걱정이라고 하셨지요? 그럼.. 만세 운동할 때까지만 교인 자리를 내려놓고 하면 되지 않겠습니까?"

짧은 침묵 끝에 깨달음의 탄성이 터져 나왔다.

"평상복을 입고 돌아다니면 내가 교인인지 학생인지 누가 알겠십니꺼? 우린 교인 이전에 이 나라의 민중으로서 이 일을 도모하는 겁니다."
"그럴수도…"
"나쁘지 않은 거 같은데?"
"일리가 있네. 그때만큼은 우린 교인이 아니고 이 나라의 민중이올시다. 이 말 아닙니까?"

웃음이 터졌고 웃음소리는 그새 교실을 가득 채웠다. 가만히 듣고만 있던 이은상, 한태익도 일리가 있는 말이라며 미소를 지었다. 저 말이 전혀 가당치도 않는 방법일 수도 있겠지만, 오랜만에 느끼는 희망적인 분위기를 조금이라도 더 느끼고 싶었다. 웃음소리가 사그라들고 부정적이게 말하던 교인이 이은상에게 다가가 손을 내밀었다.

"한 목사님이 그러셨지요. 이 교회의 주인은 우리이고 이 나라의 주인은 우리라고.. 미안합니다. 제가 어리석었소. 날 다시 받아주시오. 우리 민족이 하나가 되어야 독립할 수 있습니다."

이은상은 고개를 끄덕이며 그자의 손을 잡았다. 뒤에 있는 교인들도 모두 같은 말을 하는 듯 보였다. 족히 수십 명이 되는 인원의 열의가 하늘 위로 올라가 희망이라는 폭죽으로 마산 하늘에서 뿜어지듯 퍼졌다. 이은상을 비롯한 구성원들은 석진의 의중을 쉽사리 알아차릴 수 있었다. 그의 독립 의지는 우리에게 독립의식을 자극하고 고무시켰고 나아가 교회를 지키고 나라를 지키는 데 힘을 보태게 만들었다. 나라의 독립이란 교회의 독립이구나. 분위기는 순식간에 반전되었고 계속되는 불화로 엎어질 수 있는 계획을 새롭게 구상하기 시작했다.

3월 21일 장날은 여느 때와 다름없이 하늘은 쨍쨍하고 사람들로 북적였다. 아침부터 밀려드는 장사꾼들은 제일 명당을 찾아 자신의 물건을 펼쳐 놓았고 오고 가는 손님들은 흥정을 해대며 물건을 구입했다. 시간이 지나도 장날의 열기는 식지 않았다. 태양이 하늘 위를 지나고 오후 3시 가장 많은 인파들이 몰려들 때쯤,

"대한독립 만세!"

찢어질 듯한 함성이 들렸다. 사람들은 웅성거리며 갈피를 못 잡고 있을 때, 과일 장수도 일어나 대한독립 만세를 외쳤다. 그 앞에 나물을 팔던 장사꾼도 짚신을 팔던 장사꾼, 건어물과 건과실을 파는 장사꾼도 일어나 대한독립 만세를 외쳤다. 이들은 장사꾼들로 위장한 교인들이었다. 곳곳에서 '대한독립 만세'를 외치니 지나가는 사람들도 하나, 둘씩 외치기 시작했다. 때가 되니 여학생들은 치마폭에서 태극기를 꺼내어 흔들었고 이은상, 이상소 등 주동 인물들은 대한독립이

라고 적힌 큰 기를 들어 올려 행진했다. 출신, 성별에 상관없이 이 행진에 동참하여 군중을 이루니 장거리를 뒤덮는 물결을 이루었고 하나같이 '대한독립 만세'를 외치어 부르니 천지가 흔들렸다.

신의주교회

   3.1운동 직후 상해, 중절모를 쓰고 무릎까지 내려온 외투를 입은 자가 허름한 목재 건물 앞에 서서 주위를 두리번거리더니 계단을 타고 건물 안으로 들어갔다. 건물 내부는 곧 꺼질듯한 희미한 전등과 은은하게 들어오는 햇빛으로 어두웠다. 안으로 들어갈 때마다 어둠이 몸을 타고 올라오는 것만 같아서 소름이 끼쳤고 바닥이 삐거덕 될 때마다 무언가가 뒷골을 찔러댔다. 발걸음 소리와 숨소리도 함부로 뱉을 수 없었고 모든 신경을 예민하게 만들었다. 기둥에 몸을 숨기고 고개만 내밀어 안쪽을 살펴보았다. 동그란 테이블에 남성 한 명과 그걸 밝혀주는 전등 하나만 있을 뿐이었다.

   "들어오세요. 기다리고 있었습니다."

   테이블에 앉아있는 남성이 말했다. 그제야 앞으로 나가 얼굴을 확인했다.

   "현순 목사입니다."
   테이블에 앉아있는 남성이 먼저 자신을 소개했다.

"저는 김태규라고 합니다. 아버지 김 병자 농자를 대신하여 왔습니다."

"어찌하여 아드님이 오시게 되셨소?"

김태규는 이 질문에 뜸을 들이더니 한숨만 내쉬었다. 입술 떼는 쩝 소리와 함께 자신의 품에서 봉투를 꺼내어 테이블 위에 올려놓았다.

"아버지는 신의주교회를 맡으시다가 헌병들의 추적으로 벽동읍 교회로 몸을 피하셨습니다. 하지만 그곳에서 그만 붙잡히고 말았죠. 그래서 제가 오게 되었습니다."

김태규는 테이블 위에 놓인 봉투를 현순에게 밀어줬다. 현순은 그 봉투에서 종이를 꺼내 펼쳐보자 길게 펼쳐진 종이엔 빼곡한 글자와 '선언서'라고 적혀있다. 기미독립선언서였다.

"고생하셨소. 이제 이 독립선언서를 영문으로 번역하여 구미 각국으로 전달할 것이오."

현순 목사가 결의에 찬 표정을 지었지만, 어두워서 제대로 보이지 않았다. 오히려 우울해 보일 뿐이었다.

"잘 부탁드립니다. 부디 몸조심하세요."

김태규는 고개를 살짝 숙이고 뒤돌아 나갔다. 바닥은 여전히 삐거덕거리고 틈새로 들어오는 햇빛이 눈을 따갑게 만들었다. 김태규는 소리 없이 한숨을 내쉬고 문을 열었다. 맑고 시원한 공기가 온몸을 감싸 안았고 빛이 건물 내부로 들어와 어둠을 걷어내었다.

　새벽에 찬 공기와 푸른 빛이 감도는 하늘은 해가 피어오르자 모두 물러갔고 늦잠을 자던 닭들은 때마침 합창곡을 울부짖었다. 이렇게 이른 아침부터 한 남성이 작은 보따리를 짊어지고 걸어가고 있었다. 가파른 언덕을 넘고는 힘들었는지 잠시 멈춰서 숨을 헐떡였다. 숨을 고르는 동안 주위를 살펴보니 바로 앞에는 푸른 절경의 천마산이 보이고 밑으로는 삼교천이 흘러 압록강으로 흘러 들어갔다. 멀리 보이는 경의선 철도를 따라 열차가 지나가고 있었다. 이곳은 백마라는 곳으로 의주군 위원 면에 속해있는 작은 마을이었다. 남성은 이마에 흐르는 땀을 닦고 꽤 고급스러워 보이는 기와집으로 눈을 돌렸다. 짧게 숨을 내뱉고는 그곳으로 뛰어갔다.

"계시디요?"

　그는 기와집 앞에 멈춰서 소리쳤다.

"저기요. 계십니까?"

남성은 문을 두드리며 말했다. 그러자 덜커덕거리는 소리와 함께 문이 열리고 문 앞에는 석진이 서 있었다.

"한 목사님 맞지요? 전 신의주교회에서 왔습니다."

석진은 무덤덤한 표정으로 그 남성을 한참을 바라보았다. 그리고는 자신의 집으로 초대했다. 집은 텅 비어있었다. 썰렁한 것이 마치 일부러 짐을 드리지 않은 것처럼 책들을 꽂을 책장과 간단한 식기 도구들을 제외하고는 그렇다 할 가구는 없었다. 바닥에 상을 펼치고 남성과 석진이 마주 보고 앉았다.

"한 목사님, 몸은 괜찮으십니까? 한 달 전쯤에 귀향하셨다고 들었습니다."

석진은 딱히 말하지 않고 고개만 끄덕거렸다. 몇 개월 전 석진은 마산교회를 담임하다가 건강상의 문제로 사임을 결정했다. 처음 마산을 간 것도 휴양의 목적이었지만, 어쩔 수 없이 마산교회를 돌보았고 장로회 총회장을 맡게 되어 쉴 수 없었다. 돌이켜보면 석진은 기독교인이 된 후로 제대로 쉰 적이 한 번도 없었다. 홀로 힘쓰는 그의 모습이 안타깝기도 하고 건강상의 문제가 있어 가족들이 휴식을 강력히 권장하였다. 때마침 맏아들 민제가 이곳에 조그만 영토를 가지고 있어서 마산에서 의주까지 올라온 것이었다. 이번에는 기필코 쉬겠다는 마음을 먹고 있을 때였다.

"신의주교회를 맡아주십시오. 대대적인 독립운동 이후 신의주교회는 두 명의 목회자를 보내야만 했습니다. 그래서 이렇게 실례를 무릅쓰고 찾아오게 됐습니다."

석진은 쉬어야겠다고 다짐했지만, 그냥 손 놓고 볼 수만은 없었다. 길게 생각하지 않았다.

"알겠다. 내 조만간 찾아갈 테니 그렇게 아시구레."

여전히 초췌하고 피곤에 찌든 얼굴이었지만, 그는 여전히 기독교인으로서 하나님의 섭리를 받아들였다. 신의주교회도 다른 교회와 별반 다르지 않았다. 처음 그곳에 갔을 때 조그만 방 8칸짜리 예배당에서 예배를 드리는 실정이었다. 시간이 흐르고 석진의 명성으로 교인이 늘어나자 석진은 예배당 건축을 계획했다. 물론 대한 교인들의 힘으로 말이다. 이는 당연한 수순이었다. 이곳에서도 석진의 유명세는 익히 들었는지 그 누구도 반대하지 않고 석진을 따랐다. 이후 21년에 예배당이 준공되고 신의주교회는 신의주 제일 교회라고 교회 명칭을 바꾸었다.

예배당 준공 축사자리에 신의주 부윤과 행정 관리들 일본인 관리들까지 찾아왔다. 이는 이 나라에서 교회가 확실히 자리 잡았음을 보여주는 것이고 한석진이라는 인물이 교회를 넘어 사회에까지 끼치는 영향력이 어느 정도인지 보여주는 모습이었다. 이후 석진은 교육을 중요히 여기고 부인들을 대상으로 야학을 가르쳤으며 교회 봉사의 중요성을 강조하며 자선사업을 벌이기도 했다. 이는 일반인들도 교회를 선망의 대상으로 보게 만들었고 교인들 수가 급증하는 이유가 되었다. 주일학교도 확장되고 여성 야학도 규모가 커질뿐더러 교인들은 믿음으로서 큰돈을 헌금하는 경우도 있었다. 어느 교회를 맡았을 때보다 모든 게 순조로웠다. 신의주에서도 석진은 성공적인 목회를 이끌었다. 하지만 그의 건강은 날이 갈수록 나빠지고 있었다.

어느 날, 하늘은 유난히 구름 한 점 없이 맑아 햇빛만이 사람들을 반겨줬다. 따갑지도 않은 햇빛은 오히려 푸근하게 사람들을 덮어줬고 햇빛의 따사로움을 받은 사람들은 일제히 한 곳으로 향했다. 사람들이 향한 곳은 넓은 대지에 성벽처럼 높게 올려진 신의주역이었다. 인력거꾼부터 장꾼, 여행객 등 다양한 사람들이 기차를 타기 위해 바쁘게 움직였다. 그곳엔 석진과 학생 무리도 있었다.

"변소 좀 갔다 오겠다. 여기 가만히 있어라."

석진은 학생들에게 말하고 건물 안으로 들어갔다. 석진이 사라지자 여학생들은 수다를 떨었고 남학생들은 여기저기를 뛰어다녔다.

"내가 만주를 갈 거라곤 상상도 못 했다. 야"
"나도 그래. 너무 재밌겠다. 그치?"
"가면 맛있는 것도 많이 먹고 장난감도 사야겠어."
"야! 우리 저기 가보자!"

 남학생 한 명이 건물 끝을 가리키고 외치자 남학생 대여섯 명이 뛰어갔다. 남아있던 학생들은 신의주역과 지나다니는 사람들을 감상하며 기대와 설렘에 부풀었다.

"くそったれ! (빌어먹을 놈!)"

 얼마 지나지 않아 송곳처럼 찌르는 일본 말에 학생들이 움찔대며 돌아봤다. 이들의 시야엔 뛰어다녔던 남학생 한 명이 넘어져 있고 일경 두 명이 그를 보면서 화내고 있었다.

"おい, 君の目は飾りか? 必要なければ私が掘ってあげようか? (네 눈은 장식이냐? 필요 없으면 내가 파줄까?)"

 다그치는 일경에 남학생은 무릎 꿇고 사죄했다.

"죄송합니다. 한 번만 용서해주시라요."
"朝鮮人、日本語で話す! (조선놈아, 일본말로 해라!)"

학생이 무릎 꿇고 빌어도 성에 안 찼는지, 일경은 발을 들어 올렸다. 그 모습을 보자 같이 있던 남학생 무리가 일경 앞을 막아섰다.

"怖さを失ったね,殺してあげようか? (겁대가리도 없이, 죽여줄까?)"
"한 번만 용서해주시라요. 죄송합니다."

일경은 비열한 웃음을 지으며 칼 손잡이에 손을 올렸다. 일경의 만행에 여학생들도 뛰어와 어쩔 줄 몰라 하고 있었다. 어느새 많은 사람들이 모여 이 잔인한 광경을 보며 웅성거리고 있었다.

"待てよ(기다려), 네놈들 어디 가려고 여기에 있었던 거냐?"

또 다른 일경이 나서며 조선말로 말했다.

"저.. 저희는..."

변소에 갔던 석진은 후련한 기분으로 건물 밖으로 나왔다. 그런데 있어야 할 아이들은 보이지 않았고 저 멀리 사람들이 모여있는 곳을 발견하고는 천천히 걸음을 옮겼다. 그런데 갑자기 비명이 들리자 석진은 발걸음을 재촉했다.

"네놈들이 만주에 왜 가는 거야? 똑바로 말해. 네놈들 독립군이

지?"

일경은 고래고래 소리치며 검을 뽑아 높이 치켜들었다. 검을 타고 흘러내리는 햇빛은 정결하고 날카로운 검의 단면을 더욱 부각했고 사람들의 비명은 이명을 만들어낼 정도로 혼잡하게 만들었다.

"네 이놈들! 이게 뭐 하는 짓이야!"

석진은 사람들을 밀쳐내고 뛰어들었다. 분명히 60대를 넘은 노인이었지만, 그의 기백은 전장에 나선 장수 못지않았다. 일경들은 그의 기백을 느끼자 흥미가 생긴 듯 칼을 거두고 석진에게 다가갔다.

"난 이놈들을 탐문 중이다. 네놈은 뭐지?"
"이 학생들을 인도 중이다. 왜 이러고 있니? 일어나라!"

석진은 주눅 들지 않고 오히려 당당하게 나섰다. 그럴수록 사람들은 물가에 내놓은 애를 보는 것처럼 안절부절못하고 있었다.

"어이, 조센징. 내가 조선말을 한다고 조선인으로 보이는 건가?"
"バカ、そのまま連行しようって (멍청아, 그냥 연행하자니까)"
"待てよ(기다려), 어이, 말해보라니까."

일경의 칼날은 석진에게 향하고 있었다. 사람들의 심장 소리가 들려올 정도로 불안감에 휩싸였다.

"충분히 왜놈으로 보이디."

석진은 칼날보다 날카로운 말로 일경들의 심장에 쏴서 박았다. 일경의 얼굴이 울그락불그락거렸고 굶주린 사냥개처럼 호흡이 거칠어졌다. 사람들은 그만 고개를 돌려 시선을 회피했다.

"주일학교 학생들이 만주로 수학여행을 떠나는 것인데 그것이 뭐가 문제인 거이야?"
"조센징, 그걸 몰라서 묻는 거냐? 조선 놈들은 우리 대 일본제국의 감시하에 움직여야 한다. 네놈들은 개, 돼지처럼 말만 잘 들으면 되는 거야."
"수학여행이라고 하지 않았니."
"우리에게 보고된 수학여행이란 건 없었다."

일경들이 괜한 억지를 부리니 이번엔 석진의 얼굴이 울그락불그락 화가 치밀어 오르고 있었다.

"무슨 그런 억지를 부리간? 왜놈들은 일말의 양심도 없는 거이니? 학생들이 수학을 위해 만주로 떠나는 것인데 그게 왜 안된다는 거이야?"

"죽고 싶으면, 내가 죽여주마."

일경들은 석진을 붙잡자 석진은 안간힘을 쓰며 뿌리치려 했다. 빈약한 노인이 그들을 뿌리칠 순 없었고 지켜보는 학생들도 나서 일경들과 몸싸움을 해댔지만, 발로 차여 날아가기도 하고 바짓가랑이를 붙들어 늘어지기도 했다.

"한석진 목사님?"

그때 구경하던 사람들 사이에서 누군가 석진을 불렀다. 석진은 붙들린 채 자신을 부른 이를 쳐다보았고 일경들도 그를 보자 갑자기 정자세를 하고 경례를 했다.

"한 목사님 맞으시죠?"

어눌한 조선 말에 일본인처럼 보이는 그는 반가운 표정을 지으며 석진에게 아는 척을 해댔다.

"누구시요?
"신의주 제일 교회 헌당 예배일에 뵀었죠. 경무 총관 다노스케입니다. 그런데 이 무슨 일입니까?"

"그거이 말이디…"

석진은 이때까지 있었던 일을 다노스케에게 설명했다. 흥분한 나머지 얼굴이 시뻘게지거나 언성이 높아지기는 했지만, 하나도 빠짐없이 말하려고 애썼다.

"학생들의 치안을 위해 내가 이렇게 여행길을 인도하고 있시요."

석진의 말이 끝나자 다노스케는 일경들의 멱살을 잡고 벽으로 밀어붙였다. 한순간에 순한 양이 되어버린 일경들을 향해 그는 뺨을 수차례 때렸다. 끝나지 않는 뺨 세례에 일경들의 뺨은 붉게 부어올랐고 '쫘악' 거리는 마찰음은 사람들의 눈을 질근 감게 만들었다. 다노스케는 씩씩거리며 석진에게 다가갔다.

"제가 잘 설명했스무니다. 다음부턴 한 목사님 이름을 말하시지요."

그는 아직까지도 가시지 않은 흥분에 입술을 벌벌 떨었지만, 석진에게 예의 있게 인사했다. 그리고 일경들에게는 'ついてこい!(따라와!)'를 외치고는 빠른 걸음으로 사라져버렸다. 눈물을 훔치며 따라가는 일경들 모습을 뒤로하고 신의주역 거리는 점점 어두워졌다.

경성 정동교회 예배당. 석진은 단상에서 사람들을 기다렸고, 시간이 지나자 이 넓은 예배당에 60명 정도 되는 인원들이 자리를 채우고 있었다. 조선인뿐만 아니라 외국 선교사들도 여럿 보이고 여자 교인들도 보였다. 어느 정도 자리가 차니 석진이 자리에서 일어났다. 산만한 분위기는 석진에게 쏠렸고 순식간에 조용해졌다.

"9월 21일, 제3회 조선예수교 연합공의회를 시작하겠습니다."

이 자리는 장로교 대표와 감리교 대표가 모여 논의하는 연합공의회였다. 석진이 총회장이 되자 외쳤던 장로교와 감리교 연합이 발전해 협의기구로 개편되었고 선교지 분할 연합사업과 정기간행물, 목회자 파견 및 해외 전도사업을 추진하는 실행기구가 되었다. 선교사들보다 조선인 비율이 높기에 대한 기독교를 대표하는 협의기구 조직이었다. 신의주교회가 원활히 잘 운영되자 비교적 여유로워진 지금 3대 회장으로 선출되어 의회 사회를 보게 되었다.

"첫 번째 의제는 일본의 교포 선교상황 보고입니다."

석진이 말하자, 자리에서 누군가가 일어났다. 일본기독교 연맹으로 일본에 다녀온 커크 선교사였다.

"선교상황은 그다지 좋지 못했어요."

커크의 말에 석진이 궁금하여 되묻자 한동안 뜸을 들이다 말했다.

"음.. 조선 교회와 일본 교회의 관계는 어때요? 상황이 좋지 않지요. 교포 선교는 일본 내 교회에서도 쉽사리 움직이지 않았어요. 이유가 뭘까요? 그 이유는 많겠죠. 뭐.. 경제적인 부분이라던가 정치적인.. 아무튼 쉽지 않은 실정입니다."

커크가 조심스럽게 입을 떼자 장내는 술렁였다.

"나라 간의 정치적인 문제로 조선인들을 전도하지 않는다는 거이디?"
"두 나라의 정치적인 문제를 제가 함부로 말할 순 없지만, 경제적인 부분도 있겠지요. 지금 이 땅의 3분의 2가 일본인 거에요. 그곳에선 조선인들은 그저 피착취자 일뿐 그 이상 그 이하도 아니었어요."

커크의 말에 단호함이 묻어나왔다. 그의 말에 석진은 신의주역에서 있었던 일경들의 만행을 떠올렸고 사람들의 혀 차는 소리와 탄성이 터져 나왔다. 이들의 모습이 안타까운지 커크는 또다시 입을 열었다.

"여러분, 일본에 있는 조선인 교포들을 딱하고 가엾게 여기는 사람은 오직 여기 있는 조선인 교인들뿐이에요."

커크는 주위를 돌아보며 정곡을 찔러대자 장내엔 어색한 침묵이 흘렀다.

"자! 이 안건은 조사위원회를 구성하여 깊이 있게 다룰 것이고 조선 내에 있는 일본기독교회를 통해 일본 정부에 항의하겠습니다."

뒤숭숭한 분위기를 반전시키기 위해 석진은 강력하게 결의했다. 하지만 커크의 생각은 달랐다.

"정치 활동으로 더이상 문제를 만들지 마세요. 교인은 정치 활동을 하지 않는 것이 원칙입니다!"
"그럼 이걸 보고만 있자는 거이야?"

석진의 언성이 높아졌다. 커크는 아랑곳하지 않고 말했다.

"한 목사님은 마산 교인들의 만세 운동을 주도하고 방치했지요? 선교의회는 이 일을 기억하고 있습니다."
"나는 주도한 적이 없어. 나라의 독립을 위해, 교회의 독립을 위해 그들의 의지를 고양했을 뿐이디."
"그게 무슨 말장난이에요. 더이상 일을 키우지 말고 교인의 본분을 다하세요! 오늘 의회는 선교의회에 보고하겠어요!"

커크는 자리를 박차고 예배당을 나가버렸다. 또다시 침묵이 찾아오고 석진은 커크의 뒷모습을 바라볼 뿐이었다.

"결정했시요."

석진이 나직하게 말하자 사람들은 어리둥절하며 석진을 쳐다보았다.

"이 문제는 명백히 항의할 것이며 교포 선교를 위해 일본에 선교사를 더 파견하겠디. 그리고 일본, 중국 지역의 한인 교회와 선교 재정은 선교사 공의회가 아닌 이 '조선예수교 연합공의회'에서 맡도록 추진하겠습니다. 이의 있소?"

대답 없는 긍정이 쏟아져나왔다. 선교사의 협박 아닌 협박이었지만 석진의 결의를 더 견고하게 만들어 줄 뿐이었다. 석진은 의회장으로서 주눅 들지 않고 꿋꿋이 의회를 이끌었다. 그의 의지는 누군가에게는 고되고 어리석어 보이겠지만 길 잃은 민중들을 한 방향으로 인도해주는 나침반이 되어 주었다. 하지만 그가 의도하든 의도하지 않든 자신이 가리킨 방향엔 언제나 장애물이 있었다. 조선, 가족, 친구, 같은 교회의 교인들 그리고 이 나라에 기독교를 뿌리내리게 해준 선교사들까지. 선교사들과 뜻은 같았지만, 뜻을 이해할 순 없었다. 석진은 늘 선교사의 그물에서 이만 빠져나와야 한다고 생각했다. 그게 정답이고 교회를 독립시키기 위해선 그 수밖에 없었다. 언제나 독립적인 대한 교회를 이루기 위해 고뇌하다 선교의회와 선교사들에게 직접적인 영향을 끼친 사건이 일어나게 된다.

모트 간담회

경성에 위치해있는 조선호텔 앞은 아침부터 분주했다. 포드 자동차 여러 대가 와서 멈춰섰고 인력거나 전차에서 내린 사람들이 조선호텔로 향했다. 조선 사람뿐만 아니라 외국인도 많았고 언뜻 보아도 조선인 반, 외국인 반으로 적절한 비율로 나뉜 것만 같았다. 시간이 흘러 호텔 앞에 북적이던 사람들이 줄어들 때쯤 멋진 정장을 빼입은 외국인이 멀리서부터 호텔 안으로 뛰어왔다.

"어서 오세요. 무슨 일로 오셨습니까?"

외국인이 들어오자 깔끔한 턱시도를 입은 호텔 안내원이 다가가 물었다.

"모트 회의에 참석하기 위해 왔습니다."

숨을 헐떡였지만, 정확한 발음으로 말하려고 애썼다. 하지만 안내원은 알아듣지 못하고 고개를 갸우뚱거렸다. 흘러내리는 땀과 거칠게 내쉬는 숨을 안정시키려 노력했지만 쉽지 않은 듯 보였다.

"조선 기독교.. 봉역..자 회의? 왔습니다."

더듬거리며 말했지만, 그 뜻은 정확히 전달했으리라 믿고 또다시 힘차게 숨을 몰아쉬었다. 안내원이 탄식을 뱉으며 외국인을 안내했다. 안내원을 따라 침침하고 깊은 복도로 들어가자 큰 문이 있었고 그 문을 열자 어두침침한 복도와는 다르게 밝고 환한 넓은 대강당이 펼쳐졌고 수십 명의 사람들이 앉아있었다. 금방 들어온 외국인은 웅성거리는 분위기에 맞춰 자연스럽게 좌석에 착석했다.

사람들의 떠들썩 한 수다 소리가 여전히 이어졌고 여기에 앉아있는 모두가 건너, 건너 아는 사람들 같았다. 이때, 대강당 무대 뒤 문이 열리고 조선인과 외국인 남자 두 명이 나왔다. 웅성거림은 잦아들고 모든 집중이 남자 두 명에게 쏠리니 이들은 무대 중앙에 나와 청중들에게 가볍게 인사했다.

"안녕하시오. 윤치호입니다. 여기 이 분은 존 모트 선생입니다."

윤치호는 같이 나온 옆 사람을 소개했다. 청중들은 존경심 담은 눈빛과 열렬한 박수로 이들을 맞이했다. 존 모트라고 소개된 남자는 환한 미소를 지으며 전 청중을 둘러보았다. 마치 한 명, 한 명씩 눈이라도 마주치려는 듯이 천천히 음미하면서 시선을 옮겼다.

존 모트, 그는 국제선교협의회 회장으로 선교 회의를 개최하기 위해 러시아, 중국 등등 동북아시아를 순방하며 지역 교회 대표를 만나보고 있었다. 이번엔 조선 순방 차례라 회의를 할 수 있게 요청을 하자 조선인 기독교 대표 31명, 선교사 31명이 이 조선호텔로 모이게 되었다. 이 자리에는 한석진도 있었고 석진을 이끌어 준 마펫 선교사도 있었다. 조선에선 이런 회의가 처음이라 침묵을 지켜도 열의가 느껴졌고 입을 열 때는 진중함을 더해주었다. 모트도 이 열기를 느끼던 참이었다. 훤칠한 키에 인자한 표정의 그의 첫인상은 신비로움이었다. 거짓을 덧붙이자면 대강당을 밝혀주는 전등 빛처럼 온몸에서 빛을 발산하고 있는 듯한 느낌이었다. 모트는 윤치호의 안내로 의장석으로 향했다. 의장석에 오르자 조선인 통역자도 올라와 모트 옆에 섰다. 모트는 큼큼거리며 쾌쾌한 소리로 헛기침을 해대며 목을 풀었다.

"모두들 반갑습니다. 협회장 존 모트입니다."

모트가 입을 열자 통역자가 동시에 번역을 해주었다. 통역자인 정인과 목사는 미국 유학길을 떠난 적이 있어서 통역하는데 큰 어려움은 없어 보였다.

"세계 전쟁이 끝나고 많은 문제가 노출되었습니다. 제가 이 여행을 떠난 목적은 그런 문제를 다루기 위함입니다. 이런 회의를 통해 어떤 문제를 파악하고 연구할 것이냐, 어떻게 대책을 마련할 것이냐, 우리는 어떤 준비를 해야 할 것인가를 두고 정확히 의논하기 위해 세계를 순방하고 있습니다. 이곳 조선에서도 조선 기독교의 훌륭한 교역자들과 선교사들의 의견을 듣고자 찾아왔습니다."

모트의 말은 통역자를 통해 들었지만, 그의 큰 뜻을 이해하고는 박수가 쏟아져나왔다.

"교역자들 의견 하나, 하나 소중하오니 허심탄회하게 말해주었으면 좋겠습니다. 조선에는 어떤 문제에 당면하였고 기독교에선 어떤 원조를 원하고 있습니까?"

모트의 말에 대한 교인들의 분위기가 냉랭해졌다. 통역도 분명하게 했고 말뜻도 알았을 터인데 그 누구도 입을 열지 않았다. 서로 눈치만 볼뿐 선교사들까지 있는 이 자리에서 조리 있게 말할 자신도 없었고 문제에 대해 그렇게 깊게 생각한 적이 없었기 때문이다.

"조선 기독교는 문제가 없나요? 기독교인 누구든 말할 권리가 있습니다."

갑자기 바뀐 분위기에 모트는 어리둥절하며 되물었다. 묵묵부답으로 대답하자 한 선교사가 나서서 앉아있는 순서대로 대답할 기회를 줬다. 대부분 '문제가 없다. 잘 모르겠다. 교회로 인해 긍정적인 효과가 있었다.' 등 뻔한 대답만 말했다. 석진의 차례가 돌아왔다. 석진이 벌떡 일어나 숨을 크게 들이마셨다.

"조선예수교 연합공의회 부회장 한석진입니다. 지금 이 나라 기독교에는 큰 문제점 하나가 있시요."

지루했던 대강당의 분위기가 반전되었다.

"저는 우선 선교사업을 성공시키는 가장 효과적인 방법이 무엇인지 알리고자 합니다."

예민한 문제를 꺼내들자 석진에게 집중할 수밖에 없었다. 통역자는 얼른 모트에게 통역했고 모트의 얼굴엔 호기심에 가득한 어린아이처럼 변했다.

"그것은 선교사가 한 나라에 오랜 기간 머무르지 않는 것입네다."

정적. 숨소리도 사치스러운 정적이었다. 한석진이 서 있는 공간을 제외하고는 모든 것을 얼어붙게 할 정도로 한기가 서렸다.

"선교사들이 오랫동안 머문다면 사사로이 권한을 따지게 될 거이니. 학교며 교회며 자신이 세웠다는 우월함에 빠져 주체가 되려고 하니, 복음 정신에 위배되고 교회 발전을 저조시키고 있어 전혀 도움이 되지 않습니다."

선교사들이 웅성거렸다. 국내에 오래 머문 선교사들은 석진의 발언을 모두 알아들을 수 있었다. 모트만이 통역자를 기다리고 있었는데 통역자인 정인과 목사는 곧바로 통역하지 않고 눈알만 굴릴 뿐이었다. 영하를 뚫고 내려가는 이 분위기 속에 정인과의 이마에는 땀이 송골송골 맺히기 시작했다. 머리를 굴린 결과 공격적인 어투는 빼고 모트에게 전달하였다.

"저 역시 선교사들의 노고를 어찌 모르겠습니까? 꽤 많은 선교사들이 우리나라에 와서 머리가 희게 되었으니 진심으로 감사드리는 바이디요."

석진이 다시 입을 열자 정인과는 한숨을 쉬며 울상을 지었다.

"하지만 우리나라는 기독교를 세울 힘이 생겼으니, 그대들은 본국으로 돌아가던가 아니면 하나님 앞으로 가시는 게 좋을 것 같습니다. 그것이야말로 대한을 위한 길입네다"
"어찌 그런 말을 하는 거요?"

석진의 말이 끝나기 무섭게 반대편에 있던 한 선교사가 벌떡 일어나 말했다.

"사실을 말한 것입니다. 그대들은 이 조선 땅에 있지만, 본국 교회 소속이라며 치외법권적인 특권을 누리고 있다. 그대들이 누리고 있는 그 특권이 우리의 전통문화를 짓밟는 것임을 아시구레?"

석진의 말에 모트의 눈살이 찌푸려졌다.

"한 목사, 무슨 말을 하는 거예요?!"

이번에 마펫이 일어나 소리쳤다. 마펫이 소리치자 석진이 그를 노려봤다.

"마 목사! 당신도 떠나시오! 당신들이 이 나라에 오래 있는 것은 오로지 유해무익한 존재가 될 뿐이오!"

장내의 반응은 놀람에서 경악으로 변했다. 선교사의 대부라고 불리는 마펫에게 이런 말을 할 수 있는 건 도저히 용납할 수 없었다. 선교사들의 분노가 들끓었고 석진의 말에 항의하려고 자리에서 일어나기도 해 어수선한 분위기가 만들어졌다.

"맞... 맞습니다! 맞지유!"

그때, 대한교인이 말하자 선교사들의 분노가 방향을 틀었다.

"저.. 저는 저~짝 충청 지방 교회에 있는 안 일식이라고 하는 디유. 우리 마을에 사는 똥보라는 놈이 있시유. 아니 글쎄, 선교사 선생이 그놈 얼굴에다 염산으로 도적이라고 적어놨슈. 자기 농장에 사과를 훔쳤다는 이유로 말이에유."

선교사들의 동공이 흔들리는 게 느껴졌다. 충청도 교인을 시작으로 또 다른 사연이 나오기 시작했다.

"저는 서울에 있는 동양선교회 성서학원을 관리하고 있는데요. 학원 정책에 반대하고자 학생들이 집단 퇴교했습니다."
"구세군에 있는 사관들은 선교사 선생들의 독재에 시위와 농성하고 있다고 들었습니다."

너도나도 선교사들의 만행을 말하자 대한교인과 선교사 사이에 벽이 만들어졌다.

"모두들 진정하시구레. 우리는 싸우려고 모인 게 아닙니다. 마 목사는 나의 친구이자 첫 동지로서, 사랑으로서 그에게 말하는 것이니 오해하지 마시고 저를 용서하시길 바랍니다."

더 거센 화마가 덮칠까 봐 석진은 이들을 진정시켰다. 석진은 진심이 아니었다. 선교사업의 발전을 위한 것이었고 한국인 교인들이 말했던 선교사 비난 소리를 걱정하였기에 일부러 강하게 말한 것이었다. 대부분 선교사들은 그 이유를 들으니 마음은 편치 않았지만, 석진을 이해하려고 노력했다. 석진의 말에 분위기가 잠잠해지자 모트는 이 문제를 더 알아보고 싶어 재차 질문했다. 한바탕 싸움 아닌 싸움을 하고 나니 심중에 있는 말을 꾸밈없이 들을 수 있었다.

이들의 말을 조합해 보면 이 나라에도 문화와 전통이 있는데 종종 선교사들은 이를 무시한 채 가끔 선을 넘고 강압적인 태도로 선교한다는 거였다. 이에 대한 문제는 선교사의 세대교체 이후 크게 나타났다. 2세대 선교사가 넘어오고는 문화에 대한 이해 없이 오로지 원시 문화로 취급하고 선교활동을 하였다. 그리고 또 하나의 문제는 사회 일대에서 일어나고 있는 사회주의와 공산주의적 배경의 반종교 운동이었다. 이는 발전해 반외세, 반 선교사적 성격으로 나타났다. 이런 문제를 두고 쉽게 볼 수 없으니 이번 회의에선 선교사업의 재조명을 가장 중요한 문제를 두고 토의를 시작했다. 이외에도 사회주의 풍조 상황 속 청년들의 구원, 한국 교회의 신앙적 태도 문제 등을 다루었다. 이 문제를 두고 석진을 포함한 몇 명의 대한교인들과 선교사들을 조직해 조사위원을 만들어 연구하도록 결정했다. 이때까지 홀로 싸웠던 석진은 드디어 아군이 생긴 것만 같았다. 이처럼 모트 간담회를 계기로 국내 교역자와 선교사들 사이에 중요한 의미를 가질 수 있게 되었다. 몸 안쪽에 있는 종양이 곪아 터지기 전에 째어내는 것처럼 석진의 공격적인 발언은 오히려 선교사와의 관계 회복을 원만하게 만들어 주었다.

"외국적 영향이 아닌 보다 한국적이 되었으면 좋겠습니다."

석진은 회의가 끝날 때쯤에 '대한국의 기독교'를 만들고자 하는 자신의 꿈을 명확히 전했다. 석진을 직접 경험해보지 못한 사람들은 대수롭지 않게만 여겼던 것은 사실이었다. 하지만 이날 이후 이들은 한석진의 의지를 똑똑히 보았고 우리들이 당면한 문제들도 확실히 체감하게 되었다. 이로써 한국인 교역자들은 스스로 독립 의지를 가지게 되었고 선교사들은 스스로 반성하는 계기가 되었다.

종교법안

"술의 깊이를 아는 것은 세상의 이치를 아는 것이고, 음주 가무를 즐기는 것은 인생의 쓴맛을 외면하기 위해서라네. 그리고 우리가 이렇게 만난 건 하느님의 섭리이다."

시 한 소절을 읊고는 잔을 들어 올렸다. 술이 넘칠 듯 안 넘칠 듯 찰랑거렸고 백색 빛의 독한 탁주를 남김없이 들이켰다. 술 때문에 몸을 가누지 못했고 의자에 기대어 산만한 배를 쓰다듬었다. 배를 통통 두드리며 홍조 가득한 얼굴을 한 사람은 이량이었다. 이량은 다시 잔에 술을 채우기 시작했다.

"그게 사실이라고요?"

이량 맞은 편에 앉은 여성이 묻자 이량이 고개를 끄덕이고 선술집이 떠나가도록 웃어댔다. 사람들이 쳐다보기도 했지만, 이량은 아랑곳하지 않았다.

"형님, 성격은 알아줬습네다. 선교사들을 그렇게 비난하고도 별일 없이 지나갔잖아요. 그런 발언을 할 수 있는 사람, 그렇게 행동하고도 아무런 비난을 받지 않는 사람. 그게 바로 한석진 형님이시고, 그런 형님하고 고난과 역경을 헤쳤던 사람이 저 이량입니다."

맞은편의 사람은 감동과 존경의 눈빛으로 조그맣게 박수 쳤다.

"이런 위대한 인물이 계시는 곳이 곧 교회라고 할 수 있죠. 어떻게.. 저와 함께 가시겠습니까?"

시뻘게진 얼굴에 느끼한 표정을 짓자 여자는 어색한 미소를 짓고는 시선을 돌렸다.

"이 여관 사업을 하더라도 교회라는 곳이 참 좋습네다. 하다보니 교인들도 많이 오고..."

이량이 끝없이 말하는데도 여자의 시선은 한 곳에 고정되어 있었다.

"이보시오. 날 좀 보시오. 응? 내가 또 중요하게 할 말이 있어서 그럽네다. 같이 사업 동료가 되었는데 내가 비법을 전수한다 이 말입니다. 이 교회가 말이오... 그런데 뭘 그렇게 보고 있소?"

여자가 눈길도 주지 않자 이량은 여자의 시선을 따라 고개를 돌리니 밖이 훤히 보이는 창문이었다. 창문 밖의 사람들이 어수선하게 모인 걸 보자 그제야 선술집 밖에서부터 웅성거리는 소리가 들렸다. 이량은 이상함을 느끼고는 창문 쪽으로 다가갔다. 밖에서는 사람들이 즐비하게 서 있고 그 가운데로 일경들이 누군가를 연행해 가는 것이었다. 이량은 창문에 얼굴을 갖다 대어 유심히 보자 연행당하는 사람은 장대현 교회를 담임하고 있는 목사였다. 그 광경은 이량의 술기운을 단번에 날려줬다. 마셨던 술이 금방이라도 올라올 것만 같았다. 무언가 잘못되었음을 느끼자 자리로 돌아가 짐을 챙겼다. 짐을 다 챙긴 이량은 나가려다 멈추고 여자를 보았다.

"내 다시 찾아뵙겠소."

여자는 대꾸도 안 하고 여전히 밖을 응시하고 있었다. 이량은 무안할 틈도 없이 장대현 교회로 허겁지겁 달려나갔고 시장을 지나가는 큰길에서도 연행되어 가는 사람들이 보였다. 그럴수록 속도를 높여 뛸 수밖에 없었다. 이량은 술기운이 도진 탓에 교회 앞에 도착하고 헛구역질을 해댔다. 숨을 고르고 교회로 들어가려는 순간 이량은 발걸음을 멈추었다. 그곳에는 이미 일경들이 장악하고 있었기 때문이었다. 이량은 땅에 떨어진 호외를 주워들었다.

'종교의 교의나 선포 의식 중에는 민중들의 안녕질서를 방해하고 풍속을 파괴하여 신민 된 의무를 배제하였다고 인정하는 시엔 감독 관

청 하에 취소를 명하고 금지할 수 있다.'

 일본 정부가 발표한 종교법안이었다. 이량은 손이 떨리고 눈살을 찌푸렸다. 호외를 쭉 읽어 내려간 뒤 교회를 종횡무진하는 일경들을 바라보았다. 그들을 바라보는 이량의 표정에는 참담한 현실이 현저히 드러나고 있었다.

 연합공의회 회의 중, 석진은 두 팔로 턱을 괴고 골똘히 생각 중이었다. 주위에서 시끄럽게 말하는 중에도 석진은 자기 생각에만 빠져있었다. 생각이라는 끊임없는 굴레에 빠져 벗어나지 못할 때 흐릿하게 '한 목사님'이라고 들렸다.

 "한 목사님 생각은 어떠십니까?"

 명확히 들리는 말에 정신을 차려 주위를 둘러보니 둘러앉은 8명의 사람들이 자신만을 쳐다보고 있었다.

 "종교인들을 탄압하려는 행위가 선을 넘고 있소. 이젠 목회자의 자격을 논하고 있습니다. 이걸 어떡해야 됩니까?"

 이들 앞에 놓인 호외에는 일본 정부가 발표한 종교 법안에 대한 글이 실려있었고 밑에는 목회자에 대한 관계 조항들이 나와있었다. 금치산자 및 준금치산자, 파산한 자로써 복권하지 못한 자, 중죄의 죄를 저질러 금고에 처했던 자는 자격을 박탈한다는 내용을 담고 있었다. 이는 민족의식이 강하거나 반정부 주의 성격을 미리 제외하고 종교를 강력한 통제에 두려는 일본 정부의 뻔한 수작임이 보였다.

  일본 정부의 도 넘는 행위가 계속되자 종교단체는 적극적으로 종교법안 반대 운동을 개시하겠다고 선언하고 조선예수교 연합공의회를 통해 석진 포함 8인을 심사위원으로 선정했다. 감리교인 4명, 장로교인 4명으로 초교파적인 집회로서 선교사들도 포함되어있었다. 약 일주일간 토의 끝에 조선예수교 연합공의회 회장 한석진의 이름으로 진정서가 작성되었다.

  '존경하는 27만 명의 신도를 대표로 하는 본 연합공의회는 귀하의 건강을 빕니다. 현재 진행 중인 종교 제도 조사위원회에 부합하는 종교법안은 우리 조선에도 영향을 미칠 가능성이 있어, 이를 점검하고 있습니다. 내륙 기독교 각파에서는 이 법안을 지적하고 수정하거나 폐기해야 한다고 요구하고 있습니다. 그러나 이 법안의 정신은 각 종파의 종교적 이익을 위해 만들어진 것이지만, 실제 종교인들의 입장에서는 이 법의 시행 결과가 불행할 수 있다고 생각됩니다. 따라서 본 공의회에서도 이에 대해 상정하고자 하며, 귀하께서 직접 면회하실 기회를 부탁드립니다. 간곡히 청합니다. 제18조는 종교 교사 자격 제한은 불가능합니다. 제21조는 종교 교사 평온 질서 방해 시 업무 중단은 가혹합니다. 제56조는 교단 관리자 임명과 나의 예수교 교리 및 종교 제도와 상충합니다. 제92조는 교회 설립 시 지방 장관의 허가 선행은 나의 예수교 교례상 사실상 불가능한 절차입니다. 제110조는 지정 종교 교사 외 종교 교사 업무 행위 시 처벌은 신자 모두가 교사의 원칙적 목적인 나의 예수교 발전에 근본적인 방해입니다. 이러한 내용을 고려하시기 바랍니다.'

종교법안의 독소조항을 모두 언급해놓은 진정서는 특히나 목회자에 관한 관계 조항들을 강조하였다. 이 진정서는 일본 기독교계에 친분이 있는 김영구 목사가 대표로 가지고 일본으로 넘어갔다. 이외에도 조선예수교 연합공의회는 일본의 귀족원, 중의원에 종교법안 반대 입장을 표명했다.

이후 종교인들의 염원이 통했을까 일본 정부의 종교법안은 이내 철회하고 말았다. 한국 교계의 반발과 더불어 일본 사회 내에선 군국주의에 대한 반대의 목소리가 종교법안 반대 운동을 외치게 된 시기였다. 종교인들은 환호했고 조선예수교 연합공의회의 입지가 충분히 드러날 사건이었다.

역사적인 의미가 있는 날, 승리에 취했고 많은 기독교인들이 조선예수교 연합공의회에 참여하길 원했다. '한국인에 의한 한국 기독교 수립' 어쩌면 석진의 꿈에 한 걸음 더 다가가는 진보적인 행보라 할 수 있었다. 하지만 석진의 얼굴은 그렇게 밝지 못했다.

늦은 밤, 석진은 홀로 신의주 예배당에 앉아 허공을 바라보고 있었다. 생각이 많아지고 점점 기운이 빠져 얼굴에 핏기가 없어 보였다. 석진은 쉬고 싶었다. 쉴만하면 일이 터져 그는 온전히 쉬지 못했다. 60대 노인이 쉬지 않고 감당할 일이 아니었다. 아직 가야 할 길이 멀었는데 석진의 몸은 쉽게 움직이지 않았다. 석진은 정면 벽에 걸려있는 십자가를 바라보았다.

"이것이 주님의 뜻이라면..."

석진은 자리에서 일어나 자신이 들고 있던 성경을 내려놓을 수밖에 없었다. 아무래도 건강상의 문제였다. 신의주교회를 사임하고자 마음먹고 경성 도화동으로 거처를 옮겼다. 달빛도 구름에 가려진 밤, 다시 밝아질 새벽을 향해 거룩한 어둠이 몰아칠 뿐이었다.

마지막 사명

　강원도에 위치한 이 산은 여름에는 봉래산이라고 부르고 가을에는 풍악산, 겨울에는 개골산, 봄에는 금강산이라고 부른다. 계절마다 그 이름이 유의미하게 변하여 관광객들의 눈을 즐겁게 하고 우리에게 자연의 절경을 허락함으로써 만물의 아름다움을 성찰해보게 만들어줬다.

"그래서 금강산으로 정한 거디."

　인왕산 정상에 앉아 석진은 금강산 절경을 생각하며 말했다. 옆에 있던 남자가 그 말을 수첩에 받아적었다.

"은퇴하시는 시점에서 수양관 건립을 자처하신 이유가 무엇입니까?"

　남자가 질문하자 석진은 아무 말 없이 쳐다보았다. 그는 필기를 멈추고 석진을 쳐다보고는 실없이 미소를 지었다.

"나이가 어떻게 되시오?"
"아! 저는 올해 27살 오문환이라고 합니다."
"젊네. 그래.. 준비한다는 거는 잘 되고 있니?"

오문환이라는 남자는 석진 옆에 앉았다. 자신의 수첩을 펼쳐 몇 장을 넘겨보며 흘러나오는 미소를 감출 수 없어 보였다.

"네! 한 목사님 증언만 들으면 다 끝납니다. 토마스 선교사님의 행보를 찾기 위해 밤낮없이 다녔거든요. 어제 평양에서 최 이량 교인님을 만나 뵙고 신의주로 갔지만 한 목사님이 서울로 내려가셨다는 얘기를 듣고 새벽길을 나섰더랬죠."
"이량, 그 친구는 잘 있니?"
"네. 여관업 사업이 번창하시고 옛날처럼 방 하나를 온통 성경으로 발랐더라고요. 토마스 선교사님을 시작으로 여기까지 오셨다고 하시면서 말이에요. 참 알고도 모를 일이에요."

오문환은 신나서 떠들어댔다. 석진은 자리에서 일어나 마을이 한눈에 내려다보이는 곳으로 갔다.

"자네는 이 일이 보람 있다고 느끼니?"
"네! 물론이죠. 토마스 선교사님이 뿌린 성경 덕에 이 나라의 많은 이들이 믿음을 가졌는데 제가 열심히 뛰어다녀야죠. 이제 곧 토마스 선교사 기념 사업회는 성공적으로 마무리될 겁니다."

오문환은 달려가 석진 옆에서 의기양양한 목소리로 답했다. 젊은 청년의 해맑은 모습에 석진은 가벼운 미소를 지었다.

"난 교역자 생활을 40년을 했어. 정말 많은 일들이 있었디. 나를 미워하는 사람도 많았고 죽을 뻔한 적도 많았어. 그렇게 바쁘게 살았는데도 저기 밑에는 나를 위한, 내 가족을 위한 집 한 간도 없디. 단 며칠이라도 마음 놓고 쉴 장소도 없는 거이야. 모든 교역자들도 안 그렇겠니? 하지만 난 후회하지 않어. 이 또한 주님의 섭리이지. 자네가 물었지? 왜 수양관 건립을 자처했냐고. 모든 기독교인들을 위한 수양관 건립이야말로 하느님께서 내게 내리신 마지막 사명이고 내가 할 수 있는 일이다."

오문환은 벅차오르는 가슴에 아무 말도 할 수 없어 고개만 끄덕였다.

"그런데 말이네. 금강산이 예뻐. 누구든 좋아하는 산이야."

오문환은 무슨 말인가 싶어 고개를 획 돌려보았다.

"내가 선교사 선생한테 들었는데, 이 나라보다 몇 배는 작은 스위스라는 나라가 있다는데. 그 나라는 관광 수익으로 부자나라가 되었다는 거이야. 우리나라도 그렇지 못할 이유가 없지 않갓어? 저렇게 아름다운 금강산에 수양관을 지어놓으면 많은 이들이 올 것이고 관광 사업이 발전해 우리 한국 기독교회에 큰 이득이 될 거이다. 그래서 하루바삐 신의주에서 서울로 올라와 수양관 건축에 전념하고 있지. 내가 은퇴 전에 할 수 있는 일이라 참 다행이다."

오문환은 감탄사를 내뱉으며 박수쳤다. 석진의 눈동자에는 밤하늘 속 빛을 발산하는 반딧불이처럼 화려한 불빛을 내뿜는 예쁜 경성의 모습이 담겼다.

석진은 총회에서 선정된 금강산 수양관 건축 위원들과 8천여 평으로 석제 2층 건물로 강당, 기숙사 그리고 정원과 운동장까지 갖춘 휴양시설로 계획을 수립한 후 총독부에 토지 임대를 받았다. 이번 건축 사업도 선교사의 도움 없이 오로지 한국인의 힘으로 수양관을 건축해야만 했다. 교회의 건축 기금 모금과 개신교서 판매 수익도 건축 기금으로 쓰였지만 부족해 전국을 순방하여 모금하는 계획을 세웠다.

석진은 당연하게도 자신이 순방을 떠나려 했지만, 교회 직원들과 교우들이 하나같이 말렸다. 60이 넘은 나이이고 건강도 좋지 않은 상태였기 때문이었다. 모두가 우려하는 목소리를 내는 와중에도 석진은 느긋하게 순방을 떠날 채비를 갖추었다. 그가 떠나는 뒷모습은 한 손에는 성경, 한 손에는 지팡이를 든 허리가 굽어진 조그만 노인일 뿐이었다.

　교실 안에 빽빽하게 앉아있는 여학생들을 상대로 여교사가 수업을 진행 중이었다. 칠판을 가득 채운 한자들을 여교사는 들고 있던 막대기로 가리키자 학생들이 하나같이 입을 열어 발음했다. 수업시간이 끝나고 반장이 일어나 경례를 시켰다. 여교사는 복도를 걸으며 창문을 통해 들어오는 살랑한 바람을 느꼈고 다음 수업을 준비하는 다소 소란스러운 학생들의 소리에 한쪽 입꼬리를 올렸다. 그런데 복도 끝에서 누군가가 자신을 바라보고 서 있는 걸 발견했다. 점점 가까워지니 어디서 많이 본 듯한 모습이었고 더 가까워지니 확실해졌다. 그는 한석진, 그녀의 아버지였다.

　"아바이, 여기까지 어떻게 오셨어요?"

　학교 교사 사무실, 테이블을 사이에 두고 여교사가 먼저 입을 열었다. 석진은 얼굴을 긁적이며 무거운 한숨을 내쉬었다.

　"나의 막내딸 순제야. 잘 지냈니? 내 부탁이 있어서 이렇게 왔다."
　"...?"

　석진은 금강산 수양관을 위해 모금을 모으는 중이라고 설명했다.

순제는 자신이 모아놓았던 500원을 기꺼이 모금함에 넣었다. 석진은 고맙다는 말을 되뇌며 학교를 나왔고 운동장을 가로질러 가는 빈약한 노인의 뒷모습에 여교사는 눈물을 훔칠 수밖에 없었다.

석진은 순방을 떠나 결국은 건축 기금을 모았다. 1930년, 계획대로 운동장과 정원은 만들지 못했지만, 수양관 본관 2층 건물을 올리는 데 성공했다. 이 수양관의 이름으로는 금강산 '기독교'수양관이 되었다. 꽤 반발이 있었지만, 석진의 이념으로 끝없는 설득에 결국에는 '기독교' 수양관으로 이름을 정한 것이었다. 수양관 건립이 끝나자 석진은 일선에서 물러났다. 오로지 나빠진 건강을 위해 휴식이 필요했기 때문이었다.

일선에서 물러난 석진은 조그만 집에서 홀로 지내고 있었다. 풍경을 바라보며 생각에 잠기기도 하고 신문으로 세상을 읽으며 세월을 보내었다. 조그만 집이었지만 한 곳에는 국수 기계가 마련돼 있었고 가끔 교역자 후배들이 찾아온다면 국수 한 그릇을 내주며 즐겁게 세상사 얘기를 나누기도 했다. 하지만 후배들과의 얘기가 항상 달갑지만은 않았다. 석진의 빈자리가 큰 탓인지 교회에서는 분쟁이 일어났고 총회의 와해, 노회는 노회대로 와해 되기 시작했다. 그리고 석진이 가장 신경 썼던 장로교, 감리교 연합 운동도 분열되었다. 합일론을 주장하던 석진에게 가슴 아픈 일이 아닐 수 없었다.

이후 1938년에 큰 사건이 하나 일어났다. 일본의 황국신민을 강요하며 신학교와 기독교 학교를 폐쇄하기 시작한 것이었다. 결국 장로교는 신사참배를 결의하여 독재권력 앞에 무릎을 꿇었고 자연스럽게 종교법안이 '종교단체법'이란 이름으로 통과되고야 말았다. 석진이 우려했던 일들이 하나씩 터지기 시작했다. 석진은 하루가 멀어 한숨만 쉬어댔고 떨어진 체력에 간경화증이 걸려 제대로 일어설 수도 없었다. 석진이 당장 할 수 있는 일은 찾아온 후배에게 '제발 정신 좀 차리시오!'라고 간곡히 부탁할 뿐이었다.

그러부터 1년 뒤, 1939년 8월 무더운 여름날. 석진은 간경화 증세가 심각해져 병세가 악화되어 몸을 제대로 가누지 못했다. 그는 마지막으로 자신이 건립한 기독교 수양관을 보고 싶어 했다. 그것만이라도 보노라면 마음이 편해질 듯싶었다. 가족들은 만류했지만, 석진의 뜻은 완고했다.

"아버지, 제발 몸조리를 하셔야죠! 그 몸으로 어딜 가겠다는 말이에요?"

막내딸 순제였다. 순제는 따끔하게 말하고는 뒤돌아 눈물을 훔쳤다. 항상 강인한 모습의 아버지였지만, 자신에게 돈을 빌리는 모습부터 지금까지 그는 그저 앙상한 몸의 노인일 뿐이었다. 석진의 망연자실한 표정에 순제는 고개를 떨어트리고 말았다. 그의 잘못은 아니지만, 석진의 노력이 수포로 돌아갔다는 것을 알기에 터져 나오는 울분을 참지 못했다. 참담한 현실이었다.

이때, 집 문을 두드리는 소리가 들렸다. 순제가 나가 맞이하니 한 남성이 들어와 석진 앞에 앉았다.

"형님, 나 기억합니까?"

머리가 하얘진 이량이었다.

"어쩌다가 이렇게... 어떻게 되신 거요? 그렇게 정정하시던 양반이."

석진의 딱딱했던 표정이 이량을 보고는 미소를 지으며 말했다.

"여긴 왜 왔니?"
"왜 왔겠습네까? 형님 마지막 모습 보러 왔습니다. 몸은 어떠시오?"
"그 어느 때보다 편안하디."

석진과 이량 모두 웃음이 터졌다. 이량이 자신의 옷가지에서 신문을 꺼냈다.

"형님, 혹시 그 소식 들으셨소? 내가 사는 평양에 장로회 신학교가 신사참배를 했답니다."
"기래, 내 그건 들었다…"

석진은 안타까운 마음에 소리 없이 고개만 끄덕였다.

"그런데 말이오."

이량이 신문을 펼쳤다.

"신학교가 신사참배를 한 이유로 폐교당했답니다. 그리고 그 자리에 조선신학원이 설립된다 않갓어? 그것도 조선인이 만든 신학교 말이오."
"조선인?"

이량이 자신의 가슴을 툭툭 쳐내며 의기양양해진 목소리로 말했다.

"기래! 오로지 한국인의 힘만으로 만들어진 신학교를 말하는 겁네다!"

수척해진 석진의 얼굴에 화색이 돌았다. 곧 죽어가던 표정에 생기가 돌자 지켜보던 순제도 놀랐다.

"그게 정말이야? 하... 다행이다. 다행이야.. 정말 다행이야... 드디어 내 평생의 소원을 이루어졌구나. 다행이야.."

석진은 울음과 웃음 사이를 오가며 속삭였다. 그러다 옆에 있던 거울을 쳐다보았다. 오랫동안 몸을 가누지 못해 머리가 덥수룩하게 길어져 있었다.

"순제야, 가위를 좀 들고 와다오. 머리를 잘라야겠다."
"아버지, 갑자기 머리는 왜요?"
"머리를 자르고 수양관을 찾아가 봐야겠다. 얼른 다오."
"글쎄, 집에 계시래도."
"애야. 이 소식을 들으니 몸이 가벼워진 거 같아. 괜찮다. 사는 것도 주님의 뜻이요. 죽는 것도 주님의 뜻이다. 내가 수양관을 볼 수 있는 것도, 없는 것도 곧 주님의 뜻일 거이야."

석진은 순제에게 가위를 받고는 거울 앞에 앉았다. 순제는 노쇠한 아버지의 뒷모습을 담담한 한숨으로 정리하고 이량에게 마실 차를 물었다. 그때 이상한 분위기가 감돌았다. 이량과 순제가 돌아보니 석진이 거울 앞에서 고개를 떨구고 가만히 있었다. 불러보아도 대답이 없어 순제가 다급하게 다가가 몸을 흔들어봤지만, 석진은 일어나지 않았다. 순제의 울부짖음에 밖에 있던 가족과 지인들이 방으로 들어왔다. 방은 어느새 북적여졌고 한편에 쓰러진 뼈만 남은 앙상한 노구의 손에는 조그만 십자가가 들려있었다. 이들은 이 현실을 묵묵히 받아들이고 석진의 마지막 모습을 기리기 위해 고개 숙여 조용히 눈물을 흘렸다.

 한석진은 어둠 속에 갇힌 이들을 구제해주기 위해 한 줄기 빛이 되어주었고 이 나라와 기독교를 위해 몸을 아끼지 않은 강인한 성인이었다. 그러나 여기 쓰러져있는 사람은 뼈가 보일 정도로 앙상하고 가냘플 노인의 모습이었다. 시대의 풍파를 온몸으로 맞으며, 교회의 독립과 나라의 독립을 위해 고군분투하던 한석진은 1939년 8월 20일 밤 10시 나이 73세에 영원한 안식에 들었다.

 눈을 떠보니 구름 한 점 없는 눈부신 하늘이 펼쳐졌다. 석진이 나무 수풀을 비집고 나가자 절벽 아래에는 넓은 도시가 한눈에 들어왔다. 높은 건물이 빽빽하게 들어섰고 수많은 전차와 자동차로 오밀조밀하게 공간을 채워 경성 못지않은 아니, 경성보다 더 발전되어 보였다. 넓고 높아진 건물 덕에 사람들의 모습은 보이지 않았지만, 살아 숨 쉬듯 활기차 보였다. 이때, 뒤에서 부스럭 소리가 들려 뒤돌아보니 마펫과 게일이 걸어 나왔다. 석진은 그들을 보며 어린아이처럼 활짝 웃었다.

 "어서 오시라요. 내 이 말은 못 할 줄 알았는데, 미안합니다. 그땐 정말 진심이 아니었디."

마펫은 인자한 미소로 고개를 끄덕였다. 그들은 석진 옆에 서서 도시를 내려다보았다.

"그대들이 조선을 내려다보며 이렇게 느꼈나 보시구레. 이제 알았디."

점점 해가 기울어가고 우주를 거역하듯 빠르게 노을이 졌다. 해가 반대편 산 중턱에 걸리니 또다시 부스럭거리는 소리가 들렸다. 석진이 뒤돌아보자 장발의 도인이 수풀 사이로 나왔다.

"어? 서.. 선생!"

석진은 도인을 보고 놀라움을 금치 못했다. 석진이 그에게 다가가려 하자 해가 산 뒤로 숨어 고요한 어둠이 찾아와 도시를 삼켰다. 이내 어둠은 마펫과 게일을 삼키고 석진에게 다가오자 그는 도인에게 달려갔다. 무표정으로 있던 도인의 얼굴이 점점 일그러졌고 박승봉, 최이량, 이정익, 조선인 출신 헌병, 전도하며 만났던 아무개 등등 석진이 만났던 사람들의 얼굴로 빠르게 변해갔다. 손을 뻗어 도인에게 닿으려는 찰나 어둠은 석진까지 집어 삼켜버렸다. 그 무엇도 느낄 수 없고 보이지 않은 암흑 속, 석진은 오히려 저항하지 않고 몸에 힘을 풀었다. 마치 이 어둠은 다시 밝아지기 위한 찰나임을 알고 있듯이 표정은 편안했고 바다를 표류하는 돛단배처럼 어둠이라는 파도에 몸을 맡겼다. 그의 철학처럼 영원한 어둠만이 존재하지 않기에 다시 피어오를 태양을 기다리며, 그는 이 어둠 속에서 한 줄기 빛으로 있을 뿐이었다. 그렇게 천천히 석진은 새로운 시대, 새로운 도를 향해 끝없이 표류하고 있었다.

끝.